法律古籍整理研究所
Institute For Chinese Ancient Legal Documents

古代法律碑刻研究

李雪梅／主编

第一辑

中国政法大学出版社

2019·北京

图书在版编目（ＣＩＰ）数据

古代法律碑刻研究.第一辑/李雪梅主编.—北京:中国政法大学出版社,2019.8
ISBN 978-7-5620-9206-3

Ⅰ.①古… Ⅱ.①李… Ⅲ.①法律－碑刻－研究－中国－古代 Ⅳ.①D929.2

中国版本图书馆CIP数据核字(2019)第199205号

书　名	古代法律碑刻研究 · 第一辑 GUDAI FALÜ BEIKE YANJIU DIYIJI
出版者	中国政法大学出版社
地　址	北京市海淀区西土城路 25 号
邮　箱	fadapress@163.com
网　址	http://www.cuplpress.com（网络实名：中国政法大学出版社）
电　话	010-58908466(第七编辑部)　010-58908334(邮购部)
承　印	固安华明印业有限公司
开　本	720mm×960mm　1/16
印　张	17.5
字　数	285 千字
版　次	2019 年 8 月第 1 版
印　次	2019 年 8 月第 1 次印刷
定　价	65.00 元

目　录

传统碑志例与碑石功能观

李雪梅*

【摘要】碑志义例研究自元代创兴，至清代成为金石学的重要流派。在金石义例学的发展中，撰著者通过强调碑志文体的社会教化和典范救世的功能，无意间开创了金石整理研究的新路径，同时也使金石学从早期的关注"礼家明其制度"的政治之礼，向后来的关注世俗之礼的方向发展，展示了金石学的普及化过程。传统墓志例、公文碑例和私约碑例多涉及立碑刻石的实用功能，相关梳理总括，对石刻法律文献整理研究具有重要的启发意义。

【关键词】金石义例　墓志例　公文碑　私约例

一、传统金石之考据和义例研究

（一）金石考据和义例研究之发展

重视考据和义例研究，是中国传统金石学的主要特色。考据研究起步较早，在宋代金石学创立时已经显现；义例研究在元明时初兴，但两者至清代均达到鼎盛。

以碑志证经补史是宋代以来金石学家的一种自觉。宋代欧阳修认为，金石铭刻"可与史传正其缺谬者，以传后学"。[①]对于宋代金石学家的研究方法，王国维将其形象概括为"既据史传以考遗刻，复以遗刻还正史传"。[②]

---

* 李雪梅，中国政法大学法律古籍整理研究所教授，长期从事石刻法律文献整理研究。

① （宋）欧阳修："集古录目序"，载邓宝剑、王怡琳注释：《集古录跋尾》，人民美术出版社2010年版，第1页。

② 王国维："宋代之金石学"，载姚淦铭、王燕：《王国维文集》第4卷，中国文史出版社1997年版，第124页。

宋代盛行以跋尾形式探究碑志。①欧阳修（1007—1072）《集古录跋尾》收录周秦至五代金石文字跋尾 400 多篇，其中碑刻跋尾占绝大多数，铜器铭文仅 20 多篇。赵明诚（1081—1129）《金石录》共 30 卷，前 10 卷录金石拓本名目共 2000 种，后 20 卷为跋尾，凡 502 篇。洪适（1117—1184）《隶释·隶续》载录汉魏碑碣跋尾 300 余篇。此三部著作对后世金石学的研究范式和著录体例均有重要影响。

至清代尤其是乾嘉时期，碑史互证的方法日臻成熟，跋尾研究出现集大成之作。曾任刑部侍郎之职的王昶（1724—1806）所纂《金石萃编》融存目、录文、跋尾为一体，收历代石刻资料约 1300 余种（另有近 200 种青铜和瓦当铭刻）。书中荟萃历代诸家跋尾并加以考证，为具体碑志的研究考释提供了诸多便利。另清代也不乏专门的金石考据跋尾力作，钱大昕（1728—1804）《潜研堂金石文字目录》及《跋尾》，武亿（1745—1799）《金石三跋》及《金石续跋》，严可均（1762—1843）《铁桥金石跋》等，均以考订精审著称。今人虞万里对传统金石跋尾研究的学术意义评价甚高，认为"自王国维倡'二重证据法'，今人多推为首倡，奉为科条。其实，《跋尾》之作，虽无其名却已有其实"②，当是确论。

在宋代的金石跋尾研究中，不乏对碑志义例的总结，但尚缺乏系统性。自元代潘昂霄《金石例》、明初王行（1331—1395）《墓铭举例》和清初黄宗羲（1610—1695）《金石要例》等著述陆续刊行后，金石义例研究渐成规模。之后相继出现了梁玉绳（1716—1792）《志铭广例》、王芑孙（1755—1817）《碑版文广例》、郭麐（1767—1831）《金石例补》、冯登府（？—1840）《金石综例》、梁廷枏（1796—1861）《金石称例》、鲍振芳《金石订例》、刘宝楠《汉石例》、李富孙《汉魏六朝墓铭纂例》等义例学研究专著。这些著述或单刻行世，或以《金石全例》《金石全例》等汇刻本方式流传。③其研究范围，

---

① 元潘昂霄撰《金石例》卷九"诸跋"条："古人跋语不多见，至宋始盛。观欧、苏、曾、王诸作，则可知也。碑阴及后序，即古人跋语，亦即宋以后人作跋所由来耳。"载（清）朱记荣辑：《金石全例》（上），北京图书馆出版社 2008 年版，第 238 页。本注释以下出版信息省略。

② 虞万里："从十驾斋说到钱大昕及其《全集》"，载《中国典籍与文化》1999 年第 3 期。

③ 清卢见曾辑《金石三例》有乾隆二十年（1755）在扬州刊行的《雅雨堂丛书》本、嘉庆十六年（1811）郝懿行重印本、光绪四年（1878）南海冯氏读有用书斋影朱墨套印本。道光十二年（1832），李瑶将《金石三例》与清郭麐《金石例补》合刊，称《金石四例》（《校补金石例四种》）。

上自三代秦汉，下迄宋元，系统性和全面性有明显提升，遂渐成专门之学。

光绪初年张之洞编《书目答问》，将金石文献按内容和体例细分为金石目录、金石图像、金石文字、金石义例四类。其中金石义例类收自元潘昂霄《金石例》至清吴镐《汉魏六朝志墓金石例》共计 10 种。①梁启超将清代的显学——金石学中的石学研究，细分为以顾炎武、钱大昕为代表的"专务以金石为考证经史之资料"的考据派，以黄宗羲等为代表的"从此中研究文史义例"的义例派，以翁方纲、黄易为代表的"专讲鉴别，则其考证非以助经史"的鉴藏派，以包世巨为代表的"专讲书势"的书艺派，以及以叶昌炽为代表的"集诸派之长"的综合派。②容媛在对历代金石书目的整理研究中也注意到自成一体的义例学派，将《金石书录目》分为目录、图像、文字、通考、题跋、义例、字书和杂著之属八类。其中义例之属收书 14 种，较《书目答问》多出 4 种。③

总括金石义例学的发展，大致可分为两个阶段，一是清乾隆之前以元潘昂霄《金石例》、明王行《墓铭举例》和清初黄宗羲《金石要例》为代表的专注于唐宋碑志研究的创制期；二是从清乾嘉时开始的以总结历代碑志例为目标的义例学全盛期。创制期和全盛期的区别不仅体现在专注于唐宋碑志抑

（接上页）《续刻金石三例》为朱记荣辑，有光绪十一年（1885）吴县朱记荣汇印本。《金石三例再续编》亦为朱记荣辑，光绪十三年（1887）吴县朱记荣行素草堂刻，光绪十四年（1888）汇印本。光绪十八年（1892），朱记荣编成《金石全例》，含《金石三例》3 种（潘昂霄《金石例》、王行《墓铭举例》和黄宗羲《金石要例》）、《续刻金石三例》3 种（梁玉绳《志铭广例》、郭麐《金石例补》、刘宝楠《汉石例》）、《金石三例再续编》4 种（李富孙《汉魏六朝墓铭纂例》、冯登府《金石综例》、冯登府《石经阁金石跋文》、梁廷枏《金石称例》），共计 10 种。其中《金石三例》有王芑孙评语，后被收入《万有文库》。另光绪十年（1884）鲍廷爵刊《后知不足斋丛书》收有吴镐《汉魏六朝唐代金石例》、鲍振芳《金石订例》。

① 《书目答问》所收 10 种书为：潘昂霄《金石例》10 卷、王行《墓铭举例》4 卷、黄宗羲《金石要例》1 卷、梁玉绳《志铭广例》2 卷、王芑孙《碑版广例》10 卷、郭麐《金石例补》2 卷、刘宝楠《汉石例》6 卷、李富孙《汉魏六朝墓铭纂例》4 卷、冯登府《金石综例》4 卷、吴镐《汉魏六朝志墓金石例》3 卷附《唐人志墓诸例》1 卷。详见范希曾编：《书目答问补正》，上海古籍出版社 1983 年版，第 182~183 页。

② 梁启超：《清代学术概论》，东方出版社 1996 年版，第 52~52 页。

③ 容媛辑《金石书录目》所收 14 种"义类义例之属"较《书目答问》多出吴镐《唐人墓志例》1 卷（在《书目答问》中是作为吴镐《汉魏六朝志墓金石例》附录）、梁廷枏《金石称例》4 卷《续例》1 卷、鲍振方《金石订例》10 卷、《石例简钞》4 卷。参见容媛辑、容庚校：《金石书录目》卷五《石类》，台北大通书局 1974 年版，第 90~91 页。

或历代碑志，也表现在研究方法是以"折衷于文集"，还是以志石、拓本为主。创制期主要采取"折衷于文集"的方法，但唐宋人的文集之文不尽施之于碑志，也存在文集内容与碑志文字略有出入的情况；全盛期重视搜罗碑版据实物研究，如清冯登府《金石综例》"尽搜商周秦汉魏晋六代五季唐宋及海东诸国金石之文"，①传统金石志所载和新发现的碑石均为重要资证。

（二）传统碑志中的"义"和"例"

金石"义例"之名源自经学，原指阐释著述内容的凡例。传统经史学家所采用的将春秋义理的研究概括为释例、凡例的做法，为金石学家所借用。元人王思明指出潘昂霄《金石例》与经学释例如出一辙：

> 三代无文人，六经无文法，儒者有是言也。然春秋大义数十，以褒贬寓于一字之间，传者谓其发凡以言例，皆经国之常制，周公之垂法。诸称书、不书、先书、故书、不言、不称书曰之类，皆所以起新旧、发大义，谓之变例。至谓发传之体有三，而为例之情有五，然则谓无法可乎！后世之文莫重于金石，盖所以发潜德、诛奸谀、著当今、示方来者也。如是而不知义例，其不贻呜吠之诮也，几希。翰林苍崖潘先生动必稽古，取先代硕儒所为文类而集之，题曰《金石例》，视传春秋者所言，如合符节。②

在王思明看来，金石文字具有特殊的社会教化功能，可以"发潜德，诛奸谀，著当今，示方来"，其规范社会的作用，不亚于儒家经典，这正是义例学家总括碑志之"例"的学理基础。在碑志义例的学家眼中，"例"具有多重含义。清朱记荣云：

> 尝考许氏《说文解字》云："例，比也。"《玉篇》云："例，类也。"知以比类为义，则凡事之可为比类者，均得以例称之。又考《礼记·王制篇》："必察小大之比以成之。"郑康成注云："已行故事曰比。比，例也。"《后汉书·陈忠传》："父宠上除汉法溢于甫刑者，未施行。忠奏二十三条，为决事比。"李贤注云："比，例也。"此又知国家律例之制所由肇始焉。

---

① （清）冯登府："金石综例自序"，载《金石全例》（中），第457页。
② （元）王思明："金石例序"，载《金石全例》（上），第14页。

春秋之有例，人且目为圣人之刑书，然以义例论之，而非若史家之有体例也。至于金石文字之有例，其亦以体例言之，而不必以义例限之乎。①

综括朱记荣的观点，例有事例、案例、律例和文例之用。金石之例以文例为主，但也兼具法例之功效。元至正五年（1345）傅贵全为潘昂霄《金石例》作序称：

圣人春秋褒贬著于笔削者，谓之例；国家政刑赏罚见于制度者，谓之例，是皆以其可为法于天下后世也。济南文僖潘公苍崖先生，取古昔碑碣钟鼎之文，提纲举要，条分类聚，定为十卷，名曰《金石例》。一卷至五卷则述铭志之始，而于贵贱、品级、茔墓、羊虎、德政、神道、家庙、赐碑之制度，必辨焉。六卷至八卷则述唐韩文括例，而于家世、宗族、职名、妻子、死葬、月日之笔削，特详焉。九卷则先正格言，十卷则史院凡例，制度笔削于此，又可以概见焉。②

在傅贵全看来，汉代春秋大义是定罪决狱之准则，故阐释儒家经典之"例"，与作为刑赏制度的法典之"例"，有异曲同工之效。《金石例》所总括的文例，因蕴涵贵贱、品级等制度内容，故也具有礼法天下后世的功能。相同观点也见于清冯登府《金石综例》自序："金石之有例，所以寓褒贬于笔削，辨体制于文章，为法天下后世而传之永远者也。"③清人王芑孙在对《金石全例》的"题语"中，将金石义例之"例"与律例之"例"进行对比后总结道：

表碣之作，莫多于遗山，其次虞道园、宋濂溪，然皆不可法，非韩、欧之比，然宜兼及之者，所以备引例之穷，犹之断狱者，无例可援，则不得不比附成案而已。④

王芑孙阐述作碑志当以韩愈、欧阳修之文为首选范例。至于周敦颐（1017—1073，字茂叔，自号濂溪）、元好问（1190—1257，字裕之，号遗山）、

---

① （清）朱记荣："金石三例续编序"，载《金石全例》（上），第455页。
② （元）傅贵全："金石例序"，载《金石全例》（上），第10~11页。
③ （清）冯登府："金石综例自序"，载《金石全例》（中），第457页。
④ （清）王芑孙："题语"，载《金石全例》（上），第94页。

虞集（1272—1348，字伯生，号道园）等碑志的高产作家，王芑孙认为与韩、欧之文相比还是有一定差距，但也可成为"无例可援"情况下的备选之例。

从上述文字中可知，在碑志例学范畴中，"例"除类同法律制度的用意外，主要指对文体的运用和总结，即通过具体的阐明义理的事例，来总括碑志文的主旨和体例，并以此达到规范社会的作用。正如元代杨本所言：

> 凡碑碣之制，始作之本，铭志之式，辞义之要，莫不放古以为准。以其可法于天下后世，故曰例。而其所以为例者，由先秦二汉暨唐宋诸大儒皆因文之类以为例。①

正因为碑志有独特的社会功能，故碑志文例也愈发显现其独立存在的价值。元潘昂霄《金石例》直言："德政碑今虽有禁，不得作，然自秦汉有之，文章家自不当去此。"②清王芑孙也言："德政遗爱之碑，今功令禁不得立，然其文自汉有之。"③"国家令典不当泥古，观此则可以知所从来而不贸于施矣。"④实即指明，当文例和法例有所冲突时，文例并非一定屈从法例。

经学家、金石学家在反复阐释"例"之作用时，对于金石义例中"义"的含义，并未费太多笔墨。这是因为古代金石学家往往也是经学、礼学和史学家。金石学在宋代初创时即带有"礼家明其制度"的考证礼制内涵，⑤儒家经典之义理早已融会贯通，无需刻意阐释。另"义"和"例"的关系又是相辅相成的。清王芑孙言："例，《春秋》之法言也，贯道而出，得乎心之所安，究乎义之所止者也。"⑥鲍振芳在《金石订例》"例言"中强调其撰写宗旨是："裁酌处皆参诸经籍，稽诸古大家著作，必求义例安适，无诡于理，无悖于法，然后载笔。"⑦道光二十九年（1849）张穆为刘宝楠撰《汉石例》作序言：

---

① （元）杨本："金石例序"，载《金石全例》（上），第9页。
② （元）潘昂霄：《金石例》卷二，载《金石全例》（上），第54页。
③ （清）王芑孙：《碑版文广例》卷二，载《金石全例》（下），第87页。
④ （元）潘昂霄：《金石例》卷一，载《金石全例》（上），第48页。
⑤ 宋仁宗时，古器物学家刘敞提出研究古器物可使"礼家明其制度，小学正其文字，谱牒次其世谥"。参见（宋）刘敞：《公是集》卷三六、卷四六。
⑥ （清）王芑孙：《碑版文广例》卷一，载《金石全例》（下），第32页。
⑦ （清）鲍振芳："金石订例例言"，载《金石全例》（下），第671页。

"文生于义，不生于例也。义洽而例自立焉，故不独《春秋》有例。"①《续修四库全书总目提要》评《汉石例》道：

> 宝楠深明汉学，本朱彝尊跋《墓铭举例》之意，一以东京为主，传以经术，加之博证，故其书颇能得大义，义举而例亦因之至。于断制深严，条理明畅，尤非诸家所能及，盖不仅文章家之事也。

由于"义举而例至"的义、例高度相融，金石义例著述往往舍"义"称"例"，故自元潘昂霄《金石例》以后的十余部义例著述，书名均以"例"为名，称之为举例、广例、要例、综例、纂例、订例等，书中内容也偏重总结碑志义理之括例、正例、变例、特例等。另需要指明的是，金石义例之学虽"金石"并称，但内容以墓志、碑志等石刻为主，金文之例较少。元潘昂霄《金石例》是金石义例之学的奠基之作，《四库全书总目》即指出该书"以金石例为名，所述宜止于碑志"。②综览其内容，仅卷二"金石文之始"一条涉及鼎铭。之后以续补《金石例》为己任的明王行《墓铭举例》更将"金"的内容舍去而专注于墓志。是故，将金石义例之学称之为碑志例学，更为贴切。③

上述金石义例研究中的释例舍义、重石轻金不是个别现象，而是元明清金石义例著述共有的特征。综上可知，碑志义例研究自元代创兴，至清代形成金石学的一个流派。在金石义例学派的发展中，撰著者通过强调碑志文体的社会教化和典范救世的功能，无意间开创了金石整理研究的新路径，同时也使金石学从早期的关注"礼家明其制度"的政治之礼，向后来的关注世俗之礼的方向发展，展示了金石学的普及化过程。

二、墓志例及其"礼法"属性

与古代法制研究有关的碑志例主要为墓志例、公文碑例和私约碑例。墓志例是碑志例中的大宗。金石义例学的产生和发展，也主要是围绕墓志例而

---

① （清）张穆："汉石例原序"，载《金石全例》（上），第649页。

② 《钦定四库全书总目》卷一九六《集部》四九《诗文评类二》。

③ 清冯登府撰《金石综例》4卷计423例，收录周汉铭文铜器4件；另冯登府撰《石经阁金石跋文》1卷48则，收铭文铜器12跋，为金石例著述中收金文最多者。参见《金石全例》（中），第638~654页。另清王芑孙言，"潘氏目其书曰'金石'，概辞也；王氏目其书曰'墓铭'，专辞也"，也为一种解释。参见《金石全例》（下），第5页。

展开的。如清卢见曾言：

> 文章无义例，惟碑碣之制则备载姓氏、爵里、世系以及功烈、德望、子女、卒葬之类，近于史家，如《春秋》之有五十凡，故例尚焉。碑碣兴于汉魏，迄唐宋以下，而例断自韩子，元潘苍崖创为《金石例》十卷，制器之楷式，为文之榘矱，靡不毕具。明初王止仲又撰《墓铭举例》四卷，兼韩子以下十五家，条分缕晰，例之正变，推而愈广。本朝黄梨洲以潘书未著为例之义与坏例之始，作《金石要例》一卷，用补苍崖之阙，合三书而金石之例始赅。①

在传世的十余种金石例著述中，专以墓志为研究对象的除元潘昂霄《金石例》、明王行《墓铭举例》、清初黄宗羲《金石要例》外，清代还有梁玉绳《志铭广例》、李富孙《汉魏六朝墓铭纂例》、吴镐《汉魏六朝志墓金石例》和《唐人志墓诸例》等。在综合性著述中，对墓志的总括也占有较大比重，故墓志例的特色能大体代表碑志例的特色。

义例学家对墓志例的总结研究可以隋唐为界划分为两大时段。隋唐以前是墓志碑铭的自由发展期。在东汉盛行厚葬、重视葬礼等世风的影响下，碑志勃然兴盛。由于缺乏法律约束，碑志撰写有较大随意性，这也为清人总结汉魏六朝碑志例带来困难，以至出现举例繁琐、见例必录终致"无例"的现象。②

自隋唐始，墓志形制和内容被纳入礼法调整的范围，官员之生碑、墓志所用尺寸，立碑程序，碑额、志题等，均受到法律的制约。③并在唐人所撰墓

---

① （清）卢见曾："金石三例序"，载《金石全例》（上），第7页。

② 清李慈铭云："自黄梨洲氏《金石要例》出后，文之义法，已括其凡，为碑版者，谨守不渝，即为定则。朱竹垞氏欲缉《隶释》《隶续》所载为例，以补潘、王、黄三家之缺，意在存古，实为好奇，可以取广见闻，不必定为义法。于是冯氏及梁曜北、郭频伽等皆掇拾琐碎，分缀奇零，例愈广而愈繁，采愈多而愈惑。盖汉代碑碣，不重文章；魏齐石刻，多出村野，名字月日，信手而书，年号官称，亦间致错。"详见（清）李慈铭：《越缦堂读书记》，辽宁教育出版社2001年版，第549~550页。

③ 隋开皇《丧葬令》规定："诸三品以上立碑，螭首龟趺，趺上高不得过九尺。七品以上立碣，高四尺，圭首方趺。若隐沦道素，孝义著闻者，虽无爵，奏听立碣。"唐代将立碑者的身份由三品降至五品。开元《丧葬令》规定："诸碑碣，其文须实录，不得滥有褒饰。五品以上立碑，螭首龟趺，趺上高不得过九尺。七品以上立碣，圭首方趺，趺上高四尺。若隐沦道素，孝义著闻，虽不仕亦立碣。"有关官品与碑形制内容的《丧葬令》，在《白氏六帖事类集》中被称为"立碑令"，反映了社会对此令内容更直白的理解。参见〔日〕仁井田陞：《唐令拾遗》，栗劲等译，长春出版社1989年版，第766~769页。

志文中，也时见引用《丧葬令》条文的情况。柳宗元撰《唐故兵部郎中杨君墓碣》云：

> 贞元十九年正月某日，守尚书兵部郎中杨君卒。某日，葬于奉先县某原。既葬。其子姪泊家老，谋立石以表于墓。葬令曰："凡五品以上为碑，螭首龟跌。降五品为碣，方跌圆首，其高四尺。"按郎中品第五，以其秩不克偕，降而从碣之制。①

唐代丧葬律令之严格，从墓志题上可略见一二。唐代墓志题衔不为尊者讳，如韩愈撰《朝散大夫商州刺史除名徙封州董府君墓志铭》直书墓主"除名徙封州"，②这种情况在汉代难以想像。对于碑志题上表现的汉代"题尊"、唐宋"题终"的区别及原因，我国台湾地区学者叶国良分析道：

> 宦海浮沉，所终之官未必即最尊之官，题尊以美碑主，如汉人者，乃人情所愿。而唐宋人必题以所终官爵者，以重君命、遵律令，故不敢轻题也。于此亦可觇知汉代以降君权之日重矣。③

当然，唐宋墓志中礼法内容的完备与否，既有制度的约束，又受志文撰写者个人因素的左右。唐韩愈所撰墓志多蕴尊卑、嫡庶等礼法制度于文中，所撰碑志有书再娶者，有书庶子者，而无书妾姓者，故子之微出者不书其母。但柳宗元所撰墓志则不如韩愈严谨。这也是韩愈文字备受义例学家推崇的重要原因。由于韩愈所撰碑志具有史家的风范，有"文起八代"的划时代意义，④潘昂霄《金石例》以三卷内容载徐秋山《韩文括例》，已直接表达出对韩文的

---

① （唐）柳宗元：《柳河东集》卷九，上海人民出版社1974年版，第134页。另《封氏见闻记》载："隋氏制，五品以上立碑，螭首龟跌，跌上不得过四尺，载在《丧葬令》。"详见（唐）封演：《封氏见闻记》卷六，张耕注评，学苑出版社2001年版，第140页。

② （清）董诰等编：《全唐文》卷五六四，中华书局1983年版，第5715页。

③ 叶国良：《石学蠡探》，台北大安出版社1989年版，第4页、第110页。叶国良对唐代墓志题终从法律角度分析认为：唐律有崇官之制。崇官者，在法律上优待官员也。官品愈高，优待愈崇。若官阶遭抑，而仍题以原官原阶，则有违冒僭越之嫌。详见《石学蠡探》，第6~7页。

④ 韩愈（768—824），字退之，祖籍昌黎郡（今河北省昌黎县）。苏轼称赞韩愈"文起八代之衰，而道济天下之溺，忠犯人主之怒，而勇夺三军之帅"。参见（宋）苏轼：《东坡全集》卷八六《潮州韩文公庙碑》。其中"八代"指东汉、魏、晋、宋、齐、梁、陈、隋。清鲍振芳言："文章贵先合体，体者例也。昌黎文起八代之衰，义正词严，《金石例》一宗其法。"参见《金石全例》（下），第709页。

推崇。韩愈文章之经典范世的观点，也为后来义例学家所认同。在清人所作《金石例》点评中，韩愈所撰志文备受赞誉，诸如："书例断自昌黎者，前此文人未尝言法，而铭章之讬又不必定是文人，故详略之间，各随其意。昌黎始断断于应法、不应法，然后有例可言。而昌黎遂为古今铭章之冠"；"碑版，盖史法之所在，例所总汇。韩、欧未出以前，随人作之，莫讲义法。自韩、欧出，而铭章之作驾出史传之上，故言例自韩、欧而始，诚不易之轨也。"①王芑孙也强调要以韩、欧为正统，"能以韩、欧之例例秦汉、例元明，无往不得；不以韩、欧之例例秦汉、例元明，无往不失矣"。②

宋元时期，丧葬令、仪制令内容更加细化。③元潘昂霄《金石例》便多次引证宋金元时期的相关法令规定，作为立碑用石之制度依据。《金石例》载：

> 金制，诸葬仪，一品官，石人四事，石虎、石羊、石柱各二事；二品、三品，减石人二事；四品、五品，又减石柱二事。④

元代中原地区的葬仪与金制相仿。《至元杂令》规定"品官葬仪"是："一品（以上）石人四事，石柱二事，石虎二事，石羊二事。三品（以上）石人二事，石柱二事，石虎二事，石羊二事。五品（以上）石人二事，石虎二事，石羊二事。"⑤与《金石例》所载金代的规定大同小异。

至于各品级官员墓地大小尺寸、墓志上的名号称谓等，《金石例》也俱引法律条款，以为撰志的依据。有关官员坟地的法律规定，《金石例》所载内容甚至较《至元杂令》《大元通制》更为详细。试将两者作比较如下。

---

① 参见（元）潘昂霄：《金石例》卷八、卷九"跋"，载《金石全例》（上），第176页、第240页。

② （清）王芑孙：《碑版文广例》"自叙"，载《金石全例》（下），第6页。

③ 北宋天圣《丧葬令》内容与唐《丧葬令》内容相仿，规定：（宋）"诸碑碣，其文皆须实录，不得滥有褒饰。五品以上立碑，螭首龟趺，趺上高不得过九尺；七品以上立碣，圭首方趺，趺上高四尺。若隐沦道素、孝义著闻者，虽无官品，亦得立碣。其石兽，三品以上六（品），五品以上四。"详见天一阁博物馆等校证：《天一阁藏明钞本天圣令校证》下册《丧葬令》卷二九，中华书局2006年版，第425页。至南宋时，立碑者的官品级别有所降低。《庆元条法事类》规定："诸葬，六品以上立碑，八品以上立碣。其隐沦道素，孝义著闻，虽无官品，亦听立碣。"但碑的尺寸无太大变化，仍是"螭首龟趺，上高九尺；圭首方趺，上高四尺"。详见（宋）谢深甫等纂修：《庆元条法事类》卷七七《服制门·丧葬》，上海古籍出版社2002年版，第623页、第629页。

④ （元）潘昂霄：《金石例》卷一"石人羊虎柱制度"，载《金石全例》（上），第45页。

⑤ 黄时鉴辑点：《元代法律资料辑存》，浙江古籍出版社1988年版，第43页。本注释以下出版信息省略。

《金石例》载：

> 诸坟茔地，一品，四面各三百步。（长周不等者以积步折之，余准此。）二品，二百五十步。三品，二百步。四品、五品，一百五十步。六品以下，一百步。庶人（不叙使官，余条葬无文者，并准此。）及寺观，各三十步。若经恩锡及山谷内已业荒田者，不在步数之限。①

《至元杂令》载：

> 官民坟地，一品，四面各三百步。二品，二百五十步。三品，二百步。四品五品，一百五十步。六品下，一百步。庶人及寺观各三十步。若地内安坑坟茔，并免税赋。②

《大元通制》将此条命为"官民坟地禁限"，具体内容与《至元杂令》所载相同。③

墓志例中与礼法相关的内容还有服制等。清刘宝楠《汉石例》中有"分书奔丧持服例"。④冯登府以《唐代国长公主碑》为例，认为："凡书碑之例，葬某处，礼也。此碑则云陪葬桥陵，孝也。"又以《唐尼法愿墓志》为例而言："碑例，于葬某处下云'礼也'，此碑乃云：'其年十月十七日营空于少陵原之侧，俭以从事，律也'，亦文法之创。"⑤

上述有关丧葬规格和墓志的内容，既是古代丧葬礼制，也是法律条款，可谓礼法合一。在礼法制度制约下所产生的墓志尤其是官员墓志，因涉及身份、官品、等级以及相应的权益，其礼法属性自然较为鲜明。

三、公文碑例、私约碑例及碑石功用

（一）汉代公文碑例与行政流程

公文碑例在元代似未受到太多重视。在潘昂霄《金石例》前五卷对碑制

---

① （元）潘昂霄：《金石例》卷一"墓图"，载《金石全例》（上），第47页。
② 黄时鉴辑点：《元代法律资料辑存》，第42~43页。
③ 黄时鉴辑点：《元代法律资料辑存》，第74页。
④ （清）刘宝楠：《汉石例》卷五，载《金石全例》（中），第108页。
⑤ （清）冯登府：《金石综例》卷四，载《金石全例》（中），第634页。

发展源流考述中，公文内容并不彰显。较完整的公文制式集中于该书卷九、卷十。卷九"学文凡例"汇集制、诰、诏、表、露布、檄、笺、铭、记、赞、颂、序、跋等 13 种文体之发展源流、写作要领和格式；卷十《史院纂修凡例》凡 27 条，潘氏言为"当日官书，苍厓录之，非其所自撰"，实为纂修起居录等官书的格式。①这两卷内容与碑志无关，原本为《金石例》的附录。但后来刊行时将附录并入正文，当是有意之举，也使全书的文例体式更为均衡全面。只是后世的义例学家更关注潘氏《金石例》中的韩文括例，其他精华如碑志源流及公文体式，反而显得默默无闻。②

清代陆续出现的碑志例书有一个鲜明特色，即公文碑例内容逐渐丰富，王芑孙《碑版文广例》、冯登府《金石综例》和刘宝楠《汉石例》堪为代表。

王芑孙《碑版文广例》10 卷，计 198 则，有道光二十一年（1841）长洲王氏刻本。书中所收公文碑例始自秦汉，时间跨度较大，公文表现形式多样。既有单独成例者，如秦"碑中具载诏令奏议例"，汉"碑载奏议不载制诏例""碑叙奏请而不载所奏例""碑中具载官文书例""碑载长官符檄例"等；也有隐于括例者，如"碑额括列"中的"额纪政令例"，"碑阴括列"中的"碑阴刻诏策例"等。③

冯登府《金石综例》4 卷，计 423 例。除墓志例、公文碑例，书中还列有私约碑例、佛道家碑文例，以及对铜器、钞版的考释。其中重要公文碑例有"碑书诏策""制诏另书于碑末""碑全书册语""以牒为记""诏碑""敕牒之式""魏诏""奉教书""奏后附赞附铭"等。④

刘宝楠《汉石例》专注于汉代石刻，研究较深入，但也有繁琐之嫌。该书卷 1~3 为墓碑例，卷 4 为庙碑例、德政碑例、墓阙例，卷 5 为杂例，卷 6 为总例，公文碑例在各类碑例中均有体现。墓碑例中有"碑文中叙诏册例""碑文但录诏册不复撰文例""碑末或阴附录诏册例"；庙碑例中有"碑文全录状牒末用赞铭载立碑人爵里姓名字及立吏舍人例""碑文全录状牒末用赞铭载立

---

① （元）潘昂霄：《金石例》卷十，载《金石全例》（上），第 241~246 页。
② 就笔者所见金石义例著述中，仅清鲍振芳《金石订例》4 卷后附载潘氏《金石例》"学文凡例"十三式，取名为"学文订例"，且在文中注明"皆删订原文，不参鄜见"。参见《金石全例》（下），第 786~797 页。
③ （清）王芑孙：《碑版文广例》卷六，载《金石全例》（下），第 317~346 页。
④ （清）冯登府：《金石综例》，载《金石全例》（中），第 457~640 页。

碑人爵里姓名字及立碑年月日与工师姓名例""碑文但录诏册不复撰文例";德政碑例中有"碑文全录令牒例"。另杂例中的"表界域例""工程例",总例中总结的碑文之空字、出格、提行、空行、低行例等,均与公文体式有关。①

总体而言,清人对公文碑例的关注点主要体现在以下方面。

一是皇帝诏书引用格式和体例。在金石义例研究中,汉代政务公文的书写格式、体例等,受到较多关注,不少秦汉碑刻均单独成例,有时一碑身兼多例。如汉安帝元初六年(119)《赐豫州刺史冯焕诏》,在刘宝楠《汉石例》中列为"碑文但录诏册不复撰文例",冯登府《金石综例》标为"诏碑";永建六年(131)《袁良碑》,在《汉石例》中体现为"碑文中叙诏册例",在《金石综例》中为"碑全书册语";永兴元年(153)《乙瑛碑》,在郭麟《金石例补》中为"碑前列上书制诏例",在《金石综例》中为"奏后附赞附铭",在《碑版文广例》为"碑中具载官文书例",等等。而后世热衷于对秦汉诏书体式的研究总结,一个重要原因是"两汉之制最为近古"。②王芑孙比较秦诏之金石刻及始皇诏和二世诏之异同道:

> 始皇六刻石各异其文,惟二世七十九字之诏刻于其旁者皆同。秦斤、秦权亦皆勒此诏于左,非独刻石也。今《泰山》《琅邪》遗刻亦在,惟《琅邪》刻于"皇帝""始皇帝"及"成功盛德"字皆空格书之,其后丞相斯等奏议则跳行别起。其《泰山》《峄山》刻皆无跳行、空格,可见秦法虽严,当时跳行、空格亦无定例。③

清人研究秦汉公文碑例,也带有为清代公文碑溯源以及古今比较的目的。刘宝楠以《汉安帝赐豫州刺史冯焕诏》为例言:

> 碑文载诏书,常例也。此无上下文,但录诏书,与《袁良》诸人碑异。此石当亦是立于墓前。今人墓石全刊诰赠之文,此其权舆。④

---

① (清)刘宝楠:《汉石例》卷六,载《金石全例》(中),第229~238页。
② (宋)林虑、楼昉:《两汉诏令》"原序",文渊阁《四库全书》电子版。
③ (清)王芑孙:《碑版文广例》卷一,载《金石全例》(下),第35页。
④ (清)刘宝楠:《汉石例》卷二,载《金石全例》(中),第113页。

公文的特征也表现在书写格式和古刻体制等方面。冯登府对公文题名押字之始，撰书姓名格式，碑题、碑额格式等，进行了总结。刘宝楠对公文碑格式总结道：高出本文即出格，另行起而上平即提行，多示尊、示敬，并引《陔余丛考》曰："凡奏事遇至尊，必高其字于众行之上，盖自古已然。"低行有二义，一以见碑文已了，一以见卑者、贱者当谦下。[1]袁枚更是依据碑文格式进行推理，根据《开化瑶严阁记》"书北平王跳行超一格，与书后唐诸帝同式"，《闵忠寺重藏舍利碑》"碑文中于大唐文宗、宣宗及上书皆空二格，于清河公亦空二格，于陇西令公则跳行书"，推断五代"河朔之俗，知有节使，不知有天子"的史实。[2]

二是公文用词。汉熹平四年（175）《闻喜长韩仁铭》额篆"汉循吏故闻喜长韩仁铭"，文尾有"如律令"，此碑被列入"额称循吏例""碑文全录令牒例""以牒为记"等碑志例中。元潘昂霄认为"如律令"为檄文中的常用语。[3]《汉石例》载：

> 《金石存》曰："如律令"三字，盖汉人公移中语。《史记·儒林传》序述所载诏书，《前汉书·朱博传》"博口占檄文"，陈琳《为袁绍檄豫州文》，《东观余论》所载"汉破羌檄"，有此三字。[4]

此外，汉代公文碑中常见的"稽首下言""稽首以闻""诚惶诚恐，顿首死罪"等表述及用法，也是义例学家重点关注的内容。

三是公文的上传下达程序和效率。汉代永兴元年（153）的《乙瑛碑》是一通重要的公文碑。[5]此碑是鲁相乙瑛上书朝廷请求设置职掌孔庙礼器和祭祀的专职官员——百石卒史的公文。当时孔子第19世孙孔麟廉因孔庙有礼器，但一直无专人掌管，请求朝廷置百石卒史一人，以掌管礼器及春秋的祭

---

① 《金石全例》（中），第235~238页。

② （清）袁枚著，胡协寅校阅：《随园随笔》卷上《金石类》，广益书局1936年版，第58页。

③ 《金石全例》（上），第217页。

④ （清）刘宝楠：《汉石例》卷四，载《金石全例》（中），第181页。

⑤ 《乙瑛碑》又称《汉鲁相乙瑛请置孔庙百石卒史碑》《孔庙百石卒史碑》《孔庙置守庙百石卒史碑》，现藏山东曲阜汉魏碑刻博物馆。据杨殿珣所撰《石刻题跋索引》，对此碑进行研究的传统金石著述计有34种。详见杨殿珣：《石刻题跋索引》，载林荣华校编：《石刻史料新编》第1辑第30册，台北新文丰出版公司1982年版，第489页。本注释以下出版信息省略。

祀。乙瑛当时是鲁相，将此事奏于朝廷，由司徒吴雄和司空赵戒奏于皇帝，汉桓帝批示"可"，诏书要求鲁相择四十岁以上通一艺者任之。当时乙瑛已经满秩而去，继任鲁相平挑选孔和为百石卒史，并以此事回奏了朝廷。

《乙瑛碑》在古代公文发展史上的重要性，通过宋代洪适的评论可见一斑："此一碑之中凡有三式，三公奏于天子一也，朝廷下郡国二也，郡国上朝廷三也。"①清代刘宝楠将公文三式细化为三公奏状、朝廷牒郡国、郡国上状于朝。②

宋人曾对两汉诏令的行文特色总结道：一曰策书，其文曰"维某年月日"；二曰制书，其文曰"制诏三公"；三曰诏书，其文曰"告某官如故事"；四曰诫敕，其文曰"有诏敕某官"。③然而清人认为这一总结尚不全面，武亿特补充道：

> 碑首行"司徒臣雄、司空臣戒稽首言"，末言"臣雄、臣戒愚戆，诚惶诚恐，顿首顿首，死罪死罪。臣稽首以闻"，此即汉制三公奏事之式，与《独断》所云奏者亦需头，其京师官但言"稽首下言""稽首以闻"相合，然"诚惶诚恐，顿首死罪"字，蔡氏略之不书。今以碑所载，可证其有遗典也。④

与后来的公文相比，汉代公文格式相对简便，上行皇帝的章奏书"昧死言"，上行或平行文书写"敢言之"，下行文书径言"告某某"等，标志明显，内容直截了当。而这种便捷的行文方式，颇有助于政务处理。宋代洪迈根据汉代公文碑中记载的文书上行下达的时间总结道："无极山祠事，以丁丑日奏雒阳宫，是日下太常；孔庙事，以壬寅日奏雒阳宫，亦以是日下鲁相，又以见汉世文书之不滞留也。"⑤

清代王澍根据汉代中央公文运转之简便，直指清代公文之繁琐道："每见

---

① （宋）洪适：《隶释》卷一，中华书局 1986 年版，第 19 页。

② （清）刘宝楠：《汉石例》卷四，载《金石全例》（中），第 160~161 页。

③ （宋）林虑、楼昉：《两汉诏令》"原序"，文渊阁《四库全书》电子版。

④ （清）武亿：《授堂金石文字续跋》卷一，载《石刻史料新编》第 1 辑第 25 册，第 19168~19169 页。

⑤ （宋）洪迈：《容斋续笔》卷四，线装书局 2010 年版，第 278 页。

近日文移奏牍，一事必再三繁复，至于连篇累纸而不休，窃怪何不省简，乃浪费笔墨如此。今观此碑，乃知汉时其体便尔。"①

通过金石学家的考证研究，可知汉代中央政府发布的诏书或法令等公文刻石，保留有完整的行政流程：高级官员向皇帝递呈的奏章；由中央政府官员负责落实皇帝"制曰可"的内容即法令本身；地方将执行法令的情况向中央汇报，实即宋代洪适所总结的"三公奏于天子""朝廷下郡国""郡国上朝廷"。洪适所揭示的一碑含有公文"三式"，正是公文碑不同于一般公文的关键所在，即公文碑强调法令制定、颁布程序的合法性和完整性，以及反馈法令的执行和落实情况。而刻立公文碑，乃是为使该项法令成为人们长久遵循的法定惯例。

（二）私约碑例及其功能

古代私约碑数量多，表现形式多样，但为义例学家所关注者却较为有限。这些少数被重点关注的碑刻，也因而成为私约碑研究之经典。

备受关注的汉代碑刻，一是熹平四年（175）《郑子真宅舍残碑》，清刘宝楠《汉石例》将其列入"书宅舍例"，冯登府《金石综例》称为"宅舍碑"。另一是光和元年（178）《金广延母徐氏纪产碑》，《汉石例》列为"书家产例"，《金石综例》标为"物产碑"。而王芑孙《碑版文广例》将两碑同列入"碑纪产业例"。

这两通汉碑自宋代以来被金石学家反复著录考释，尽管原石已佚，但碑石内容尚大体可知。南宋洪适对《郑子真宅舍残碑》考释道：

> 首云所居宅舍一区直百万，继云故郑子真地中起舍一区七万，凡宅舍十有二区……官吏有郎中及贼曹与掾史，又有左都字彦和及胡恩、胡阳、陈景等姓名，似是官为检校之文。其中有宅舍、奴婢、财物之句，其云"妻无适嗣"，又云"未知财事"，其前有"为后"二字，则知旋立婴孺为嗣也。其云"精魂未臧而有怨"，上有一字从"女"，当是其母，则知其亲物故未久也。末云"春秋之义，五逊为首"，所以戒其宗姓或女

---

① （清）王澍：《虚舟题跋》卷一，载容媛辑录、胡海帆整理：《秦汉石刻题跋辑录》，上海古籍出版社 2009 年版，第 492 页。

兄弟之类，息争窒讼也。碑今在蜀中。①

清朝黄生对此碑评述道："此碑残缺殊甚，推求字句，似某甲死无嗣，而立一继嗣。其祖之傅婢有子（盖嗣子之庶叔），求分其祖所遗财物。讼之于官，官为估直其财产，为分析以平其讼，因立此碑，以杜后日之争尔。"②清人冯登府认为"此是分析宅产、奴婢立嗣后，刊此以防争讼，后世分产单所祖"。③

总括此碑内容，所反映的法律信息较为丰富。一是郑子真的房产较多，凡"宅舍十有二区"，碑中所记有"地中起舍""舍中起舍""潘盖楼舍""吕子近楼""故像楼舍""扶母舍""凤楼""车舍""奉楼""子信舍"等，楼舍兼具，价值从一万二千到七万不等，总值达百万。另还有奴婢和财物。二是财产争执发生在郑子真亡故后"无适嗣"即子嗣年幼的情况下，家族中的成员对财物分割引起争执。三是家产争讼因官府介入而解决。据碑文中所提及的官吏，南宋洪适提出"似是官为检校之文"，即碑文中标明的宅舍及其价值，是出自官方的判定评估。四是刻石立碑目的明确，为"戒其宗姓"对房产的争夺，以"息争窒讼"。

同样为后世分家析产所祖的还有光和元年（178）所刻《金广延母徐氏纪产碑》。洪适对此碑也有考释：

> 　　其石半灭，所存者其下段尔。徐氏归于季本，有男曰恭，字子肃，早终，故立从孙广延为后。广延弱冠而仕，又复不禄……徐氏自言"少入金氏门，夫妇勤苦，积入成家"。又云"季本平生以奴婢、田地分与季子雍直，各有丘域"，继云"蓄积消灭，债负奔亡，依附宗家得以苏"，则雍直似是季本庶孽不肖子，分以訾产居之于外者。徐氏老而广延死，故又析其财，有"雍直径管"及"悉以归雍直"之文，虑雍直为嫂侄之害也。故刊刻此石。其云"大妇、小妇"，则子肃、广延之妻也。碑称

---

① （宋）洪适：《隶释》卷一五，中华书局1986年版，第162页。洪适考释称"末云'春秋之义，五逊为首'"，碑文为"春秋之义，五让为首"，同见第162页。
② （清）黄生撰，（清）黄承吉合按，包殿淑点校：《字诂义府合按》之《义府》卷下，中华书局1984年版，第242~243页。本注释以下出版信息省略。
③ （清）冯登府：《金石综例》卷三，载《金石全例》（中），第575页。

"小妇慈仁，供养奉顺，不离左右"，则广延夫妇俱孝。其云"五内摧碎"，则可见子孝而母慈也。广延虽非嫡长，而事亲久即世新故，徐氏舍子肃而称广延母也。①

从碑文及洪氏考释内容看，立碑人徐氏是金季本之妻，有两子，一名金恭字子肃，早逝，有子广延；一名雍直。季本在世时雍直已别立门户，分得奴婢、田地。但不久雍直负债，靠族人接济。徐氏与金恭之子即其孙广延一起生活。广延也早死，徐氏将大部分田宅、奴婢归雍直，同时也分一部分给金恭和金广延的妻子，即碑文中的"大妇"和"小妇"。"大妇"名下有"四十八万"的数目，"小妇"名下文字残缺。

《金广延母徐氏纪产碑》表明了家长对家庭财产拥有完全处分权。在男性家长金季本去世后，女性家长徐氏享有同样的权力，这是与《郑子真宅舍残碑》因家财争讼经官府定值分割不同的地方。需要留意的是，碑名称"金广延母徐氏纪产碑"，但实际，金广延为徐氏之孙，徐氏认孙为子，"子孝而母慈"，与儒家礼制教化有所冲突。后人对此碑的评价，颇值得回味。"广延为季本嗣孙、子肃嗣子，徐氏乃广延祖母，而碑称母"，"翻称祖考曰考，广延称祖母曰母，皆非礼也"。②然民间社会生活更注重实际孝养。次子雍直败家，非寡母徐氏所能依靠；长孙"广延夫妇俱孝"，徐氏认其为子"称广延母"，有实际的考虑和目的。此举遭后世儒士贬斥，是基于理而不在人情。清人黄生的评语也颇具代表性："此亦家庭分析琐屑之语，与前碑（指《郑子真宅舍残碑》，笔者注）所纪同极鄙细，而勒之碑版与诸碑并寿，真可笑之甚也。"③在清代文人眼中，民间细故根本不值得勒碑永存。

东汉延熹五年（162）《真道冢地碑》也是自宋代以来被多次著录探讨的经典刻石。至于汉代以后的私约碑，数量更多。冯登府《金石综例》除前举宅舍碑、物产碑、买冢地碑外，尚有井券、瓦券、买地契、宝券合同、庄地书四至、卖宅券等例。其中"买地契"以金《真清观牒》为例，并考证言：

牒后载本观置买地土文契，契中年月后，一曰"立契出卖地人"，即

---

① （宋）洪适：《隶释》卷一五，第163页。
② （清）刘宝楠：《汉石例》卷五，载《金石全例》（中），第212页。
③ （清）黄生撰，（清）黄承吉合按，包殿淑点校：《字诂义府合按》之《义府》卷下，第243页。

今之卖主；一曰"立契人"，即今之买主亲友；一曰"引领人"，即今之居间；一曰"写契人"，即今之代笔。①

另"庄地书四至"以唐《重修大像寺记》为例；"宝券合同"举金《京兆府合同》《平凉府合同券》为例，认为"此碑即今人买卖合同之例"。②

总体来看，古代义例学家已关注到碑志中占有较大比重的民间契证、券书类别，并尝试总结归纳，但由于记载民间细故的碑刻多不合礼制规范，故被义例学家视为"琐屑之语"而加以排斥。由于被纳入金石学家研究视野的私约碑数量有限，以致对私约碑例的总括水平与墓志例和公文碑例相比，尚有明显差距。

＊　＊　＊

金石考据之学在宋代初兴时，曾是经学、礼学的附庸，"礼家明其制度"是金石学家所关注的重要议题。金石义例之学在元明得到初步发展，传统经学的影响依然鲜明。但金石铭刻与一般文字最大的不同是它能传承久远，标示社会效仿的典范，故碑志在东汉初兴时，其社会教化功能既受到特别关注，又体现出鲜明的"碑以明礼"的特征。③元代饶州路儒学教授杨植翁为《金石例》所作序言称："文章先体制，而后论其工拙。体制不明，虽操觚弄翰于当时犹不可，况其勒于金石者乎!"④王思明在序言中也强调："后世之文，莫重于金石。盖所以发潜德、诛奸谀、著当今、示方来者也。"⑤

随着清代金石学的普及和碑志义例学的发展，碑志文体与国家礼法制度的关系愈加紧密。元潘昂霄《金石例》之所以被后来的金石义例学家和经史学家所关注并续补发扬，⑥关键之处，是它阐发了在碑志文体日趋世俗化的情况下，如何重塑其"明礼合法"功能，以达到济世的效用，这也正是碑志例学与金石考据学最大的不同。清李慈铭即指出义例之学是有别于考据之学的

---

① （清）冯登府：《金石综例》，载《金石全例》（中），第578~579页。
② （清）冯登府：《金石综例》，载《金石全例》（中），第578~579页。
③ 关于"碑以明礼"特征的阐述，可参见拙作："中国法制'镂之金石'传统及特质"，载《南京大学法律评论》2014年秋季卷（总第42卷），法律出版社2014年版，第93~106页。
④ （元）汤植翁："金石例序"，载《金石全例》（上），第12页。
⑤ （元）王思明："金石例序"，载《金石全例》（上），第14页。
⑥ 清刑部尚书徐乾学撰《读礼通考》多处引用元潘昂霄《金石例》中的内容，详见《读礼通考》卷九八《丧具四·碑》、卷九九《丧具五·墓铭》。

实用之学：

> 窃谓文章本无一定之例，自南宋以后，滥为酬应，文人益多，而文日卑。故潘氏举韩文为例以救之，取法乎近，以晓流俗也。降及晚明，江湖小人，恶札充塞，至为猥贱。故梨洲黄氏复为要例，自唐宋诸家以及元明，著其文之流变，以见例之不可尽无，非为考据计也。①

这种通过金石文字以救时弊的主张，正是注意到了金石载体和铭刻文体本身所具有的特殊功能，它融礼法、文体、典范、治世、传承等于一身，而这正是其他文字载体和文体所难以企及的。

---

① （清）李慈铭撰，由云龙辑：《越缦堂读书记》之《艺术·金石》"汉魏六朝墓铭纂例"，中华书局 1963 年版，第 1068 页。

汉《宋伯望分界刻石》小考

王硝鹏*

【摘要】《宋伯望分界刻石》自出土以来备受学界关注。长期以来，对于刻石的性质、句读、释文讨论不断，但诸家多各持己说。随着释读不断深入，其性质已排除了"买地券""买田记"的可能，趋向于分界刻石。尹湾汉简中关于吏员的记载，则为研究刻石中出现的吏员，提供了一定的借鉴意义。

【关键词】宋伯望　分界刻石　东海郡　基层吏员

"宋伯望分界刻石"为汉代刻石，现存于山东省石刻艺术博物馆。刻石呈矩形，高95厘米，宽46厘米，厚33厘米。碑四面阴刻隶书，正面9行122字，背面4行44字，左侧面6行83字，右侧面5行35字。《齐鲁文化大辞典》"宋伯望租界碑"条中记载："东汉顺帝汉安三年（144）刻立。清光绪十九年（1893）莒县西孟庄庙基出土，为大店镇庄余珍收藏，后埋地下；1956年复出，归莒南县文化馆。"①

对于该刻石所记载内容性质的确定，我们可以通过学界为该刻石所取的名称所见一二。刘承干在《希古楼金石萃编》中，将其称作"汉平莒男子宋伯望买田记"②；山东省文物总店编写的《山东秦汉碑刻》中记述道："《莒州汉安三年刻石》，即《宋伯望刻石》，亦称《租界碑》。"③同样，在方若的《校碑随笔》中，亦将其称之为"莒州汉安三年刻石"④。以此几本著作为代

---

* 王硝鹏，中国政法大学2018级历史文献学专业硕士，研究方向为出土法律文献，目前主要关注秦汉时期的法律碑刻。

① 车吉心编：《齐鲁文化大辞典》，山东教育出版社1989年版，第704页。
② 刘承干编著：《希古楼金石萃编》第3册，文物出版社1982年版，第55页。
③ 山东省文物总店编：《山东秦汉碑刻》，齐鲁书社1984年版，第13页。
④ 方若：《校碑随笔》，江苏广陵古籍刻印社1997年版，第46页。

表的对刻石的命名，大致可以归为两大类：一类是客观描述性的，即以"汉安三年""平莒（莒州）""宋伯望"命名；一类是对刻石性质进行描述的，如"分界刻石""买田记""租界碑"。

一、碑文注释

由于立碑年代久远，碑文缺损之处较多，所以对于碑文的释读就显得尤为重要。毛远明的《汉魏六朝碑刻校注》①（以下简称《校注》）第 1 册中对碑文进行了释读，现将《校注》中的句读去掉，整理并录于此：

【碑石正面】

01 漢安三年二月戊辰朔三日庚午平莒男子

02 宋伯望宋何[1]宋□□在山東禺亭西□

03 有田在縣界中□元年十月中作廬望田中

04 近田望[2]恐有當王道□西[3]古有分堵[4]

05 無分民望等[5]不知縣□□[6]處有行

06 事永和二年三月中東安塞宜爲

07 節丘[7]氏租＝弟明[8]所□發所在望等

08 所立石書南下水陽□千伯[9]上□□

09 本[10]安[11]徼玉紀與莒

【碑石背面】

01[12]

02 別東[13]南以千爲界千以東屬

03 莒道西□水□流屬東安□

04 □宜以来界上平安後有昌

05 界以立石□□□□□□事[14]

【碑石左面】

01 禺亭长孙著是□□□

---

① 毛远明编著：《汉魏六朝碑刻校注》第 1 册，线装书局 2008 年版，第 144~149 页。

02 歸□莒賊曹掾□仲誠泳徼徐□審

03 □賊曹掾吳分長史蔡朔望等古

04 福□□上有故千□紀冢有北行車道千封

05 上下相属南北八千石界□受望□□□

06 立名分明千北行至侯阜北東流水

【碑石右面】

01 壬癸□□□□

02 □在丙子界上□□

03 立冢民無所建[15]租[16]

04 道堵界所属給發

05 出更賦租銖不遄

本文以图版为基础，将《校注》的释文与《重修莒志》①和《山东汉代碑刻研究》②（以下简称《研究》）的释文进行对读，以《〈汉魏六朝碑刻校注〉汉碑释文补正》（以下简称《补正》）③作为补充，对碑文进行重新的释读与梳理。

[1]何：《重修莒志》释作"珂"，根据图版，可以看出"可"字的左边应该是"亻"字，应为"何"字。

[2]田望：《校注》与《研究》释作"田""望"，《校注》中句读为"近田。望恐有当王道"。《重修莒志》中释作"界""上"。首先从文意上，前文说"有田在县界中"，即两县的界线穿过宋伯望的田地。而根据后文说"有当王道"，可以推测出界线在宋伯望田地中的一段应该与通行道路有关系——可能以路为界，也可能路与边界相近或路与界线有交叉。所以这句话表达的意思应该是：庐靠近边界，阻挡了王道。如果释读为"近田。望恐有当王道"，即"靠近田地。宋伯望恐怕对于王道有所阻挡"。而靠近田地不一定靠近边界，不靠近边界，也就无所谓"有当王道"。同时，前文已经说"作庐望田中"，

---

① 庄陔兰总纂：《重修莒志》，莒南晨光印制社2001年版，第386~388页。

② 刘海宇：《山东汉代碑刻研究》，齐鲁书社2015年版，第307~310页。

③ 吕蒙、袁苹："《汉魏六朝碑刻校注》汉碑释文补正"，载《中华文化论坛》2014年第2期，第94页。

再言"近田",则前后矛盾。

其次，根据图版可以看出，"近"字下的字更接近前文的"界"而非"田"；"恐"字之上的字，比前文的"望"字要小，笔画较之于"望"更为简洁。所以，此处释作"界""上"，即"近界上，恐有当王道"更为合适。

[3] 𧼮西：《补正》认为"西"应为"曲"。

[4] 堵：《重修莒志》中亦作"堵"；《研究》中释作"境"。结合语境看，"自古有分堵（境）而无分民"应指自古以来只是对于边境有所划分，而没有对百姓进行划分，即《后汉书》中所说的"王者有分土，无分民，自适己事而已"。①"分堵"在史料中多出现于治理水患。《宋史》中记载苏轼率领城中百姓抵御洪水："使官吏分堵以守，卒全其城。"②以此观之，似乎"分境"比"分堵"更符合语意。但根据拓片及原石，似应从"堵"。

[5] 等：《重修莒志》释作"葬"，《研究》释作"等"。笔者认为此处应释作"等"——"望等"指宋伯望、宋何及"宋□□"三人，此用法亦见于正面第7行末尾的"望等"，且两处字体相似，故从"等"。

[6] 縣□□處：《补正》中认为应为"县置此界处"。对比原石图片可以发现，从"县"至"有"应是"县□□□有"，中间有三个字。且"有"之上的字应为"界"而不是"处"，所以此句应释为"望等不知县置此界有行事"。

[7] 節丘：《补正》中认为应为"即丘"，此说可从。

[8] 租＝弟明：《重修莒志》亦释作"租"；《研究》中释作"相"。根据图版，应为"相"，且"相"与"弟"中间有重文符号"＝"，故此句为"即丘氏相、相弟明"。

[9] 千伯：《重修莒志》中释作"千佰"，《研究》中释作"千伯"。"阡陌"写作"千佰"的用法见于睡虎地秦墓竹简、岳麓书院所藏秦简、张家山汉简、龙岗秦简等。如《睡虎地秦墓竹简·法律答问》64简中记载："'封'，即田千佰。"整理小组认为："千佰，即阡陌，《汉书·食货志》作'仟佰'，注：'仟佰，田间之道也，南北曰仟，东西曰佰。'……"③根据拓片及原石，

---

① 《后汉书》卷二三《窦融传》，中华书局1965年版，第799页。
② 《宋史》卷三三八《苏轼传》，中华书局1977年版，第10809页。
③ 睡虎地秦墓竹简整理小组编：《睡虎地秦墓竹简》，文物出版社1990年版，第108页。

《重修莒志》之说可从。

[10] 本：《重修莒志》及《研究》中作"东"。根据图版，此说可从。

[11] 淤：《重修莒志》及《研究》中作"游"。根据图版，笔者认为应为"淤"，通"游"。

[12]《重修莒志》中记："四行偏左椭圆一题内三行：'□□毋得'。"《研究》中仅以"……"标识此处。从拓片及原石中可以看出，《重修莒志》之说可从。

[13] 東：《重修莒志》及《研究》中作"界"。根据图版，此说可从。

[14] 界以立石□□□□□事：《重修莒志》中记为："界以立石□□□事"；《山东汉代碑刻研究》记为："界以立石□□□□□"。根据图版，比照相邻行，"石"与"事"之间应该为三个字，故从《重修莒志》。

[15] 建：《重修莒志》释作"虑"，《研究》中释作"建"。根据图版，字形似乎更接近"虑"。

[16] 祖：根据拓片、原石及文意，笔者认为应该释作"视"。

二、碑文连缀、句读及碑石定名

对于此碑四面的连缀方式，鲁西奇先生①认为应该是按照正面、左面、背面、右面的顺序相连。正面最后"东安游徼玉纪"为"地名+官职名+人名"的结构。从文意上来说，应该是"东安游徼玉纪与莒××（官职名）××（人名）"，而正面左面相连，正好为"东安游徼玉纪与莒禺亭长孙著"，即"莒禺"表示地点，"亭长"为官职名，"孙著"为人名。且左面其后大量提到官职名、人名，应为玉纪、孙著、仲诚等人，共同参与了此次定界。背面内容是为关于确定界线的描述，与左面后半部分内容相连，背面"界以立石□□□事"是为划界部分内容结束，右面应该是关于划界之后一些相关事宜。

此外，鲁西奇先生认为，"平"字，旧释从后读，作"平莒"，不能解。盖"平"当从上读，作"平日"解。平日，日书中的一种日子，与建日、除日、盈日等并列。《睡虎地秦墓竹简·日书甲种》："平日，可以取妻、入人、

---

① 鲁西奇："封、疆、界——中国古代早期对于域界的表示"，未刊，讲座时间：2018 年 12 月 4 日。后文有关鲁西奇的观点皆源于此文，以下不再出注。

起事。"①此说可从。所以借鉴鲁西奇先生和之前的诸多句读版本，以及前文的校释，笔者重新录文并句读如下：

【碑石正面】

01 汉安三年二月戊辰朔三日庚午平，莒男子

02 宋伯望、宋何、宋□□，在山东禺亭西□，

03 有田在县界中□。元年十月中，作庐望田中。

04 近界上，恐有当王道。荒曲古有分堵

05 无分民。望等不知县置此界有行

06 事。永和二年三月中，东安塞宜为

07 即丘氏相、相弟明所□发所在。望等

08 所立石书：南下水阳，□千佰，上□□。

09 东安溅徼玉纪与莒

【碑石左面】

10 禺亭长孙著，是□□□

11 归□。莒贼曹掾□仲诚，溅徼徐□，审

12 □、贼曹掾吴分、长史蔡朔。望等古

13 福□□，上有故千□纪冢，有北行车道，千封

14 上下相属，南北八千，石界□受。望□□□，

15 立名分明：千北行至侯阜北，东流水

【碑石背面】

16 □□毋得。

17 别界南以千为界，千以东属

18 莒，道西□水□流属东安。□

19 □宜以来，界上平安。后有昌

20 界以立石，□□□事。

---

① 睡虎地秦墓竹简整理小组编：《睡虎地秦墓竹简》，文物出版社 1990 年版，第 183 页。

【碑石右面】

21 壬、癸，□□□□；

22 □在丙、子界上□□

23 立冢，民无所虑，视

24 道堵界所属，给发

25 出更赋，租铢不遗。

图 1　正面图片及拓片 ①

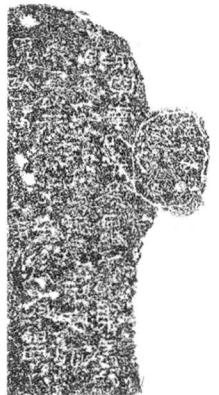

图 2　左面图片及拓片

①　图 1~图 4 中，左碑石为笔者 2019 年 3 月 7 日摄于山东石刻艺术博物馆，右拓片采自顾亚龙主编：《海岱石华：山东秦汉魏石刻书法艺术》，山东画报出版社 2017 年版，第 79~80 页。

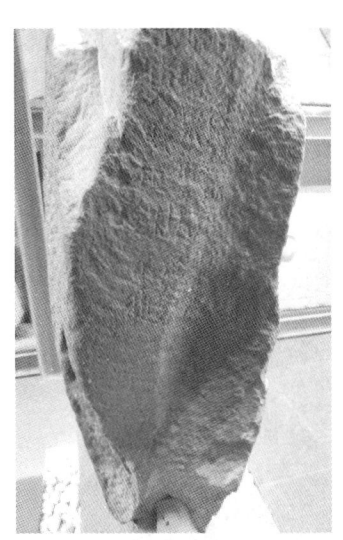

图 3　背面图片及拓片

图 4　右面图片及拓片

如此句读之后，虽然部分内容尚不明确，但可见碑文仍以分界为主要内容，而未出现与"买田记""买地券"有关的语句。所以笔者认为该刻石定名为"宋伯望分界刻石"更为合适。

前文所提及的此石背面最右侧的椭圆形及文字，虽然目前无法辨认"毋得"之前的文字，但是椭圆形的刻画轨迹却给我们提供另外的信息。从宋伯望刻石的背面照片可以看出，石头右侧的上下两部分似乎有损坏，但是观察椭圆形的刻画轨迹，似乎有两种可能。第一，刻石在刻字的时候就已经出现破损，可参考左右两个刻字的侧面也并非平整的平面；另一种可能，对比刻石顶部的靠近正面的边有三个凹陷处，且三个凹陷处形状、大小几乎相同，似为人工所为；顶部靠近背面的边，有一条笔直的棱。二者相联系，可以看出宋伯望刻石原来似乎存在上半部分，或为碑额。

三、碑文所见官职

碑文中提到了"东安游徼""莒禺亭长""莒贼曹掾""长史"四种官职。在尹湾汉简中，可见"游徼""亭长"。尹湾汉简《东海郡吏员簿》中记载："东安吏员卌四人：相一人，秩三百石；丞一人，秩二百石；令史三人，狱史二人，乡啬夫一人，游徼一人，牢监一人，尉史二人，官佐五人，亭长九人，侯家丞一人，秩比三百石；仆行人、门大夫三人，先马中庶子十四人，凡卌四人。"①可见，这其中提到了游徼和亭长，并无贼曹掾和长史。学界根据尹湾汉简中《元延元年历谱》《元延三年五月历谱》，推测其为西汉成帝时期文书。由于尹湾汉简与宋伯望刻石并非同时期的文献，故存在着基层行政官职变化的可能性。但是有一个问题我们应当关注，就是游徼、亭长、贼曹掾与治安的联系。

卜宪群先生认为："根据《百官公卿表》，游徼属于乡官，职能是'徼循禁贼盗'……由于长期巡行乡里，司奸捉盗，故又被视为乡官的一部分。"②同样，关于亭长，谢桂华先生认为："亭作一个治安机构，亭长的主要执掌为典武备，禁盗贼，已被人们所熟知。"③可见游徼和亭长都与"治安""贼盗"有关系。而"贼曹掾"，从表面上理解，就是负责"贼"这个部门的小吏，顾名思义，也就是跟贼寇、治安打交道的部门中的小吏。相对的，过往史料中"长史"就没有体现出很强的"治安"色彩。张家山汉简《秩律》第441

---

① 连云港市博物馆等编：《尹湾汉墓简牍》，中华书局1997年版，第83页。

② 卜宪群："西汉东海郡吏员设置考述"，载《中国史研究》1998年第1期。

③ 谢桂华："尹湾汉墓简牍和西汉地方行政制度"，载《文物》1997年第1期。

简提到："御史［丞］，丞相、相国长史，秩各千石。"①整理小组认为："丞相，相国之名，汉初常互易。长史为其属官，《通典》卷21云：'众史之长，职无不监'。"②彭浩先生提到《汉书·百官公卿表上》中的记载，即"（丞相）有两长史，秩千石"。丞相、相国长史是中央官职，而悬泉汉简等西北简牍中也可见大量的地方上的长史。无论是作为中央官职还是地方官职，长史都是作为高级属官，都是"众史之长"。在尹湾汉简中我们可以看到，西汉成帝时期，东安吏员中有"令史""狱史""尉史"等史官，那到了东汉时期，再设置一名长史而为"众史之长"，也就可以解释了。而长史蔡朔出现在划界现场，相比于其他三种官职的人，可能出于代表郡守的目的，对此次划界事件进行监督、管理；也可能作为官方代表，对此次划界进行记录和认证，如连云港苏马湾刻石中最后的"使者徐州牧治所书造"。③

　　虽然宋伯望刻石不乏研究者，涉及此刻石的著述亦不在少数，但是存疑、尚待研究之处还有很多。由于无法进行完整的释读，作为一个分界刻石，其界线并不能够清晰地被描绘出来。同时，除了碑本释读方面，碑文相关的诸多问题，如促使立石的原因；为什么参与立石的官吏以维护治安为职责的官吏为主；这些官吏在此次立石中的职责是什么；即丘与莒、东安并不相邻，那"相"与"相弟明"在立石中扮演着什么角色。未来更多新材料的出现，以及学界对已有材料的进一步的解读，将会为"宋伯望刻石"的深入研究开辟新的视野。

---

① 彭浩等主编：《二年律令与奏谳书——张家山二四七号汉墓出土法律文献释读》，上海古籍出版社2007年版，第258页。

② 彭浩等主编：《二年律令与奏谳书——张家山二四七号汉墓出土法律文献释读》，上海古籍出版社2007年版，第259页。

③ 连云港市文管会办公室、连云港市博物馆："连云港市东连岛东海琅邪郡界域刻石调查报告"，载《文物》2001年第8期。

魏《封孔羡碑》小论

王雨嘉*

【摘要】 魏黄初《封孔羡碑》，又名《孔子庙碑》《制命宗圣侯孔羡奉家祀碑》等，属于早期"铭赞体"公文碑，其刻立时间不早于黄初二年（221）正月。碑文载有二事：一是魏文帝封孔子二十一世孙孔羡为宗圣侯以祀孔子；二是记重修孔子庙、置百石卒史以守卫之事。碑文所载公文有二，一为完整制书，二为简写诏书。碑文中的"命""令"，是区分制书、诏书的重要依据。

【关键词】 孔羡　孔子庙　黄初二年　制书　诏书

一、碑文释读

魏黄初《封孔羡碑》，又名《魏孔子庙碑》《孔子庙颂》《制命宗圣侯孔羡奉家祀碑》等。碑原立于山东曲阜孔庙东庑，现存于曲阜汉魏碑刻陈列馆。圭首，有穿。碑长约 210 厘米，宽约 118 厘米，厚约 20 厘米，额篆"鲁孔子庙之碑"。碑文 22 行，满行 40 字。文后有宋嘉祐七年（1062）张稚圭题记。碑文所载事可见于《三国志》卷二《魏书·文帝纪》。

对于此碑的刻立时间，一般认为立于黄初二年（221）以后，但其文以"维黄初元年"起头，因而存在一定的争议。此碑目的虽为记事，但其载有完整公文，因此不能简单地将其视为记事碑或铭功碑，故而要对其性质进行一定的探讨。对于碑文著录、考释，洪适《隶释》卷十九有录文，高步瀛选注《魏晋文举要》对此碑有较为详细的释读和考证，毛远明先生校注《汉魏六朝碑刻校注》有录文校释，然而三者录文差别较大，在一些关键字词的勘定上存在分歧。此外，笔者认为对此碑从历史学角度出发进行探讨，尚有可深入

---

* 王雨嘉，中国政法大学 2018 级中国古代史专业硕士研究生，研究方向为秦汉史。

的余地。

图 1　《封孔羡碑》原石（左）及拓本（右）①

参照碑拓，对比洪适《隶释》②，高步瀛选注《魏晋文举要》③，以及毛远明校注《汉魏六朝碑刻校注》④，以简体横排方式复原碑文如下：

01 维黄初元年，大魏受命。胤轩辕之高纵，绍虞〔氏〕之遐统，应

---

①　《封孔羡碑》原石 2012 年 5 月摄于山东曲阜汉魏碑刻陈列馆，拓本 2018 年 5 月摄于在北京举办的"丰碑大碣：历代金石拓本全国巡回展"。两图均为李雪梅提供。

②　（宋）洪适：《隶释》卷一九，中华书局 1985 年版，第 190~191 页。本注释以下出版信息省略。

③　高步瀛选注，陈新点校：《魏晋文举要》，中华书局 1989 年版，第 49~57 页。本注释以下出版信息省略。

④　毛远明编著：《汉魏六朝石刻校注》第 2 册，线装书局 2008 年版，第 191~193 页。本注释以下出版信息省略。

历数以改物，扬仁风以作教。于是揖①五瑞，斑②宗

02 彝，钧衡石，同度量。秩羣祀于无文，顺天时以布化。既乃绪熙圣绪，昭显上〔世〕，追存二代三恪③之礼，兼绍宣

03 尼褒〔成〕之后，以鲁县百户，命孔子廿一世孙议郎孔羡为宗圣侯，以奉孔〔子〕之祀。

04 制诏三公曰：昔仲尼姿大圣之才，怀帝王之器，当衰周〔之末〕④，而无受命之〔运。□⑤生⑥〕乎鲁卫之朝，教化乎汶⑦

05 泗之上，栖栖焉，皇皇焉，欲屈己以存道，贬身以救世。当〔时三公〕⑧终莫能用，乃退⑨考五代之礼，修素王之事，

06 因鲁史而制《春秋》，就大师而正《雅》《颂》。俾千载之后，莫不采其文以述作，印其圣以成谋。咨可谓命世大圣，

07 亿载之师表者已⑩。遭天下大乱，百祀堕坏，旧居之庙毁而不修，褒成之后绝而莫继。

08 四时不睹烝甞⑪之位，斯岂所谓崇化报功、盛德百世必祀者哉。嗟乎！朕甚闵焉。其以议郎孔羡为宗圣侯，

09 邑百户，奉孔子之祀。令鲁郡修起旧庙，置百石卒史⑫以守卫之。又于其外广为屋宇，以居学者。于是鲁之

---

① 《隶释》卷一九（下同）及《汉魏六朝石刻校注》作"揖"，《魏晋文举要》作"揖"。按：碑文作"揖"。

② 《隶释》及《汉魏六朝石刻校注》作"斑"，《魏晋文举要》作"班"。按：碑文作"斑"。

③ 《隶释》及《汉魏六朝石刻校注》作"恪"，《魏晋文举要》作"恪"。按：碑文作"恪"。

④ 《隶释》注："阙二字魏志作之末。"

⑤ 《隶释》注："阙"。《汉魏六朝石刻校注》此处作"□生"。按：碑文此处应无阙。

⑥ 《隶释》及《汉魏六朝石刻校注》作"生"。《三国志》卷二《魏书·文帝纪》作"在"。

⑦ 《隶释》及《汉魏六朝石刻校注》作"汶"，《魏晋文举要》作"洙"。按：碑文作"汶"。

⑧ 《隶释》注："阙三字魏志作时三公"。《汉魏六朝石刻校注》此处作"当〔时三〕公"。

⑨ 《隶释》及《魏晋文举要》作"追"。《汉魏六朝石刻校注》作"退"。按：《汉魏六朝石刻校注》注："'退'，隶释、两汉记、萃编作'追'，备参。"依拓片所见应为"退"。

⑩ 碑文作"巳"，他本均作"已"。依文意应为"已"。

⑪ 《隶释》及《汉魏六朝石刻校注》作"甞"。按：碑文作"甞"。

⑫ 《隶释》及《汉魏六朝石刻校注》作"百石吏卒"，《魏晋文举要》作"百石卒史"。按：此职初见于《乙瑛碑》，为"百石卒史"，在《礼器碑》《史晨碑》中均称为"守庙百石"。"卒史"为郡县吏员，置"卒史"意味着孔庙为中央政府承认的一级政治机构，故此处应为"百石卒史"而非"百石吏卒"。另有作"百户吏卒"（《三国志》卷二《魏书·文帝纪》）等。

10 父老、诸生、游士，睹庙堂之始复，观俎豆之初设，嘉圣灵于髣髴，想贞祥之来集，乃慨然而叹曰：大道衰废，

11 礼学灭绝卅馀年。

12 皇上怀仁圣之懿德，兼二仪之化育，广大苞于无方，〔渊恩〕①沦于不测。故自受命以来，天人咸和，神气烟煴，

13 嘉瑞踵武，休征屡臻。殊俗解编发而慕义，遐夷越险阻而来宾。虽大皞游龙以君世，虞氏仪凤以临民，〔伯〕

14 禹命玄宫而为夏后，西伯由岐社而为周文，尚何足称于大魏②哉！若乃绍继微绝，兴修废官，畴咨稽古，崇

15 配乾〔坤〕，允神明之所福祚，宇内之所欢欣也，岂徒鲁邦而已哉。尔乃感殷人路寝之义，嘉先民泮宫之事。

16 以为高宗、僖公，盖嗣世之王，诸侯之国耳，犹著德于名颂，腾声乎千载。况今

17 圣皇，肇造区夏，创〔业〕垂统，受命〔之〕日，曾未下舆，而褒崇大圣，隆化如此，能无颂乎！乃作颂曰：

18 煌煌大魏，受命溥将。〔并〕体黄虞，含夏苞商。降釐下土，上③清三光。羣嗣咸秩，靡事不纲。嘉彼玄圣，有邈其灵。

19 遭世雰④乱，莫显其荣。褒成既绝，寝庙斯倾。阙里萧条，靡歆靡馨。我皇悼之，寻其世武。乃建宗圣，以绍厥后。

20 修复旧堂，丰其薧宇。莘莘学徒，爰居爰处。王教既〔备〕，羣小遄沮。鲁道以兴，永作宪矩。洪声登假，神祇来和。

21 休征杂遝，瑞我邦家。内光区域，外被荒遐。殊方〔重译〕，搏拊扬歌。于赫四圣，运世应期。仲尼既没，文亦在兹。

22 彬彬我后，越而五之。并于亿载，如山之基。

23 陈思王曹植词

---

① 《隶释》注："阙恩"，《汉魏六朝石刻校注》作"□恩"，《魏晋文举要》作"渊深"。按：《汉魏六朝石刻校注》注："《文学考释》作'渊深。'"（第192页）碑文可见下字残部，应当作"恩"。此处作"渊恩"应更妥当。

② 《隶释》及《汉魏六朝石刻校注》作"魏"，《魏晋文举要》作"魁"。按：碑文作"魏"。

③ 《隶释》及《汉魏六朝石刻校注》作"上"，《魏晋文举要》作"廓"。按：碑文作"上"。

④ 《隶释》及《汉魏六朝石刻校注》作"雰"，《魏晋文举要》作"霜"。按：碑文作"雰"。

24 梁鹄书

25 宋嘉祐七年张稚圭按图谨记魏

碑文正文部分，即从"维黄初元年"至"如山之基"（第 1 行起至第 22 行结束），其刻立时间不早于黄初二年（221）正月，即不早于封孔羡为宗圣侯的诏书下达时间。而第 23 行至第 25 行的内容，其刻立时间不早于宋嘉祐七年（1062），为后人所作。①

高步瀛将本碑文正文内容分为了五部分：第一、叙命孔羡为宗圣侯（第 1 行起至第 3 行结束，从"维黄初元年"至"以奉孔子之祀"）；第二、制诏（第 4 行起至第 9 行末，从"制诏三公曰"至"以居学者"）；第三、观感（第 9 行末至第 15 行中后，从"于是鲁之父老"至"岂徒鲁邦而已哉"）；第四、作颂（第 15 行中后至第 17 行结束，从"尔乃感殷人路寝之义"至"乃作颂曰"）；第五、颂文②（第 18 行至第 22 行结束，从"煌煌大魏"至"如山之基"）。

从毛远明先生对碑文正文的分段来看，是将其分为了四个部分：从"维黄初元年"至"以奉孔子之祀"为第一部分（第 1 行起至第 3 行结束，与上同）；从"制诏三公曰"至"以居学者"为第二部分（第 4 行起至第 9 行末，与上同）；从"于是鲁之父老"至"乃作颂曰"为第三部分（第 9 行末至第 17 行结束，即上第三、四部分合一）；从"煌煌大魏"至"如山之基"为第四部分（第 18 行至第 22 行结束）。

总体来说，毛远明先生将碑文正文分为四个部分的看法是较为合理的，第一部分为叙命孔羡为宗圣侯，第二部分为制诏内容，第三部分为作颂，第四部分为颂文。

二、碑名及定性

碑额篆为"鲁孔子庙之碑"，历代对此碑的录名集中于两个关键词：封孔

---

① 此点《隶释》已有相关叙述。可参见《隶释》第 191 页。
② 《魏晋文举要》将此部分又分为五，此处合为一。自"煌煌大魏"至"靡事不纲"为魏之受命；自"嘉彼玄圣"至"靡歆靡馨"为褒成国绝，孔庙亦荒废；自"我皇悼之"至"永作宪矩"为封褒成，崇孔祀；自"洪声登假"至"搏拊扬歌"为教化之行；自"于赫四圣"至"如山之基"为颂魏帝之崇圣学。

羡（宗圣侯）；孔子庙（颂）。故关于此碑的碑名，如下表所示，存在两种类型。一是以宋代洪适《隶释》为代表的第一类录名（见表1），凸显了"孔子庙"这一特点。二是以清代李兆洛《骈体文钞》为代表的第二类录名，凸显了"制命""宗圣侯"或"孔羡"这一特点（见表2）。

表1　碑名强调"孔子庙"

作者	书名	碑名
（唐）欧阳询等	《艺文类聚》	孔子庙颂
（宋）洪适	《隶释》	魏修孔子庙碑
（清）朱绪曾	《曹集考异》	孔子庙碑
（清）王昶	《金石萃编》	孔子庙碑
高步瀛	《魏晋文举要》	曹子建孔子庙碑

表2　碑名强调"制命""宗圣侯"或"孔羡"

作者	书名	碑名
（宋）郑樵	《通志·金石略》	魏封议郎孔羡为宗圣侯碑
（清）顾炎武	《金石文字记》	封孔羡碑
（清）李兆洛	《骈体文钞》	制命宗圣侯孔羡奉家祀碑
（清）丁晏	《曹集铨评》	制命宗圣侯孔羡奉家祀碑
（清）皮锡瑞	《汉碑引经考》	孔羡碑
毛远明	《汉魏六朝石刻校注》	孔羡碑

之所以会产生如此分歧，与碑文内容有较大关系。碑文载有二事：一是魏文帝封孔子二十一世孙议郎孔羡为宗圣侯以祀孔子；二是重修孔子庙、置百石卒史以守卫之事，后附赞颂。定碑名为"封孔羡（宗圣侯）"者，关注点在第一件事，即封孔羡为宗圣侯奉孔子祀；定碑名为"孔子庙"者，关注点在第二件事，即重修孔子庙相关的内容。

对碑刻的命名，也与对其的性质认识有关。以"孔子庙"命名者，显然是只将此碑作为记事、铭功、颂德碑来看待；碑名中以"制命"开头者，如《骈体文钞》《曹集铨评》等，则关注到了碑文所载为封孔羡制书，定性自然与前者有所区别。

对于此碑性质的辨析，我们可以参照东汉永兴元年（153）《乙瑛碑》进行讨论。《乙瑛碑》主要记录了鲁相乙瑛请在孔庙置"百石卒史"以执掌祭祀的请求，也较完整的记录下了请置"百石卒史"的行政过程，其后附赞。对于《乙瑛碑》的定性，可视其为"铭赞体公文碑"，属于早期公文碑的一种。那么，如何界定汉魏碑刻是否属于"公文碑"？对此李雪梅先生提出了秦汉魏时期公文碑的三种表现形式：一是以铭功体式载录公文，保留公文的象征性格式，如《乙瑛碑》等；二是实用性公文，碑文同简牍格式，如《张景碑》等；三是记事碑或铭功碑中提示公文名不载公文内容，如《白石神君碑》等。①

《孔羡碑》的碑文中，记录了一封完整的文书，即碑文第4~9行，连读如下：

> 制诏三公曰：昔仲尼姿大圣之才，怀帝王之器，当衰周之末，而无受命之运。生乎鲁卫之朝，教化乎汶、泗之上，栖栖焉，皇皇焉，欲屈己以存道，贬身以救世。当时三公终莫能用，乃退考五代之礼，修素王之事，因鲁史而制《春秋》，就大师而正《雅》《颂》。俾千载之后，莫不采其文以述作，仰其圣以成谋。咨可谓命世大圣，亿载之师表者已。遭天下大乱，百祀堕坏，旧居之庙毁而不修，褒成之后绝而莫继。阙里不闻讲颂之声，四时不睹烝尝之位，斯岂所谓崇化报功、盛德百世必祀者哉。嗟乎！朕甚闵焉。其以议郎孔羡为宗圣侯，邑百户，奉孔子之祀。令鲁郡修起旧庙，置百石卒史以守卫之。又于其外广为屋宇，以居学者。

以上即通常意义上的"黄初二年诏"。对此《文帝纪》有记载，②但较碑文简略，历来探讨者均以碑文为准。据碑文所载诏书内容，可将此碑定为"公文碑"，而非单纯的记事、铭功碑。

比较《孔羡碑》与《乙瑛碑》，可发现两碑均载有完整公文，文后均附铭赞。不同的是，相较于《乙瑛碑》"公文+赞文"的简洁体式，《孔羡碑》

---

① 李雪梅："早期公文碑的体式特征及意义"，载《"石刻文献与中国古代治国理政"学术研讨会论文集》，2018年11月，第2页。

② 《三国志》卷二《魏书·文帝纪》，中华书局1971年版，第77~78页。本注释以下出版信息省略。

在公文之前、公文与赞文之间，有两段有别于公文及赞文的内容。这两段内容于对《孔羡碑》的定性是否会有影响呢？

首先我们来看公文前的内容，即碑文第 1~3 行，连读如下：

> 维黄初元年，大魏受命。胤轩辕之高纵，绍虞氏之遐统，应历数以改物，扬仁风以作教。于是揖五瑞，斑宗彝，钧衡石，同度量。秩群祀于无文，顺天时以布化。既乃绪熙圣绪，绍显上世，追存二代三恪之礼，兼绍宣尼褒成之后，以鲁县百户，命孔子廿一世孙议郎孔羡为宗圣侯，以奉孔子之祀。

以上内容大致描述了汉魏嬗代之后，魏文帝封孔羡为宗圣侯的背景。文末"以鲁县百户，命孔子廿一世孙议郎孔羡为宗圣侯，以奉孔子之祀"，也可认为是对《黄初二年诏》的简要总结。

再看公文与赞文之间的内容，即碑文第 9 行末至第 17 行，连读如下：

> 于是鲁之父老、诸生、游士，睹庙堂之始复，观俎豆之初设，嘉圣灵于髣髴，想贞祥之来集，乃慨然而叹曰：大道衰废，礼学灭绝卅余年。皇上怀仁圣之懿德，兼二仪之化育，广大苞于无方，渊恩沦于不测。故自受命以来，天人咸和，神气烟煴，嘉瑞踵武，休征屡臻。殊俗解编发而慕义，遐夷越险阻而来宾。虽大皞游龙以君世，虞氏仪凤以临民，伯禹命玄宫而为夏后，西伯由岐社而为周文，尚何足称于大魏哉！若乃绍继微绝，兴修废官，畴咨稽古，崇配乾坤，允神明之所福祚，宇内之所欢欣也，岂徒鲁邦而已哉。尔乃感殷人路寝之义，嘉先民泮宫之事。以为高宗、僖公，盖嗣世之王，诸侯之国耳，犹著德于名颂，腾声乎千载。况今圣皇肇造区夏，创业垂统，受命之日，曾未下舆，而襃崇大圣，隆化如此，能无颂乎！

以上内容，大致描述了《黄初二年诏》颁布后的鲁地盛况，并为赞文作铺垫。总和二者来看，这两段内容是为碑文所载公文、赞文服务的，从碑文的总体结构来看，与《乙瑛碑》"公文+赞文"的格式有较高的相似性。

综上，笔者认为，《孔羡碑》与《乙瑛碑》相似，可定性为"铭赞体公文碑"。

确定了碑刻性质之后，再审视碑名问题。前文已述，在碑刻命名上存在两种态度，而通过之前论证，可以确定《孔羡碑》的性质不单纯是记事碑，以"孔子庙（颂）"命名者就存在一些问题。那么，将碑定名为"封孔羡"是否合适？将此碑以"封孔羡"命名，是否有对碑文中"孔子庙"部分描述的无视之嫌？笔者认为，这样的担忧不足以动摇以"封孔羡"命名。其原因，从碑文所载公文即可得到解读。

碑文所载公文内容可分为两部分："制诏三公曰"至"奉孔子之祀"（碑文 1~3 行）可认为是第一部分——封孔羡的内容；"令鲁郡修起旧庙，置百石卒史以守卫之。又于其外广为屋宇，以居学者"（碑文第 9 行）是第二部分——重修孔子庙的内容。笔者认为，虽以上内容被统称为《黄初二年诏》，但实际上应当一分为二：其一，封孔羡的制书；其二，重修孔子庙、置百石卒史、广为屋宇的诏书。后者实际上是依附于前者的，即与孔子庙相关的记载依附于封孔羡的记载之上，封孔羡为宗圣侯依然为碑文记述的重点。此点从碑文所载制书与诏书的详略亦可略窥。

三、刻石时间

《隶释》"魏修孔子庙碑"题跋："《魏志》黄初二年正月以议郎孔羡为宗圣侯，奉孔子祀，令鲁郡修起旧庙，置吏卒守卫。碑云'元年'，而史作'二年'，误也。"[1]《隶释》显然是以碑文所载"维黄初元年"为标准，对《三国志》卷二《魏书·文帝纪》所载"黄初二年"发起质疑，认为《三国志》有误。

笔者认为，《孔羡碑》始刻于"黄初元年"的看法是错误的。想要辨析此点，我们需要参看《三国志》卷二《魏书·文帝纪》的记载：

（延康元年冬十月，）汉帝以众望在魏，乃召群公卿士，告祠高庙。使兼御史大夫张音持节奉玺绶禅位，册曰："咨尔魏王：昔者帝尧禅位于虞舜，舜亦以命禹，天命不于常，惟归有德。汉道陵迟，世失其序，降及朕躬，大乱兹昏，群凶肆逆，宇内颠覆。赖武王神武，拯兹难于四方，

----

① 《隶释》，第 191 页。

惟清区夏，以保绥我宗庙，岂予一人获义，俾九服实受其赐。今王钦承前绪，光于乃德，恢文武之大业，昭尔考之弘烈。皇灵降瑞，人神告徵，诞惟亮采，师锡朕命，佥曰尔度克协于虞舜，用率我唐典，敬逊尔位。於戏，天之历数在尔躬，允执其中，天禄永终；君其祗顺大礼，飨兹万国，以肃承天命。"乃为坛于繁阳。庚午，王升坛即阼，百官陪位。事讫，降坛，视燎成礼而反。改延康为黄初，大赦。①

黄初元年十一月癸酉，以河内之山阳邑万户奉汉帝为山阳公，行汉正朔，以天子之礼郊祭，上书不称臣，京都有事于太庙，致阼；封公之四子为列侯。追尊皇祖太王曰太皇帝，孝武王曰武皇帝，尊王太后曰皇太后。赐男子爵人一级，为父后及孝悌力田人二级。以汉诸侯王为崇德侯，列侯为关中侯。以颍阴之繁阳亭为繁昌县，封爵增位各有差。改相国为司徒，御史大夫为司空，奉常为太常，郎中令为光禄勋，大理为廷尉，大农为大司农。郡国县邑，多所改易。更授匈奴南单于呼厨泉魏玺绶，赐青盖车、乘舆、宝剑、玉玦。十二月，初营洛阳宫，戊午幸洛阳。②

二年春正月，郊祀天地、明堂。甲戌，校猎至原陵，遣使者以太牢祠汉世祖。乙亥，朝日于东郊。初令郡国口满十万者，岁察孝廉一人；其有秀异，无拘户口。辛巳，分三公户邑，封弟子各一人为列侯。壬午，复颍川郡一年田租。改许县为许昌县。以魏郡东部为阳平郡，西部为广平郡。③

（黄初二年正月）诏曰："昔仲尼资大圣之才，怀帝王之器，当衰周之末，无受命之运，在鲁、魏之朝，教化乎洙、泗之上，悽悽焉，遑遑焉，欲屈己以存道，贬身以救世。于时王公终莫能用之，乃退考五代之礼，修素王之事，因鲁史而制春秋，就太师而正雅颂，俾千载之后，莫不宗其文以述作，仰其圣以成谋，咨！可谓命世之大圣，亿载之师表者也。遭天下大乱，百祀堕坏，旧居之庙，毁而不修，褒成之后，绝而莫继，阙里不闻讲颂之声，四时不覩蒸尝之位，斯岂所谓崇礼报功，盛德

---

① 《三国志》卷二《魏书·文帝纪》，第62页。
② 《三国志》卷二《魏书·文帝纪》，第76页。
③ 《三国志》卷二《魏书·文帝纪》，第77页。

百世必祀者哉！其以议郎孔羡为宗圣侯，邑百户，奉孔子祀。"令鲁郡修起旧庙，置百户吏卒以守卫之，又于其外广为室屋以居学者。①

以上内容，是《三国志》卷二《魏书·文帝纪》对自汉魏嬗代至黄初二年正月之间所发生的事件的记载。

首先可以看到，在《三国志》记载中，黄初元年十月至十一月所发生的大事件之中，并未提到孔羡及册封孔羡之事。孔羡受封一事，惟一出现的地方，便是《三国志》卷二《魏书·文帝纪》所载《黄初二年诏》。

其次，回到碑石本身，我们可以得出同样的结论。如前所述，此碑刻石记事的基础是"封孔羡"。试想，如果孔羡受封是在黄初元年的话，此碑会不提及黄初元年十月及十一月之事，而只载册封制书吗？笔者认为这不合常理。另外，从碑文行文中亦可窥见，"维黄初元年"一语，与碑文第一部分关系紧密，描述的是汉魏嬗代时圣道衰落之况，而第二部分起首曰"制诏三公曰"，与第一部分并无直接的时间关联。

另外，碑文第一部分终末与第二部分终末，出现了"命"与"令"的对照。天子之命曰"制"，也可以认为是颁布制书才册封孔羡之侧证。

综上，笔者认为，《孔羡碑》的刻立时间不早于《黄初二年诏》的颁布时间——黄初二年正月。因此，认为《孔羡碑》刻于黄初元年者有误。

四、法制史视角下的内容讨论

以下主要尝试从碑文所载公文性质、碑文所见抬头制度、百石卒史三方面展开叙述。

（一）碑文中的"制"和"诏"

关于汉代公文形式，蔡邕《独断》有相当详细的描述。蔡邕活跃于东汉晚期，汉魏嬗代之际，公文种类未发生太大变化，故用其来分析碑文所载文书性质，应当是可行的。蔡邕《独断》载：

（汉天子正号曰皇帝。）其命令，一曰策书，二曰制书，三曰诏书，四曰戒书。策书，策者，简也。《礼》曰："不满百文，不书于策。"其制

---

① 《三国志》卷二《魏书·文帝纪》，第77~78页。

长二尺，短者半之。其次一长一短，两编，下附篆书。起年月日，称"皇帝曰"，以命诸侯王、三公……制书，帝者制度之命也。其文曰："制诏三公曰"，赦令、赎令之属是也。刺史、太守、相劾奏，申上下、迁书，文亦如之……①

从公文形式上看，碑文所载公文以"制诏三公曰"开头，对照《独断》记载可知，是典型的制书形式。"制书"与"诏书"的不同之处在于，"制书"昭告的范围往往是广泛的天下。此公文被刻石以记，而且附以赞文，目的是布告天下记功颂德，因而从这个意义上来说也是"制书"。

还有一个需要解释的问题是，虽同样被归类到"公文"，但并不属于"封孔羡"制书的"令鲁郡修起旧庙，置百石卒史以守卫之。又于其外广为屋宇，以居学者"，其性质如何？对于此点，笔者认为此句是一段简写的皇帝诏书，理由如下。

无论《三国志》所载，还是碑文所见，对于"重修孔子庙""置百石卒史""广为屋宇以居学者"等句，均采取了与紧接其上的"封孔羡制书"不同的制诏术语——"令"。此点在碑文中反映更加明显：碑文第一部分文末与第二部分文末，产生了明显的"命"与"令"的行文对照。

在碑文第一部分文末有"命孔子廿一世孙议郎孔羡为宗圣侯，以奉孔子之祀"（第3行）一语，其后便是"制诏三公曰"（第4行）。而在制诏文书结束之后，有"令鲁郡修起旧庙，置百石卒史以守卫之。又于其外广为屋宇，以居学者"（第9行）之文。秦汉文献记载中，常见天子之言分"命""令"的表述，如《史记》卷五《秦始皇本纪》所载："命为'制'，令为'诏'"。②此处碑文的"命""令"相对，应当十分明了，碑文所载公文为二：其一，命孔羡为宗圣侯，邑百户，奉孔子祀的制书；其二，令鲁郡重修孔子庙，置百石卒史的诏书。

还有一个问题是，"令鲁郡修起旧庙，置百石卒史以守卫之。又于其外广为屋宇，以居学者"中，后半句的"又于其外广为屋宇"的"又"在行文之中显得奇怪。对于这一点，李雪梅先生指出，其可能来源于公文流转的过程

---

① （汉）蔡邕：《独断》卷上，上海古籍出版社1990年版，第2页。
② 《史记》卷五《秦始皇本纪》，中华书局1982年版，第236页。

中的公文转抄行为，亦或者其本身并非令文内容。有关此点，尚待讨论。

（二）碑文中的特殊格式

如前引李雪梅先生论述，秦汉时期是公文碑发展的早期，公文被刻石保存下来具有一定偶然性，其体式特征不如唐宋公文碑规范。这一点在秦汉魏时期碑刻的抬头制度上亦有所体现。

从拓片及碑文还原可见，黄初二年（221）《孔羡碑》在第4行、第12行、第17行提到"制曰""皇上""圣皇"等语时均另起一行顶格刻写。永兴元年（153）《乙瑛碑》中对"制曰可"一语提格书写，相较于《孔羡碑》"制诏三公曰"只是提行书写，二者有所区别；永寿二年（156）《礼器碑》第8行开头"皇"字提一格书写比较特殊：提格书写部分是以"皇"为开头的赞文，其余"皇"字并未提格或提行书写；建宁元年（168）、二年（169）《史晨碑》抬头书写了"朝廷"一语，而且在公文结束后另起书写，与《孔羡碑》不同。

综上可见，此时期碑刻的抬头制度已有了雏形，但在实际操作过程中不够规范，只能笼统地归纳为提到"皇帝"或"皇帝之言"需提行或提格书写，除此之外的规律，目前尚难以总括。另外需要注意，此时期碑刻"孔子""圣人"等词均没有抬头。

（三）百石卒史

"卒史"为秦官，汉承秦制，中央及郡县属吏中均有卒史，其秩百石，亦有二百石者。[①]孔庙置"百石卒史"，是将孔庙视为了"中央承认的政治机构"的标志，故碑文应为"百石卒史"而非"百石吏卒"。孔庙置此职初见于《乙瑛碑》，亦为"百石卒史"，在《礼器碑》《史晨碑》中均称为"守庙

---

① "卒史"于史常见。如《汉书·儿宽传》有"补廷尉文学卒史"，注引臣瓒曰"汉注卒史秩百石"；《汉书·儒林传》有"置五经百石卒史"；《汉书·黄霸传》有"补左冯翊二百石卒史"。"卒史"也是郡一级的吏员，如《汉书·萧何曹参传》有"何乃给泗水卒史事"，颜师古注："泗水郡，沛所属也。何为郡卒史。"《汉书·魏相丙吉传》："魏相……少学易，为郡卒史……"关于"卒史"一职，前辈学者多有论述，如劳榦"孔子百石卒史碑考"，杨天宇"谈汉代的卒史"，李迎春"论卒史一职的性质、来源与级别"，侯旭东"东汉《乙瑛碑》增置卒史事所见政务处理——以'请''须报''可许'与'书到言'为中心"等。孔庙所置百石卒史的职责主要是"掌主礼器""出王家钱""给犬酒直"，选任条件"选年四十以上，经通一艺，杂试能奉弘先圣之礼，为宗所归者"。

百石"，至《孔羡碑》之时名称应当无变化。后人有误以"百石卒史"为
"百户卒史"（《三国志》卷二《魏书·文帝纪》《阙里志》）者，除传世文
献误字原因外，还有一点就是混淆了奉孔子祀侯与百石卒史的关系，误以二
者为一，应当有所注意。①

　　通过以上论述，可得出如下结论。其一，《孔羡碑》是早期公文碑中的
"铭赞体公文碑"样式，其整体碑文结构表现为"公文＋赞文"。其二，《孔羡
碑》刻立时间不早于黄初二年正月下诏时，那种以其刻立于黄初元年的看法
有误。碑文中"维黄初元年"一语并不是对整通碑的时间界定。其三，碑文
可见文书有二，一是完整制书，一为简写诏书。碑文中"命""令"相对，
是区别制书、诏书的佐证。其四，碑文所见抬头制度仍处于萌芽状态，使用
尚不规范。其五，碑文中所刻"百石卒史"是正确的官名，而非《三国志》
所载"百石吏卒"，也非《阙里志》所载"百户卒史"。文献讹误为"百户"
者，与其将百石卒史与奉孔子祀侯混淆有关。

---

① 抛开名称，有没有可能至魏时二者本来就合二为一呢？笔者认为可能性不高，原因在于：
（1）《三国志》卷一六《魏书·杜恕传》中杜恕上书劾时任司隶校尉的孔羡徇私枉法："近司隶校尉
孔羡辟大将军狂悖之弟，而有司默尔，望风希指，甚受所属。"倘若孔羡以宗圣侯任孔庙百石卒史，
那其为何又出任了司隶校尉？这是不合常理的。（2）孔羡受封时为议郎，其秩六百石，与"百石卒
史"相差甚远。汉代没有以郎直接升任二千石的实例，即使孔羡在任司隶校尉前曾任他职，也不大可
能担任此职。

北魏《仙坛铭告》略考

于瑞辰*

【摘要】本文通过对大基山《仙坛铭告》刻立时间、刻立者等的考察，结合对其所处石刻群的分析，明确其刻立目的与性质。由此将《仙坛铭告》置于法律碑刻体系内进行考量，阐明其为禁碑源头之一的重要意义。

【关键词】郑道昭　仙坛铭告　刻石群

一、《仙坛铭告》及相关刻石

云峰、大基、天柱、玲珑四山北魏刻石（以下简称"四山刻石"）以其运笔精熟、气魄雄伟享誉海内，清人包世臣、康有为等人均对其艺术水准给予了很高评价。包世臣认为"北碑体多旁出，《郑文公碑》字独真正，而篆势、分韵、草情毕具"。①康有为将郑道昭《郑文公四十二种》列为碑品中的"妙品上"，认为其仅次于"神品"中的《爨龙颜碑》等三种。②叶昌炽更是称书者郑道昭为"北朝以郑道昭为第一""自有真书以来，一人而已""余谓郑道昭，书中之圣也"。③四山的四十余种刻石，内容多为铭赞、吟咏和题记，而位于大基山的《仙坛铭告》，是一方内容较为独特的实用性碑刻。

郑道昭（455—516），字僖伯，自称"中岳先生"，北魏荥阳开封人（今河南开封人）。魏孝文帝时，历任秘书郎、中书郎、国子监祭酒、秘书监、光州刺史和青州刺史等。郑道昭于永平三年（510）任光州刺史，延昌二年

＊ 于瑞辰，中国政法大学 2018 级中国法制史专业博士研究生，研究方向为古代石刻法律文献。

① （清）包世臣著，况正兵等点校：《艺舟双楫》卷五，浙江人民美术出版社 2017 年版，第 157 页。

② （清）康有为著，况正兵等点校：《广艺舟双楫》卷四，浙江人民美术出版社 2018 年版，第 86 页。

③ （清）叶昌炽撰，姚文昌点校：《语石》卷七，浙江大学出版社 2018 年版，第 231 页。

(513) 离任。①据《魏书》记载，郑道昭任光州、青州刺史期间"政务宽厚，不任威刑，为吏民所爱"，②并且留下了大量的吟咏题刻，即上述"四山刻石"。

本文关注的《仙坛铭告》所处的大基山，位于今山东省莱州市境内，山体半环，四周有群峰，当中为开阔谷地，西南方有一缺口，是进出大基山的门户。大基山内现存刻石十余处，多为十数字的小品。《仙坛铭告》中提及有"五处仙坛"，可与分布在大基山环抱谷底的四面群峰上的其他郑道昭刻石题记，即"中岳先生荥阳郑道昭中明之坛""中岳先生荥阳郑道昭朱阳之台""中岳先生荥阳郑道昭玄灵之宫""中岳先生荥阳郑道昭白云之堂""中岳先生荥阳郑道昭青烟之寺也"相呼应，也与郑道昭《登大基山诗》中写的"东峰青烟寺，西岭白云堂。朱阳台望远，玄崖灵色光。四坛周四岭，中明起前岗"相吻合。③由此而观，《仙坛铭告》并非一通独立的石刻文本。

《仙坛铭告》为正书，5 行，每行 9 字至 14 字不等。《山左金石志》最早著录刻石全文。④现据刻石拓片（见图 1），按碑文原格式改横排移录并加标点如下：

01　　　　此太基山内中明岗及四面

02　　　岩顶上 ⑤，嵩岳先生 ⑥荥阳

03　　郑道昭扫石 ⑦置五处仙坛 ⑧。

04 其松林草木有能修奉者，

---

① 张从军："郑道昭年谱"，载山东石刻艺术博物馆等编：《云峰刻石研究》，齐鲁书社 1992 年版，第 312~313 页。本注释以下出版信息省略。

② 《魏书》卷五六，中华书局 1974 年版，第 1242 页。本注释以下出版信息省略。

③ 据笔者自藏《登大基山诗》拓片录文。

④ （清）陆增祥：《八琼室金石补正》卷一四，文物出版社 1980 年版，据浙江图书馆藏希古楼刻版刷印，第 17 页。

⑤ "中明岗"：大基山环抱的中部偏南侧的山峰；"四面岩顶上"：大基山四面环抱的山峰。郑道昭在四处山峰之上设立祭神活动场所，并题写铭刻。

⑥ "嵩岳先生"：郑道昭的自称。但大基山五处仙坛题刻均为"中岳先生"，玲珑山《游槃题字》也做"中岳先生"。"嵩岳先生"在四山刻石中仅见此例。

⑦ "扫石"：平整、清理山石。唐戎昱《寄许炼师》诗有"扫石焚香礼碧空，露华偏湿蕊珠宫"语。参见（清）彭定求等编，王全等点校：《全唐诗》卷二七〇，中华书局 1960 年版，第 3023~3024 页。

⑧ "仙坛"：祭神活动场所。考察大基山诸处山峰，仙坛处并无建筑痕迹，当为祭神活动场地。

05 世贵吉昌 ①。慎勿侵犯 ②，铭告令知 ③也。

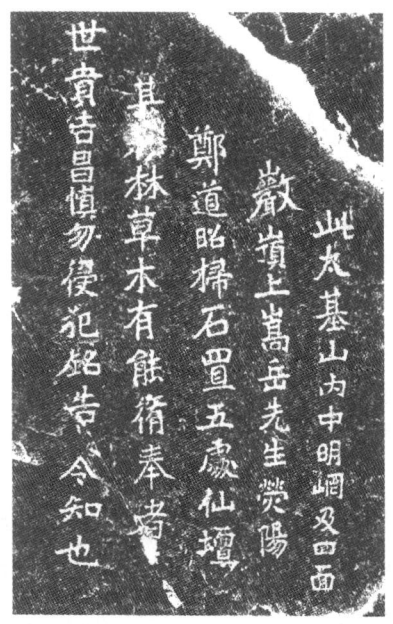

图1　《仙坛铭告》拓本 ④

此方刻石在四山刻石中并无显赫地位，与郑道昭的其他作品如《郑文公上碑》《郑文公下碑》《论经书诗》《观海童诗》《东堪石室铭》《登太基山诗》和《登百峰山诗》等彪炳书法史的丰碑巨制相比，不为人所重。主要原

---

① "世贵"：累世贵盛，《魏书》有"于氏自曾祖四世贵盛，一皇后，四赠三公，领军、尚书令，三开国公"之语，参见《魏书》卷三一《列传第十九》，第746页。"世贵"当为累世贵盛之意。吉昌：吉祥昌盛，均为吉语。《汉书》有"深惟吉昌莫良于今年，予乃卜波水之北，郎池之南，惟玉食"之语，参见《汉书》卷九九下《王莽传》，中华书局1962年版，第4161页。《晋书》有"故日月行有道之国则光明，人君吉昌，百姓安宁"之语，参见《晋书》卷一二《志第二》，中华书局1974年版，第317页。

② "慎勿侵犯"：小心不要侵占、冒犯，警告语。

③ "铭告令知"：铭刻布告以使知晓。《魏书》有"诏曰：……可普告令知"语，参见《魏书》卷一一《废出三帝纪前废帝广陵王》，第274页。对比所见北魏买地券，多有"如女情律令""地下女青诏书律令""地下女青诏书科律"，与此不同。"铭告"是一件实实在在的行为，"令知"的对象应是凡人，"铭告令知"应非道教常用语。

④ 《仙坛铭告》拓本为笔者自藏。

因是此方刻石的书法水准不太出众，王壮弘先生甚至认为"'其松林草木……者''世贵吉昌慎勿侵犯铭告'诸字笔势不类，恐朱迹模糊，石匠以己意凿成"。①

关于此方刻石的刊刻时间，传统金石志则均注为无年月，当代学者多推为是北魏永平五年（512）。韩理洲等以大基山《壬辰题字》"岁在壬辰建"，将郑道昭小品题刻均定为延昌元年（512）。查郑道昭生平，"壬辰"为永平五年（512），当年改元延昌，亦为延昌元年。②向以鲜也认为此石刊于北魏永平五年。③上述"岁在壬辰建"与"中岳先生荥阳郑道昭中明之坛也"镌刻在同一块石头"三角石"上。三角石现位于大基山谷地内的中明亭内，高约一米，三面刻字（见图2、图3）。此石原位于大基山环抱的中部偏南侧山峰之上，清道光间崩落至谷地内。从大基山石群刻的关系来看，"五处仙坛"应当是在同一时间段内建成、刊刻题记，相去不远，故永平五年的推断是基本可靠的。

图2 "三角石"原石

① 王壮弘：《艺林杂谈》，上海书店出版社2008年版，第32页。

② 韩理洲等辑校编年：《全北魏东魏西魏文补遗》，三秦出版社2010年版，第13~18页。

③ 向以鲜：《中国石刻艺术编年史》（严峻卷·先秦两汉魏晋南北朝），东方出版中心2015年版，第253~254页。

图 3 "三角石"三面拓片 ①

关于此方刻石的书者，学界存在争议。前述金石志均记载为郑道昭所书。王壮弘先生将大基山群刻归为郑道昭所书。②王思礼、赖非通过对书迹的分析，否定了包世臣在《艺舟双楫》中提出的"书出一人"的结论，认为四山刻石并非全部为郑道昭所书，《仙坛铭告》系山中道士所书。③后来，赖非在《云峰刻石研究八百年》中进一步分析了《仙坛铭告》的书者，认为其"镌刻的时间，可能在建仙坛之后不久，经郑道昭认可而刊。更可能是郑道昭离开光州之后所作"，"极有可能是山中道士所作"，④未肯定为郑道昭所题。焦德森认为，"细观《仙坛铭告》，书体平庸板滞，绝不类郑道昭手笔，它实际上出自道士之手"。⑤崔传富亦认为"最大的可能是道士利用了郑道昭的威望

---

① "中岳先生荥阳郑道昭中明之坛也"拓片高 46 厘米，宽 28 厘米。"其居所号曰白云乡青烟里也"拓片高 50 厘米，宽 34 厘米。"岁在壬辰建"拓片高 53 厘米，宽 38 厘米。以上据邱学才编：《云峰四山北朝刻石全集》，天津古籍出版社 2018 年版，第 273~275 页。三张拓片以"岁在壬辰建"一面字体最大，故整体风貌与其他两面略有区别。

② 王壮弘先生在论《登百峰山诗》时指出，"（《登百峰山诗》）虽与云峰、太基、天柱各山诸刻郑书笔势稍异，但亦皆出郑道昭手笔"。见王壮弘：《艺林杂谈》，上海书店出版社 2008 年版，第32 页。

③ 王思礼、赖非："云峰刻石的艺术成就及郑道昭在书史上的地位"，载《云峰刻石研究》，第283~294 页。

④ 赖非："云峰刻石研究八百年（节选）"，载《中国书法》2013 年第 1 期。

⑤ 焦德森："云峰刻石与郑道昭晚年的道家思想倾向"，载《云峰刻石研究》，第 220 页。

刊刻了这则铭告"①。

通过上文对《仙坛铭告》刊刻时间的考证，可以基本确定此石的刻立是郑道昭在光州任职期间（510—513）。从与"中岳先生荥阳郑道昭中明之坛""中岳先生荥阳郑道昭朱阳之台""中岳先生荥阳郑道昭玄灵之宫""中岳先生荥阳郑道昭白云之堂""中岳先生荥阳郑道昭青烟之寺也"等五处题刻的关系来看，这五处仙坛均是以"中岳先生荥阳郑道昭"为主语，这明确了郑道昭与这些仙坛的关系。郑道昭在光州任职期间以登临题咏诸山为乐，"乘务惜暂暇，游此无事方"（《登太基山诗》），出于爱护之心题此铭告加以保护。

关于《仙坛铭告》的命名，尚无定论。《山左金石志》名为"大基山铭告"，②《八琼石室金石补正》名为"仙坛铭告"，③《寰宇访碑录校勘记》记为"大基山铭告"，④《金石汇目分编》记载为"大基山铭告"。⑤由于此方刻石位于大基山道士谷入口河西岸山根石壁上，为进山的必经之地，故又有"进山铭告""进山告示"的称谓。笔者认为，根据刻石的内容，命名为"仙坛铭告"，较为贴切。

二、《仙坛铭告》中的行政和宗教因素

对于《仙坛铭告》，有学者提出是"最早的护林碑"，⑥也有学者称为是"我国最早的环境保护文告"，⑦这些观点都是从环境保护的角度来定位。《山左金石志》述其刊刻目的："此刻明是乘暇来游为憩息栖止之所，虑道俗有毁弃者，故为此告诫之词耳。"⑧从刻石内容及所处环境来看，《仙坛铭告》是有选择的在保护"太基山内中明岗及四面岩顶上"设置的"五处仙坛"附近的"松林草木"，这些"松林草木"或在营造仙坛氛围、烘托清幽之气方面有重

---

① 崔传富："云峰四山北朝刻石作者分类考"，载李靖等主编：《云峰刻石研究（二）》，黄河出版社 2008 年版，第 260 页。

② 中国东方文化研究会历史文化分会编：《历代碑志丛书》第 14 册，江苏古籍出版社 1998 年版，第 834 页。本注释以下出版信息省略。

③ 《历代碑志丛书》第 9 册，第 263 页。

④ 《历代碑志丛书》第 23 册，第 539 页。

⑤ 《历代碑志丛书》第 25 册，第 338 页。

⑥ 李慧、王晓勇：《唐碑汉刻的文化视野》，人民出版社 2009 年版，第 291 页。

⑦ 王风臣、刘虎先："我国最早的环境保护文告——'道士谷'摩崖石刻《进山告示》"，载《四川环境》1995 年第 4 期。

⑧ 《历代碑志丛书》第 14 册，第 834 页。

要作用，或为山中道士、道观的产业，故保护环境是《仙坛铭告》的刊刻目的之一，而更重要的意义，应当上是维护道士、道观的团体利益。

郑道昭在任期内遍行诸县，对道教有浓厚兴趣，与道士保持着较为密切的关系，这些从其云峰山题刻"九仙刻石"和大基山"扫石置五处仙坛"等行为可以得到明证。"九仙刻石"位于莱州市云峰山，去大基山数里。云峰山即著名的《郑文公碑》所在地。九仙刻石包括"神人子乘烟栖姑射之山""列子乘风栖华之山""鸿崖子驾鹄栖衡之山""安期子驾龙栖蓬莱之山""王子晋驾凤栖太室之山""赤松子驾月栖玄圃之山""羡门子驾日栖昆仑之山""浮丘子驾鸿栖月桂之山""赤□子驾麐栖□之山"，学者历来视为郑道昭仙道思想的重要体现。关于郑道昭道家的思想倾向问题，学者已有较多论述，其中赖非的观点较具代表性。赖非从刻石内容分析了郑道昭在光州、青州六年期间（510—515）思想有三次大变化，在光州期间，郑道昭"与当地道士往来密切，接九仙，谈经论道，建置自己的仙坛，寻求解脱"，认定"大基山上的活动中，郑道昭俨然成为一位准道士了"。①

在修建道教活动场所时，作为地方主官的郑道昭，无论是受道士请托，还是道士经其认可而刊，都是利用其权力或威望进行的保护行为。"慎勿侵犯，铭告令知也"表明了刻石的目的。"其松林草木有能修奉者，世贵吉昌"，带有明显的宗教因素。"慎勿侵犯"既是告诫语言，也具有威慑之力。"铭告令知"则带有明显的行政意味，体现了郑道昭明确的意图。

汉代碑刻的繁盛，产生了诸如《乙瑛碑》《史晨前碑》《张景碑》《韩仁铭》等与行政往来有关的碑刻。魏晋以来的禁碑政策，使此阶段的碑刻存世量稀少。北朝刻经、摩崖、造像、墓志盛极一时。在推行禁碑政策的特殊政治背景中，诞生于北朝的《仙坛铭告》便具有特别的意义。与曹魏《公卿将军上尊号奏》《受禅表》等铭刻政治事件不同的是，《仙坛铭告》带有明显的宗教因素，同时也融入了一定的行政因素。刻石与当时的行政主官郑道昭及他所推崇的道教都有紧密关联。在机缘巧合中，法律碑刻中的示禁碑，开始萌生。

关于告示刻石，叶昌炽认为"临朐沂山东镇庙有金大安三年《禁约碑》，

---

① 赖非："云峰刻石中的郑道昭思想三变"，载《中国书法》2019 年第 5 期。

临桂有《经略范公劝谕》，此为今告示勒石之滥觞"。①李雪梅提出"唐代以前，刻石申明禁约仍是偶然事例"，并认为金元时期是禁碑发展的一个重要阶段，禁碑的形式要件逐渐完备。②

图4　《丞相诸葛令》拓片（伪刻）

需要补充的是，民国初年四川发现了蜀汉章武三年（223）《蜀丞相亮护堤令》，内有"居民勿许侵占损坏。有犯治以严法"等内容。杨重华曾撰《"丞相诸葛令"碑》在《文物》杂志1983年第5期上加以介绍。因此碑的格式、用语、字体、纪年等存在疑问，《文物》1983年第8期发表了徐无闻等的《"丞相诸葛令"碑不可信》进行纠正，指明为伪刻。考察历代禁约刻石，《仙坛铭告》为存世的禁碑源头之一。

---

① （清）叶昌炽撰，姚文昌点校：《语石》，浙江大学出版社2018年版，第118页。
② 李雪梅："明清碑禁体系及其特征"，载李雪梅主编：《法律文化研究》第10辑，社会科学文献出版社2017年版，第280页。

唐代告身研究综述

——兼论"告身"渊源

马俊杰[*]

【摘要】唐代告身研究的主场原在日本。经过近一个世纪的摸索，日本学界有关存世告身的整理、复原成果颇丰，但是关于告身的分类、形成、运行形态等方面的研究尚有深入空间。近年来，中国学界对实物告身以及相关制度、资料的密切关注，为告身研究向纵深发展注入了活力。本文通过梳理告身学术发展脉络，综合整理告身资料，从告身的文字渊源、文书载体、书写形态等方面追根溯源，以期对告身的概念外延、形态演变等有更全面的认识。

【关键词】唐代告身 鹤头版 鹤书 黄纸

一、告身研究学术史回顾

（一）摸索与发现阶段

日本的告身研究起步较早，早在江户时代，就有伊藤长胤依据叶梦得《避暑录话》和三善为康《朝野群载》，分别复原开元二十年（732）李暹告身及元和元年（806）高阶远成告身，考订其中所涉人物，"勾勒三省在告身颁制过程中的作用，以及唐日相关制度的比较"①。由于告身实物尚未发现，研究本身还停留在对传世文献的个案观察上。

20世纪初，大谷探险队在吐鲁番阿斯塔那发现《李慈艺告身》以及内藤湖

---

* 马俊杰，中国人民大学国学院中国古代史专业博士研究生，研究方向为唐宋石刻、敦煌吐鲁番文书等。

① 赵晶："论日本中国古文书学研究之演进——以唐代告身研究为例"，载早期中国史研究会编：《早期中国史研究》第6卷第1期，2014年11月，第118~119页。

南在法藏敦煌文献中发现《公式令》(P. 2819)，当是该阶段的两大标志性事件。

《李慈艺告身》引起了国民报社社长德富苏峰的关注，但仍是作为罕见文物看待。1914 年，罗振玉依据照片进行了录文，但他其实并没有见到告身的全貌，成为日后的一桩公案。"唐人官告，世犹有传者，至授勋告身，则唯此一见而已。"①王国维对该告身的评价最能说明问题。当时中外唐代告身实物发现甚少，限制了研究进度。

《公式令》的发现则为告身制度的研究打开了局面。内藤乾吉根据开元元年（713）至天宝元年（742）间左右仆射改称左右丞相的记载，推断《公式令》是开元令②。仁井田陞利用《公式令》完整复原了开元年间的制授与奏授告身式，并收入《唐令拾遗》③。在《唐宋法律文书的研究》中，他承继内藤父子的成果，分析敕授、制授告身的差别，并依据压印、书写、笔迹尝试对告身的制作流程进行复原④。几乎同一时期，泷川政次郎发表《西域出土唐公式令断片年代考》⑤，在内藤乾吉的基础上，又据《李慈艺告身》《颜真卿告身》及两通《朱巨川告身》等，将该令的年代进一步推断到开元七年（719），与内藤乾吉展开了讨论。小笠原宣秀、大庭脩紧随其后。由此，围绕告身制度、制作流程、行政机构的职能分割等问题，日本学界掀起了唐代告身研究的热潮。

（二）整理阶段

1960 年，大庭脩的《唐告身的古文书学的研究》⑥，可谓当时唐代告身学研究的集大成之作。大庭脩对唐代告身文书进行系统的统计、分类，对告身制度进行归纳和总结，深刻启发了中日学界的研究。

在内藤父子以及泷川氏研究的基础上，大庭脩结合传世和出土告身，总

① 王国维："唐李慈艺授勋告身跋"，载氏著《观堂集林》卷一四《史标六》，中华书局 1984 年版，第 81 页。

② 〔日〕内藤乾吉："中国法制史证"，载氏著《唐代三省》，有斐阁 1963 年版，第 13~14 页。

③ 〔日〕仁井田陞等，栗劲等编译：《唐令拾遗》，长春出版社 1989 年版。

④ 〔日〕仁井田陞：《唐宋法律文书的研究》，东方文化学院东京研究所 1937 年版。

⑤ 〔日〕泷川政次郎："西域出土唐公式令断片年代考"，《法学新报》1932 年 42：8、10；后改题为"敦煌出土唐公式令年代考"，收入氏著《支那法制史研究》，有斐阁 1940 年版，第 127~166 页。

⑥ 〔日〕大庭脩："唐告身的古文书学的研究"，载西域文化研究所编：《西域文化研究三敦煌吐鲁番社会经济资料（下）》，法藏馆 1960 年版。后收入氏著《唐告身与日本古代的位阶制》，皇学馆 2003 年版。以下简称《古文书学》。

结唐代告身制度，指出唐代告身根据品级，分为册授（三品以上）、制授（五品以上）、敕授（六品以下，守五品以上及视五品以上）、奏授（旨授，六品以下）、判补（视品及流外官）。其对 20 件唐代制、敕、奏授告身逐一进行个案研究，深刻影响了日本学界的告身研究思路。

由于种种原因，中国学界的告身研究比日本略显滞后。1977 年，白化文、倪平发表《唐代的告身》①，指出告身的起源早于唐朝，并结合临川公主告身刻石，再次明确了唐代五类告身的适用范围和体式，并刊布了国内发现的 15 件告身实物。

20 世纪 90 年代以来，中村裕一不断致力于搜集更多的告身文书，并将文书残片最大限度予以复原，陆续出版《唐代官文书研究》（以下简称《官文书》）、《唐代制敕研究》（以下简称《制敕》）、《唐代公文书研究》②（以下简称《公文书》）、《隋唐王言的研究》（以下简称《王言》）。其中《公文书》收集到传世及敦煌、吐鲁番出土告身 32 件，较 36 年前大庭脩的工作有了很大进步。尤其是他以公文书为依托建立的文书行政体系，为日后唐代律令制度和行政环节的研究创建了理论构架。

（三）发展阶段

近一个世纪以来，唐代告身研究的主场在日本。日本学界的研究旨趣从文书复原、史事钩沉，逐渐进入了选官制度、文书行政等领域，构建起了日本的中国古文书学。这期间，中国学界也有不少以个案研究为主的回应。近年来，随着《天圣令》等关键资料的发现，中国的唐代告身研究逐渐从文本性扩展到物质性，从基础研究走向了理论总结和学科构建，大有迎头赶上之势。

1999 年天一阁藏明钞本《天圣令》的发现，有力地推动了中国学界告身研究的进程。《天圣令》中有 3 处涉及告身：一是《赋役令》宋 6 条，关于任官免课役，需验告身的规定；二是《狱官令》宋 45 条"诸犯罪，须验告身"的规定；三是《杂令》唐 13 条，关于勋官、三卫等特殊人群告身抄写和给付的规定。针对文本释读，以及唐代告身所涉的政务运行环节中的问题，吴丽娱、黄正建、刘后滨、赖亮郡等先后展开了讨论，将唐代告身研究推向了唐

---

① 白化文、倪平："唐代的告身"，载《文物》1977 年第 11 期，第 77~80 页。
② 〔日〕中村裕一：《唐代公文书研究》，汲古书院 1996 年版。

宋制度比较的层面。

近来，中国学界围绕唐代告身的分类性和综合性研究论文也颇为瞩目。2013 年，徐畅《存世唐代告身及其相关研究述略》①一文初步整理了存世的唐代告身，并以《天圣令》的发现为界，站在学术史的角度，比较了中日告身学的研究特点，不仅为相关的告身研究提供了便利，而且对今后的学术走向进行了展望。赵晶《论日本中国古文书学研究之演进——以唐代告身研究为例》则以唐代告身研究为切入，将日本的中国古文书学分为萌芽期、发展期、成熟期，详细阐释其如何从基础性研究逐渐走入成熟，进而构建起一套相对完整的方法论体系，为中国古文书学提供了有益借鉴。

二、唐代告身存世情况及分类

除告身文献外，传世及出土的告身原件及抄件、刻石，经过几次统计：

1960 年，大庭脩的《古文书学》公布及分析唐代告身 20 件。1977 年，白化文、倪平的《告身》，公布国内唐代告身 15 件。1996 年，中村裕一的《公文书》和《王言》，公布唐代告身 32 件。当然，以上几次统计结果多有重复与疏漏。2012 年，徐畅发表的《述略》，在大庭脩和中村裕一的基础上，统计唐代告身 41 通。次年，王静、沈睿文在《唐墓埋葬告身的等级问题》（以下简称《等级问题》）②中认为传世及出土唐代告身有 49 件，但除徐畅列举的 41 件外，未明示所缺 8 件。检《等级问题》中所涉告身，实有 10 件未在《述略》。经与前述各位学者的统计成果比对，并参考近年来刘安志③、赵振华④等学者的个案研究文章，目前存世告身当在 64 件以上：

---

① 徐畅："存世唐代告身及其相关研究述略"，载《中国史研究动态》2012 年第 3 期。以下简称《述略》。

② 王静、沈睿文："唐墓埋葬告身的等级问题"，载《北京大学学报（哲学社会科学版）》2013 年第 4 期。

③ 刘安志："关于唐代钟绍京五通告身的初步研究"，载氏著《新资料与中古文史论稿》，上海古籍出版社 2014 年版，第 191~211 页。以下简称《初步研究》。

④ 赵振华："谈武周授封李承嗣的诏书和册书——以新见石刻文书为中心"，载《湖南科技学院学报》2013 年第 2 期。以下简称《武承嗣》。赵振华："谈武周苑嘉宾墓志与告身——以新见石刻材料为中心"，载杜文玉主编：《唐史论丛》第 17 辑，陕西师范大学出版社 2014 年版，第 186~205 页。以下简称《苑嘉宾》。赵振华、王迪："读贞观十八年授《滕王李元婴金州刺史诏》"，载《故宫学刊》2016 年第 2 期。以下简称《李元婴》。截至本文发表，苑大智告身、韦洽告身等尚未正式发表，暂不著录，以下注"待发表"。

序号	时间	告身名称	拟分类 ①	部分相关文献或研究	形态
1	621	武德四年汪华越国公告身	诏授	《王言》《述略》	拓本
2	625	武德八年册命豳王（李凤）文	册授	《等级问题》	刻石
3	638	贞观十二年册命虢州刺史（李凤）文	册授	《等级问题》	刻石
4	640	贞观十四年册封虢王（李凤）妃刘氏文	册授	《等级问题》	刻石
5	641	贞观十五年册授第十二女（李孟姜）临川郡公主告身刻石	册授	《公文书》《王言》《告身》《等级问题》	刻石
6	644	贞观十八年授滕王李元婴金州刺史诏	诏授	《李元婴》	刻石
7	650	永徽元年册授李孟姜为临川郡长公主告身刻石	诏授	《告身》《等级问题》	刻石
8	650	高宗—武周间令狐怀寂勋官护军告身	诏授	唐星《释令狐怀寂告身》	纸本
9	658	显庆三年册命宋州刺史（李凤）文	册授	《等级问题》	刻石
10	664	麟德元年册青州刺史（李凤）文	册授	《等级问题》	刻石
11	667	乾封二年郭毡丑勋官护军告身	诏授	《吐鲁番出土文书》《制敕》《公文书》	纸本
12	667	乾封二年氾文开上护军告身	诏授	《公文书》	纸本
13	668	乾封三年授苑大智上柱国封武威郡开国公食邑二千户诏	制授	待发表	刻石
14	675	上元二年授苑大智守左威卫翊府中郎将诏	制授	待发表	刻石

① 目前对存世告身文书的性质尚有不少争议，表中仅据（唐）杜佑《通典》（中华书局 1988 年版）及部分研究成果作拟分类。

续表

序号	时间	告身名称	拟分类	部分相关文献或研究	形态
15	677	仪凤二年授苑大智守右监门卫将军诏	制授	待发表	刻石
16	680	永隆元年授苑大智守左领军卫将军员外置同正员诏	制授	待发表	刻石
17	682	永淳元年授苑大智壮武将军守左领军卫将军员外置同正员诏	制授	待发表	刻石
18	682	永淳元年氾德达飞骑尉告身	奏授	《吐鲁番出土文书》《公文书》《告身》	纸本
19	689	永昌元年授武承嗣纳言告身	诏授	《等级问题》	刻石
20	691	天授二年册命武承嗣文昌左相封魏王文	册授	《等级问题》	刻石
21	693	长寿二年张怀寂中散大夫行茂州都督府司马告身	制授	《大谷文书》《公文书》	纸本
22	694	长寿三年制授苑嘉宾武威郡开国公告身	制授	《等级问题》《苑嘉宾》	刻石
23	694	延载元年氾德达轻车都尉告身	制授	《告身》	纸本
24	696	万岁通天□年某人勋告	制授	《北区石窟》；荣新江《〈敦煌莫高窟北区石窟（第一卷）〉评介》	纸本
25	698	圣历元年制授苑嘉宾定远将军告身	制授	《等级问题》《苑嘉宾》	刻石
26	699	圣历二年氾承俨昭武校尉行左卫泾州肃清府别将员外置同正员上柱国告身	制授	《官文书》《公文书》	纸本
27	705	神龙元年赐甘元柬食实封三百户制	制授	《李元婴》	刻石

序号	时间	告身名称	拟分类	部分相关文献或研究	形态
28	706	神龙二年某氏告身	制授	清端方《匋斋藏石记》；《公文书》《北图拓本》	拓本
29	706	神龙二年门下省行尚书省文刻石		《告身》	刻石
30	707	神龙三年赠韦洎使持节绛州诸军事绛州刺史并葬事官给制	制授	待发表	刻石
31	708	景龙二年□文楚陪戎校尉告身	奏授	陈国灿《莫高窟北区第47窟新出唐告身文书研究》	纸本
32	710	唐隆元年钟绍京中书侍郎告身	制授	《初步研究》	文献析出
33	710	唐隆元年钟绍京同中书门下三品告身	制授	《初步研究》	文献析出
34	710	唐隆元年钟绍京中书令告身	制授	《初步研究》	文献析出
35	710	唐隆元年钟绍京户部尚书告身	制授	《初步研究》	文献析出
36	711	景云二年张君义勋官骁骑尉告身	奏授	《古文书学》《告身》	纸本
37	714	开元二年颜元孙滁州刺史告身	制授	《官文书》《公文书》	帖本
38	716	开元四年李慈艺勋官上护军告身	制授	《告身》；小田义久《德富苏峰纪念馆藏关于李慈艺告身的写真》等	纸本
39	732	开元二十年李暹汾州刺史告身	制授	《避暑录话》《公文书》	文献析出
40	734	开元二十二年张九龄银青光禄大夫守中书令告身	制授	元王恽《玉堂嘉话》；《古文书学》《公文书》；黄流沙《张九龄〈告身帖〉石刻考略》	刻石
41	735	开元二十三年某人勋告	制授	陈国灿《美国普林斯顿所藏几件吐鲁番出土文书跋》；荣新江《吐鲁番文书总目（欧美收藏卷）》	纸本
42	741	开元廿九年张怀钦勋官骑都尉告身	制授	《法藏》《真迹释录》	纸本

序号	时间	告身名称	拟分类	部分相关文献或研究	形态
43	751	天宝十载张无价游击将军守左武卫同谷郡夏集府折冲都尉员外置同正员告身	制授	《吐鲁番出土文书》《公文书》《告身》	纸本
44	755	天宝十四载秦元□勋官骑都尉告身	制授	《英藏》《告身》	纸本
45	758	乾元元年颜昭甫赠华州刺史告身	制授	《忠义堂帖》下；《官文书》《公文书》	帖本
46	761	上元二年和氏容城县太君告身	奏授	《公文书》《告身》	抄本
47	762	宝应元年颜惟贞赠秘书监告身	制授	《忠义堂帖》下；《官文书》《公文书》	帖本
48	762	宝应元年颜允南母殷氏赠兰陵郡太夫人告身	制授	《忠义堂帖》下；《官文书》《公文书》	帖本
49	765	永泰元年金刚三藏赠开府仪同三司及大弘教三藏号告身	敕授	圆照编集《代宗朝赠司空大辨正广智三藏和上表制集》；《公文书》	文献析出
50	765	永泰元年不空三藏赠特进试鸿胪卿兼赐大广智不空三藏号告身	敕授	圆照编集《代宗朝赠司空大辨正广智三藏和上表制集》；《公文书》	文献析出
51	768	大历三年朱巨川试大理评事兼豪州钟离县令告身	敕授	《公文书》《王言》《告身》	纸本
52	774	大历九年不空三藏开府仪同三司肃国公告身	敕授	圆照编集《代宗朝赠司空大辨正广智三藏和上表制集》；《古文书学》《公文书》	文献析出
53	774	大历九年不空三藏赠司空谥大辨正三藏和上告身	敕授	圆照编集《代宗朝赠司空大辨正广智三藏和上表制集》；《古文书学》《公文书》	文献析出
54	778	大历十三年颜真卿刑部尚书告身	制授	《官文书》《公文书》	帖本

序号	时间	告身名称	拟分类	部分相关文献或研究	形态
55	779	大历十四年张令晓资州盘石县令告身	敕授	《古文书学》《公文书》《告身》	刻石
56	780	建中元年颜真卿太子少师充礼仪使告身	敕授	《公文书》《告身》	帖本
57	780	建中元年钟绍京太子太傅告身	敕授	《等级问题》《初步研究》	刻石
58	780	建中元年朱巨川朝议郎行起居舍人试知制诰告身	奏授	王昶《金石萃编》；仁井田陞《唐令拾遗》；《公文书》	帖本
59	782	建中三年朱巨川朝议郎守中书舍人告身	敕授	王昶《金石萃编》；《古文书学》《公文书》	帖本
60	806	元和元年高阶远成中大夫试太子中允告身	敕授	《公文书》	文献析出
61	842	会昌二年李绅守中书侍郎同中书门下平章事告身	制授	《公文书》	帖本
62	851	大中五年洪辩京城内外临坛大德告身	敕授	《公文书》《告身》	刻石
63	861	咸通二年范隋勋官上柱国告身	敕授	王昶《金石萃编》；《公文书》	帖本
64	862	咸通三年敕都法师悟真告身	敕授	《法藏敦煌西域文献》	纸本

一般认为唐代告身可分为官告和勋告，但按任命的官职品级的不同也可细分五类①。以杜佑《通典·选举典·历代制下》为例②：

（1）凡诸王及职事正三品以上，若文武散官二品以上及都督、都护、上州刺史之在京师者，册授（诸王及职事二品以上，若文武散官一品，

---

① 白化文、倪平："唐代的告身"，载《文物》1977年第11期，第77~80页。
② （唐）杜佑：《通典》卷一五《选举三》，中华书局1988年版，第359页。本注释以下出版信息省略。

并临轩册授；其职事正三品、散官二品以上及都督、都护、上州刺史，并朝堂册。讫，皆拜庙。册用竹简，书用漆)。

（2）五品以上皆制授。

（3）六品以下、守五品以上及视五品以上皆敕授。凡制、敕授及册拜皆宰司拟进。

（4）自六品以下皆旨授。

（5）其视品及流外官皆判补之。凡旨授官，悉由于尚书：文官属吏部，武官属兵部，谓之铨选。

"制授"，原作"诏授"，避武后讳，改"诏"为"制"。从文献记载来看，《通典》对于告身性质的分类似乎已经很清楚，但参照物质形态的告身文书，尚存在诸多问题。"册授"的原件目前仍没有发现，能见的大多是随葬刻石，至于册书格式以及颁布仪式等尚不清楚。"制授"的形成过程大致可参考李锦绣《敦煌吐鲁番文书与唐史研究》中关于"制书"形成过程之描述①。但"制授""敕授"与"册授"形成的程序是否相同，以及这三类告身的适用对象，乃至目前存世文书的性质判定均有争议，有待进一步完善。第五类"判补"，目前尚未有实物资料佐证。白化文、倪平引《唐律疏议》"流外官者，谓所司令史以下，有流外告身者"，以为大概属于此类，由高级长官直接委任，不经过皇帝批准，就可以由吏部发给的一种低级告身。该说不妨作为一种推测。

关于物质形态的分类，白化文、倪平将告身分为原件和复制品两类，复制件包括抄件和刻石②。此外，还应关注传世文献中的相关资料，如《唐大诏令集》《全唐文》中，册妃嫔、太子、诸王、公主文，册大臣制等。由于传世文献里的册文、制文等相关资料大多没有中书门下的签署，亦无平阙格式，因此常被学者忽略，但其作为告身形成、颁布中的一个环节资料的存留，具有相当的数量，一定有深入挖掘的价值。

---

① 李锦绣：《敦煌吐鲁番文书与唐史研究》，福建人民出版社 2006 年版，第 309 页。
② 白化文、倪平："唐代的告身"，载《文物》1977 年第 11 期，第 77~80 页。

三、唐代告身渊源之再考察

(一)"告"与"诰"

杜佑《通典·选举三》载：凡文武选举，上于三省，三省审毕，"各给以符，而印其上，谓之'告身'。其文曰'尚书吏部告身之印'。自出身之人，至于公卿，皆给之"。①

一般认为，"告"作为一种文体，大约源于汉代。"身"，则强调这种公文用来标示身份，且需要给付至本人，与人"身"紧密联系。简言之，告身是在赐与新的职事官、散官、勋官、封爵，或是在剥夺现有的官爵时，官方通过所规定的程序，采用《公式令》所定的公文格式交给本人的文书。②但唐代告身不仅包含官职的任命，还有荣誉的授予，因此简称为任命书并不准确。

许慎《说文解字》曰："诰，告也。"段玉裁注："以言告人，古用此字，今则用告字。以此诰为上告下之字。"③刘熙《释名》卷六《释书契第十九》载："上敕下曰告。告，觉也，使觉悟知己意也。"④"诰（告）"作为天子发布的一种公文书体，源于三代。《尚书》有"典、谟、训、诰、誓、命"六体，其中"诰"是天子昭告天下的下行文。孔安国作传曰："大诰，陈大道以诰天下，遂以名篇。"⑤《尚书》既有《汤诰》《大诰》等战前动员的诰文，还有《酒诰》等具体政令。更有包含分封王侯的诰文，如《康诰》记载周王分封康叔为卫侯，并明确封地和治理之道。但即便是包含分封王侯内容的周代"诰"文，册命官员也不是其唯一内容或者主要内容，更多是针对具体政务或军事行动所做的诰誓。

诚如《汉书》卷六《武帝纪六》载，元狩七年（前116），"夏四月乙巳，庙立皇子闳为齐王，旦为燕王，胥为广陵王。初作诰"。服虔曰："诰敕王，如《尚书》诸诰也。"李斐曰："今敕封拜诸侯王策文亦是也。见武五子传。"⑥实

---

① （唐）杜佑：《通典》卷一五《选举三》，第360页。

② 徐畅："存世唐代告身及其相关研究述略"，载《中国史研究动态》2012年第3期，第33页。

③ （汉）许慎撰，（清）段玉裁注：《说文解字注》，上海古籍出版社1981年版，第186页。

④ （汉）刘熙撰，（清）毕沅疏证，（清）王先谦补：《释名疏证补》，中华书局2008年版，第208页。

⑤ （清）王先谦：《尚书孔传参正》，中华书局2011年版，第622页。

⑥ 《汉书》卷六《武帝纪六》，中华书局1962年版，第179~180页。

际上，"诰（告）"作为天子之命，用来封拜王侯，源自三代，至汉代仍沿用其义，但"初作诰"的说法似有隐情。元狩七年"初作诰"应当理解为：至汉武帝时，"诰"才成为专门用于授官封赏的公文。相较于"诰"文，汉代授官封赏更普遍使用的是"诏版"。

正如唐代苏鹗《苏氏演义》卷下所言："诰者，告也。言布告王者之令，使四方闻之。今言告身，受其告令也。"①唐代告身延续了三代以来"诰（告）"文的功能，具有天子发布王者之令，昭告天下的本意。但告身之具名，以及物质形态的演变还要从汉代寻找源头。

（二）鹤版（板）、鹤书与告身

吴震《从吐鲁番出土"氾德达告身"谈唐碎叶镇城》，"告身之名始见于唐代，大约祖源于南朝梁、陈的鹤头版"。②其实不然。告身源自"鹤头版"，但"鹤头版"即"诏版"，最晚当追溯到汉代。

《通典·职官十四》"司隶校尉"条下注："胡腾字子升，辟荆州部南阳从事，遇桓帝南巡至南阳，千骑万乘，呼召求索，不可堪。腾奏曰：'天子无外，乘舆所在，即为京师。请荆州刺史比司隶，臣比都官从事，南阳守比河南尹，宛令比雒阳令。'许之。于是大将军亡马，西曹掾召腾。腾乃作都官从事，鹄头召掾，掾乃觉，膝行辞谢，由是不敢辄有呼召。"③胡腾，东汉桓帝（132—167）时期人，官至尚书。桓帝南巡，胡腾毛遂自荐作司隶校尉的佐官都官从事，以鹄头书征召西曹掾。西曹掾吓得膝行辞谢。这是鹄头书用以任命王侯以下的官员比较早的记载。

东汉"九月辛亥政变"，外戚大将军窦武与太傅陈蕃密谋翦除宦官集团，结果被宦官朱瑀发现，并联合长乐宫诸宦官歃血为盟。期间，征召山冰等，这里用的是"诏版"。《后汉书·窦何列传》载，汉灵帝建宁元年（168），"时武出宿归府，典中书者先以告长乐五官史朱瑀。瑀盗发武奏……乃夜召素所亲壮健者长乐从官史共普、张亮等十七人，歃血共盟诛武等……令帝拔剑踊跃，使乳母赵娆等拥卫左右，取㯋信，闭诸禁门。召尚书官属，胁以白刃，

---

① （唐）苏鹗著，吴企明点校：《苏氏演义》，中华书局 2012 年版，第 30 页。
② 吴震："从吐鲁番出土'氾德达告身'谈唐碎叶镇城"，载《文物》1975 年第 8 期。
③ （唐）杜佑：《通典》卷三二《职官十四》，第 882 页。

使作诏板。拜王甫为黄门令,持节至北寺狱收尹勋、山冰。冰疑,不受诏,甫格杀之"。①汉灵帝建宁元年,"八月,(何)进入长乐白太后,请尽诛诸常侍以下,选三署郎入守宦官庐……尚方监渠穆拔剑斩进于嘉德殿前。让、珪等为诏,以故太尉樊陵为司隶校尉,少府许相为河南尹。尚书得诏板,疑之,曰:'请大将军出共议。'中黄门以进头掷与尚书,曰:'何进谋反,已伏诛矣。'"②

《宋书·五行志二》载,西晋惠帝,"永熙中(290),童谣曰:'二月末,三月初,荆笔杨版行诏书,宫中大马几作驴。'杨骏初专权,楚王寻用事,故言'荆笔杨版'也。二人不诛,则君臣礼悖,故云'几作驴'"。③"荆"指楚王司马玮,"杨"指外戚杨骏。"二月末,三月初",正值晋武帝司马炎病重,原下诏,欲让杨骏和司马亮共同辅政。但是楚王与杨骏趁机软禁武帝,扣留中书存留的辅政诏书,将内廷均换为心腹。"杨版行诏书",即杨骏通过"诏版"私自任免官员,造成了"宫中大马几作驴"的混乱局面。

"诏版"与"鹤头版"的关系,可以参照南朝的几则史料。《资治通鉴·宋纪》载:南朝刘宋泰始二年(466),"刘胡等兵犹盛。上欲绥慰人情,遣吏部尚书褚渊至虎槛,选用将士。时以军功除官者众,版不能供。程大昌曰:魏、晋至梁、陈,授官有版,长一尺二寸,厚一寸,阔七寸。授官之辞,在于版上,为鹄头书"。④宋明帝刘彧即位初,宋室内讧,吏部尚书褚渊选用将士,用"版",即"诏版"。"授官之辞"为"鹄头书",指的是书体,如《文选·北山移文》,"及其鸣驺入谷,鹤书赴陇"条,唐代李善注也印证了这一点。"萧子良《古今篆隶文体》曰,鹤头书与偃波书,俱诏板所用,在汉则谓之尺一简,鬐髵鹄头,故有其称。"⑤李善的注释将"鹤头书""鹤书""尺一简",及"鹄头书"的关系都交代清楚了。"诏版"汉代称作"尺一简",书体专用"鹤头书"等,因为形似"鹄头",所以有"鹤书"之名。

---

① 《后汉书》卷六九,中华书局1965年版,第2243页。

② 《后汉书》卷六九,中华书局1965年版,第2251页。

③ 《宋书》卷三一,中华书局1974年版,第914页。

④ (宋)司马光编著,(元)胡三省音注:《资治通鉴》卷一三一《宋纪》,中华书局1956年版,第4111页。

⑤ (梁)萧统编,(唐)李善注:《文选注》卷四三《北山移文》,我国台湾地区"商务印书馆"1986年版,第759页。

据《说文解字·叙》载："自尔秦书有八体：一曰大篆，二曰小篆，三曰刻符，四曰虫书，五曰摹印，六曰署书，七曰殳书，八曰隶书。"①南唐文字训诂学家徐锴注："虫书即鸟虫书，以书幡信，首象鸟形。即下云鸟虫是也。"②大、小篆是明确的书体，刻符、摹印、署书、殳书、隶书均是明确的使用范围或载体。唯独虫书是对书法形态的表述。据徐锴的注释，鸟虫篆多用于旗帜和符信。而考古出土的春秋战国时期兵器上，也多有鸟虫篆的实物形态。因而，用于"诏版"的"鹤书"实际上就属于"鸟虫篆"。

《隋书·百官志上》载："陈依梁制……其用官式，吏部先为白牒，录数十人名，吏部尚书与参掌人共署奏。敕或可或不可。其不用者，更铨量奏请。若敕可，则付选，更色别，量贵贱，内外分之，随才补用。以黄纸录名，八座通署，奏可，即出付典名。而典以名帖鹤头板，整威仪，送往得官之家。其有特发诏授官者，即宣付诏诰局，作诏章草奏闻。敕可，黄纸写出门下。门下答诏，请付外施行。又画可，付选司行召。得诏官者，不必皆须待召。但闻诏出，明日，即与其亲入谢后，诣尚书，上省拜受。若拜王公则临轩。"③陈、梁制度相继，选官用"黄纸"制作"鹤头版"，送到被授官的人家。南朝的诏版由此开始发生了材质的变化。

虽然诏版的材质逐渐发生了变化，但是以形态命名的习惯没有轻易改变。《文苑英华·词标文苑策》载，唐睿宗光宅元年（684），皇甫琼对策："泊嬴晖掩镜，汉道亡珠，位以恩升，荣非德进。挂网罗者则黄鹄高飞，縻爵禄者则青凫竞至……傍加策问，亲览政途，词丽汾川，声侔沛邑。掩鹏图而该魏网，漆园无控地之词；飞鹤板而征汉臣，九皋有闻天之誉。凡曰群生，孰不幸甚！"④《文苑英华·送韦拾遗归嵩阳旧居》序："初士仪与孔君述睿同隐于嵩丘，上嗣位，举逸民，孔以谏议大夫征，且调护太子，乘舆还自汉中，吾子方倘佯于松桂之下，鹤板入谷，拜左拾遗，固辞。"⑤这是唐代睿宗到德宗年间的事情。前者，皇甫琼在对策中直接用"鹤版"追溯汉代征辟的传统；后者，韦况征召入朝用的也是"鹤版"。可见，汉以来用"鹤版"指代授官

① （汉）许慎撰，（清）段玉裁注：《说文解字注》，上海古籍出版社1981年版。
② （汉）徐锴传释，（南唐）朱翱反切：《说文解字系传》，中华书局1985年版，第930页。
③ 《隋书》卷二六，中华书局1973年版，第748~749页。
④ （宋）李昉等：《文苑英华》卷四八一，我国台湾地区"商务印书馆"1986年版，第478页。
⑤ （宋）李昉等：《文苑英华》卷七二六，我国台湾地区"商务印书馆"1986年版，第72页。

封赏的文书，不仅为唐人所共知，而且在唐代仍旧行用。

其实，这样的认知，由唐入宋，直至明清，也一直被大家熟知。文献中不乏直接证据。

唐代封演《封氏闻见记》载："南齐萧子良撰古文之书五十二种，鹄头、蚊脚、悬针……皆状其体势而为之名；虽义涉浮浅，亦书家之前流也。"①徐坚《初学记》载："偃波书、鹤头书、象形篆……皆出于六义八体之书，而因事生变者也。"②《法苑珠林》载："晋王文度镇广陵，忽见二骑持鹄头板来召之。王大惊，问骑：'我作何官？'骑云：'尊作平北将军，徐兖二州刺史。'王曰：'吾已作此官，何故复召耶？'鬼云：'此人间耳，今所作是天上官也。'王大惧之。寻见迎官玄衣人及鹄衣小吏甚多。王寻病薨。右一验出幽冥录。"③

宋代《宋才子传笺证》载："绍兴二十九年己卯（1159），起知袁州，闻朝命下，立方有《所居二室号书痴禅说各成一诗》，云：'坐穴藜床逢掖事，那知新有鹤头书（原注：是日闻有袁州之命）。'"④王应麟《玉海艺文校证·唐壁经》载："垂露悬针，鹤头蚊足。酌前修之规楷，为后来之轨躅。"⑤

清初吴之振《题如此江山图》有诗句："卷端题字紫芝生，鹄头小篆何精明。匡庐道士山中去，从此人间无姓名。"⑥此康熙二年（1663）事。

可见，鹤（鹄）头版，或者鹤（鹄）书等称谓作为告身的代称，当是汉代以来的传统。版（板），南朝宋以前应该基本为简牍，后逐渐被黄（麻）纸取代。至于隋唐，逐渐成定制，并严格分清简、黄（麻）纸、白（麻）纸等的适用类型。而鹤（鹄）书，原指篆文书体，大概属于鸟虫篆，借指鹤头版，在告身制度明确后的各个时代仍旧行用。从"诰"到"告"，从"版（板）"到"纸"，从"鹤（鹄）头"书到唐楷，告身的文字形态、载体、名称都渊源有自，并直接影响后世的选官制度、政务运行，甚至在文学领域留下了深刻的烙印。

---

① （唐）封演撰，赵贞信校注：《封氏闻见记校注》卷二《文字》，中华书局 2005 年版，第 8 页。
② （唐）徐坚等著，司义祖点校：《初学记》卷二一《文字三》，中华书局 1962 年版，第 506 页。
③ （唐）释道世著，周叔迦、苏晋仁校注：《法苑珠林校注》，中华书局 2003 年版，第 1692 页。
④ 傅璇琮、张剑主编：《宋才子传笺证》（北宋后期卷），辽海出版社 2011 年版，第 930 页。
⑤ （宋）王应麟撰，武秀成、赵庶洋校证：《玉海艺文校证》，凤凰出版社 2013 年版，第 404 页。
⑥ 卞僧慧：《吕留良年谱长编》，中华书局 2003 年版，第 129 页。

宋《敕赐阁记》残碑考析

安　洋*

【摘要】敕牒是中枢部门处理行政事务、下达行政指令的一种文书形式，用碑刻的形式将其承载下来，便形成了敕牒碑。现存河北正定的北宋《敕赐阁记》碑即是敕牒碑，虽然仅存上截，但仍可以根据残存的文字，引其他同期敕牒碑为旁证，并从传世文献中梳理出相关的制度，考察其本始的形态。同时，亦可对传世文献中所失诸记载或舛误的内容有所补正。

【关键词】敕牒　碑刻　北宋　官制

一、《敕赐阁记》残碑录文

1990 年 11 月，河北省正定县文物保管所在隆兴寺 ①施工动土时，于集庆阁遗址前深 1 米余处发现北宋崇宁年间的敕赐阁记残碑及鳌座。②

---

* 安洋，中国政法大学 2013 级历史文献学专业硕士研究生，硕士论文为《宋代敕牒碑的整理与研究》，现为中国国家地理杂志社《中华遗产》编辑。

① 按，隆兴寺始建于隋，原名龙藏寺。宋重修，改称龙兴寺。清康熙时，改今名隆兴寺。

② 樊瑞平、郭玲娣："宋敕赐阁记残碑"，载《文物春秋》2003 年第 6 期。

图 1　宋《敕赐阁记》残碑 照片 ①

图 2　《敕赐阁记》残碑拓片 ②

---

① 2014 年 6 月 17 日笔者访碑并拍照。
② 樊瑞平、郭玲娣："宋敕赐阁记残碑"，载《文物春秋》2003 年第 6 期。

碑为青石质，现仅存上半部。碑额行书"敕赐阁记"2行，每行2字。碑身残高62厘米，宽119厘米，厚30.5厘米。竖刻20行，总计200余字。首行为楷书，余为行书。录其文如下。

【碑额】

敕赐

阁记

【碑文】

01 尚书省牒真定府龙兴寺天……

02 龙图阁学士、太中大夫、真定府路安抚使、兼马……

03 军府事吕嘉问奏：伏睹真定府龙兴寺大悲菩萨……

04 阁三层以奉安实开宝四年，

05 太祖皇帝遣军器使刘审琼、卫州刺史兵马钤……

06 事范得明等监修，自铸钱监、八作司差兵匠赴……

07 太祖皇□开□□年讨晋不庭，驻跸真定，因记……

08 毁像以铸钱，于莲花中得字：遇显即毁、遇宋即……

09 建。先是□寺之地北隅为□，寻于菜园中祥光……

10 不可胜□，又暴雨数天作于五台山浮栋梁……

11 河乃止。于是像阁落成，今百三十年间，基构……

12 圣慈特□□

13 天宁观音阁赐名。伏候敕旨。

14 牒奉

15 敕，宜赐天宁观……

16 至准

17 敕，故牒。

18 崇宁……

19 右正议大……

20 左银青光……

按碑文，第1行是敕牒起首语，第2~13行叙述请赐阁名的缘由经过，第

14～17 行为朝廷敕赐阁名，第 18 行为时间，第 19～20 行是签押的责任者，即宰臣。

可惜的是碑文残缺不全，不能卒读。所幸在隆兴寺内保存至今的其余两通宋碑，记载有与其相关的内容。一通为端拱二年（989）的《重修铸大悲像阁碑并序》①；另一通两面刻，一面为绍圣四年（1097）的《龙兴寺大悲阁记》（以下称《阁记》），另一面为《龙兴寺铸金铜像菩萨并盖大悲宝阁序》②（以下简称《阁序》）。三道碑文均有对宋太祖下令建筑大悲阁一事的追溯。

其中，《阁序》为僧惠演叙述宋太祖敕命铸造金铜像菩萨的始末，尤为详细，直接为其余二碑的撰文提供了纪事素材。根据《阁记》记载："景祐中，寺僧惠演录其兴建之迹甚详，言不雅驯。"则惠演应当是宋仁宗时人。且碑文内容自太祖开宝二年（969）征讨北汉始，然而，碑文的落款时间却为乾德元年（963），故时间显误。

又据《常山金石志》跋尾："碑之年月无稽，因刻于葛记碑阴，即附于葛记之后。"③葛记即是指由葛繁撰文的《阁记》。但按此碑现在所放位置，《阁序》外向，并罩有玻璃保护，《阁记》内向，距墙约半米有余，裸露在外，已有许多剥蚀。很有可能是工作人员误认《阁序》时间乾德元年为真，故以之为碑阳重点保护。

与这些碑文均属纪事碑所不同的是，《敕赐阁记》是公文碑——刻载了一道敕牒公文。其年代更晚，立于宋徽宗崇宁年间（1102—1106），又多有吕嘉问请赐阁名以及敕赐"天宁观音阁"的内容。

二、碑文中的关键信息

（一）敕牒

敕牒属于唐代王言之制七种之一，"随事承旨，不易旧典则用之"，④南宋

---

① （清）王昶：《金石萃编》卷一二五，载国家图书馆善本金石组编：《宋代石刻文献全编》第 3 册，北京图书馆出版社 2003 年版，第 58 页。本注释以下出版信息省略。

② （清）沈涛：《常山金石志》卷一二，载《宋代石刻文献全编》第 4 册，第 102 页。

③ （清）沈涛：《常山金石志》卷一二，载《宋代石刻文献全编》第 4 册，第 102 页。

④ （唐）李林甫等撰，陈仲夫点校：《唐六典》卷九《中书省》"中书令职掌"条，中华书局 1992 年版，第 273～274 页。

叶梦得《石林燕语》中也说："承旨而行者曰敕牒，用黄藤纸。"①

中村裕一指出敕牒是四种敕类文书中处分最小事情的命令形态，是最轻的一种敕书，并根据大量的敕牒实物史料，复原了敕牒文书的一般形式：

> 某某之事
> 右。某奏，云云。
> 中书门下牒　某
> 牒。奉敕：云云（宜依，依奏，余依）。牒至准　敕。故牒。
> 年月日牒
> 宰相具官姓名②

由此可知，敕牒最基本的特征是由中书门下牒某官或某司，尽管也是奉敕而牒，但不经过三省分工的签署程序，而是由所有在位的宰相签署。其性质是对奏某某之事的奏状的批复，应用的范围主要是有关各种具体的政务。③

宋初承唐制，同是以中书门下作为行政中枢。元丰改制后，恢复三省制度，发敕的单位也由中书门下变为尚书省，随之而变的是签署的宰执也仅限于左右仆射和左右丞，而不包括同属宰执之列的中书门下省两省侍郎。在具体的敕牒格式上，也有些许的变化。日本学者小林隆道以赐额敕牒刻石为研究对象，给出了宋代赐额敕牒的一般形式：

① 发出主体（"中书门下"或"尚书省"）　牒 发出对象

② 事书（文书发下的申请·审查内容及发下理由：比如礼部状、地方官司奏状）

③ 牒。奉敕：敕内容（"宜赐〇〇寺为额"或"如前"等）　牒至准

⑤ 敕。故牒。

---

① （宋）叶梦得撰，（宋）宇文绍奕考异，侯忠义点校：《石林燕语》卷三，中华书局 1984 年版，第 37 页。

② 〔日〕中村裕一：《唐代制敕研究》，东京汲古书院 1991 年版，第 513 页、第 529 页。

③ 刘后滨：《唐代中书门下体制研究——公文形态·政务运行与制度变迁》，齐鲁书社 2004 年版，第 343~344 页。

⑥　　年　月　日牒"月日部分上盖章（"中书门下之印"或"尚书省印"）"

⑦ 发出责任者 ［押字］①

（二）吕嘉问其人并官衔

本道敕牒有三个直接负责人，首当其冲的便是真定府路安抚使吕嘉问，正是此人向朝廷奏状，申请赐名，才有了接下来的这道公文。

查《宋史》，吕嘉问因"窃从祖公弼论新法奏稿，以示王安石，公弼以是斥于外，吕氏号为'家贼'，故不得与吕氏同传"②，而是同另外十二人合传一篇。所叙吕事极为简略，在徽宗时的事迹仅仅有"屡暴其宿恶，至分司南京，光州居住，鄞州安置。然为蔡氏所右，其婿刘逵骞序辰、其死友邓洵武羽翼之，故不久辄起。以龙图阁学士、太中大夫卒，年七十七，赠资政殿学士"③寥寥数语。

南宋史学家李焘所纂《续资治通鉴长编》记载了北宋九朝之事，但该书久佚，虽从永乐大典中辑出，但徽、钦两朝皆已阙失。但南宋人杨仲良依据《长编》所撰的《皇宋通鉴长编纪事本末》却保留了北宋九朝的完整样貌，使今人得以藉此考见长编崖略。案《本末》卷一二二"禁元祐党人下"条有载："崇宁三年四月甲辰朔，尚书省勘会党人子弟，不问有官无官，并令在外居住，不得擅到阙下。令具逐路责降安置、编管等臣僚姓名下项。……落职知州人：成德军：吕嘉问。"④

吕嘉问因元祐党籍之祸，于崇宁三年（1104）被褫夺官职，此时正是担任了"成德军"知州一职。成德军，即是指真定府。宋延唐制，保留了节度

---

① 〔日〕小林隆道：《宋代中国的统治文书》，东京汲古书院 2013 年版，第 192 页。又见氏著"宋代的赐额敕牒与刻石"，载郑振满主编：《民间历史文献论丛》第二辑《碑铭研究》，社会科学文献出版社 2014 年版，第 95 页。需要说明的是，大多数宋代敕牒碑可以用这一形式归纳，但有一些特例不容忽视。部分敕牒碑行牒后未必有对象；事书部分，奏状有时出现在敕牒的最后；年月日或只具体到年月，为"某年某月日"。

② 《宋史》卷三五五，中华书局 1977 年版，第 11189~11190 页。本注释以下出版信息省略。

③ 《宋史》卷三五五，第 11189 页。

④ （宋）杨仲良撰，李之亮校点：《皇宋通鉴长编纪事本末》卷一二二"禁元祐党人下"条，黑龙江人民出版社 2006 年版，第 2041 页、第 2050 页。

府、州的设置。凡节度府、州，必有军额。如沧州军额为横海军，而真定府的军额即是成德军节度。南宋时人洪迈曾记："雍州军额曰永兴，府曰京兆，而守臣以知永兴军府事兼京兆府路安抚使结衔。镇州军额曰成德，府曰真定，而守臣以知成德军府事兼真定府路安抚使结衔。"①这种以知军府事兼安抚使的制度在宣和二年废除，"三月六日，诏永兴军守臣等衔位并不用军额，永兴军称京兆府，成德军称真定府"。②

真定府路的设置，始于"（庆历）七年，析河北四路，各置都总管一员，如无，止以安抚使总制诸路"③，此时仅仅有真定府路，而无真定府路安抚使，直到"（八年四月）辛卯，置河北四路安抚使，命知大名真定府、瀛定州者领之。资政殿学士、给事中韩琦知定州，礼部侍郎王拱辰知瀛州，右谏议大夫鱼周询知成德军。先是，贾昌朝判大名，已兼河北安抚使矣"。④

由碑文见吕嘉问的官衔是"真定府路安抚使兼马……军府事"，现存于隆兴寺的另外一通宋碑《敕文札子》，所署官衔是"真定府路安抚使兼马步军都总管兼知成德军府事、借绯虞"。该碑记于大观二年（1108），距《敕赐阁记》仅约四、五年之隔。马步军都总管，据《八琼室金石补正》卷111《天宁寺苏过题名》陆增祥按语："宋时，定州守臣例带本路安抚使兼马步军都总管，故有大帅之称。"⑤又《通考》载："宋太祖开基，革五季之患，召诸镇会于京师，赐第以留之，分命朝臣出守列郡，号权知军州事，军谓兵，州谓民政焉。其后，文武官参为知州军事，二品以上及带中书、枢密院、宣徽使职事称判。……定州、真定府、瀛州、大名府、京兆府则兼安抚使、马步军都总管。"⑥二碑互照，并根据上述以知军府事兼安抚使的制度，大致可推测吕嘉问的官衔亦是"真定府路安抚使兼马步军都总管兼知成德军府事"，即在马字以下，脱去9字。

---

① （宋）洪迈著，孔凡礼点校：《容斋随笔》卷四"府名军额"，中华书局2005年版，第48页。

② （清）徐松：《宋会要辑稿》之《方域五》，中华书局1957年版，第7402页。

③ （宋）马端临：《文献通考》卷五九《职官一三》"都总管"条，中华书局1986年版，第540页。本注释以下出版信息省略。

④ （宋）李焘：《续资治通鉴长编》卷一六四"庆历八年四月辛卯"条，中华书局1992年版，第3947页。本注释以下出版信息省略。又见《文献通考》卷六一《职官一五》"安抚使"条，第558页。

⑤ （清）陆增祥：《八琼室金石补正》卷一一一，载《宋代石刻文献全编》第1册，第451页。

⑥ 《文献通考》卷六三《职官一七》"郡太守"条，第569页。

（三）宰臣签署

最末两行是宰臣的签押。北宋元丰改制后的宰相有二，左相为尚书左仆射加门下侍郎，①右相为尚书右仆射加中书侍郎，①副相为门下侍郎、中书侍郎、尚书左丞、尚书右丞。②以后政和、靖康、建炎、乾道年间数次改动，但在崇宁年间仍是实行元丰改制后的官制。又因敕牒颁发机构为尚书省，故签押者应为尚书左右仆射、左右丞。

崇宁年间的尚书省长贰究竟何人？兹根据《宋宰辅编年录校补》③和《宋史·徽宗纪》④对崇宁元年至崇年三年（即吕嘉问落职之年）的宰辅黜陟情况做表如下（见表1）。⑤

表1　崇宁初年宰执黜陟情况一览

时间	升迁	罢免
崇宁元年（1102）正月	庚辰，许将门下侍郎，自右银青光禄大夫守中书侍郎除。 温益中书侍郎，自中大夫守尚书右丞除。 蔡京尚书左丞，自翰林院承旨、中大夫、知制诰兼侍读、修国史充实录修撰除。 赵挺之尚书右丞，自试吏部尚书兼侍读、修国史、编修国朝会要迁中大夫除	庚申，韩忠彦罢左仆射。己卯，陆佃罢尚书左丞
闰六月		壬戌，曾布罢右仆射。观文殿大学士、右银青光禄大夫、知润州
七月	戊子，蔡京右仆射。自守尚书左丞授通议大夫、守尚书右仆射兼中书侍郎	

① 《宋史》卷一六一《职官志一》，第3773页。

② 《宋史》卷一六一《职官志一》，第3775页。

③ （宋）徐自明撰，王瑞来校补：《宋宰辅编年录校补》卷一一，中华书局1986年版，第690~718页。本注释以下出版信息省略。

④ 《宋史》卷一九《徽宗纪》，第363~371页。

⑤ 《宋史·宰辅表》本有图表，但过于简略，故而重做。

续表

时间	升迁	罢免
八月	己卯，赵挺之尚书左丞，自中大夫、尚书右丞除。 张商英尚书左丞，自翰林学士知制诰兼侍读、修国史实录修撰迁中大夫除	
崇宁二年（1103）正月	丁亥①，蔡京左仆射，自右仆射授右光禄大夫、尚书右仆射	
四月	戊寅，赵挺之中书侍郎，自中大夫尚书左丞除。 张商英尚书左丞，自中大夫、尚书右丞除。 吴居厚尚书右丞，自户部尚书迁中大夫除	
七月	辛巳，以复湟州，进蔡京官三等，蔡卞以下二等	
八月		戊申，张商英罢尚书左丞。自通议大夫授依前官知亳州
崇宁三年（1104）五月	己卯，右银青光禄大夫、守尚书左仆射兼门下侍郎蔡京为守司空、尚书左仆射兼门下侍郎、封嘉国公。 庚辰，许将、赵挺之、吴居厚、安惇、蔡卞各转三官	
九月	乙亥，赵挺之门下侍郎。自右光禄大夫、中书侍郎除。 吴居厚中书侍郎，自右光禄大夫、尚书右丞除。 张康国尚书左丞，自翰林学士承旨、知制诰迁中大夫除。 邓洵武尚书右丞，自刑部尚书迁中大夫除	

碑文虽残缺，但仍然可以看出一为右正议大夫，一为左银青光禄大夫。银青光禄大夫，北宋前期为文散官二十九阶之第五阶，从三品，系执政所带

———————

① 王瑞来称："按，蔡京进左仆射时间，《诏令集》卷五八《蔡京除右光禄大夫尚书左仆射》制词记同《徐录》，《纲要》卷一六、《宋史》卷一九《徽宗纪》、卷二一二《宰辅表》均作丁未。是年，正月辛巳朔，丁亥为七日，丁未为二十七日，未详孰是。"见《宋宰辅编年录校补》卷一一，第771页。

阶。① 宋元丰更官制，《元丰寄禄格》以阶易官，中书令、侍中、同平章事为开府仪同三司，左、右仆射为特进，吏部尚书为金紫光禄大夫，五曹尚书为银青光禄大夫，左、右丞为光禄大夫，六曹侍郎为正议大夫。② 自开府仪同三司至承务郎为二十五阶。③ 而后，银青光禄大夫、正议大夫于哲宗元祐三年二月分左、右，④ 大观二年六月罢分。⑤ 左右银青光禄大夫地位尊崇，《长编》有言"但可迁左银青，朝廷名器所当爱惜，未可建节也。左、右银青乃真尚书"。⑥

在崇宁二年（1103）七月的加官中，蔡京由右光禄大夫进三等，正是左银青光禄大夫。《宋宰辅编年录校补》中有"七月收复湟州，除左银青光禄大夫"之文⑦；《本末》"蔡京事迹"条，崇宁二年正月丁未，蔡京为右光禄大夫、尚书左仆射兼门下侍郎。七月辛巳，蔡京为左银青光禄大夫。⑧ 恰好印证前说。但《宋宰辅编年录校补》又提到"（崇宁三年）五月己卯，右银青光禄大夫、守尚书左仆射兼门下侍郎蔡京为守司空、尚书左仆射兼门下侍郎、封嘉国公"，⑨ 官位一直在上升的蔡京不太可能官阶反而下降，故此处右银青光禄大夫疑似左银青光禄大夫之误。

崇宁年间以左银青光禄大夫之阶高居宰执职位的，仅蔡京一人。因而，可以判断《敕赐阁记》最后一位签押者正是蔡京。

再来看另外一人。这次加官中，蔡京之外其他人进官二等，本敕牒的另

---

① 《宋史》卷一二二《职官志九》"文散官二十九阶"，第4049页。

② 《续资治通鉴长编》卷三〇八"元丰三年九月"，第7482~7483页。

③ 二十五阶为：开府仪同三司、特进、金紫光禄大夫、银青光禄大夫、光禄大夫、正议大夫、通议大夫、太中大夫、中大夫、中散大夫、朝议大夫、朝请大夫、朝散大夫、朝奉大夫、朝请郎、朝散郎、朝奉郎、承议郎、奉议郎、通直郎、宣德郎、宣义郎、承事郎、承奉郎、承务郎。见（宋）李焘：《续资治通鉴长编》卷三〇八"元丰三年九月"，第7483页。又可见《宋史》卷一二二《职官志九》"新官"，第4052~4053页。

④ 《续资治通鉴长编》卷四〇八"元祐三年二月"载，"癸未，中散、正议、光禄、银青光禄、金紫光禄大夫，并置左右"，第9926页。

⑤ （清）徐松：《宋会要辑稿》之《职官五六》，中华书局1957年版，第3635页。

⑥ 《续资治通鉴长编》卷四九八"元符元年五月甲子条"，第11852页。

⑦ 《宋宰辅编年录校补》卷一一，第709页。

⑧ （宋）杨仲良：《皇宋通鉴长编纪事本末》卷一三一"蔡京事迹"条，黑龙江人民出版社2006年版，第2220页。

⑨ 《宋宰辅编年录校补》卷一一，第709页。

一位签押者也应在列。由碑文中的右正议大夫递降两等，乃是太中大夫。清人刘喜海《金石苑》中记载了一道《福昌院牒》，①颁发时间乃是本次加官半个月之前的崇宁二年（1103）六月十八日，此牒的署名为"太中大夫守右丞吴/中大夫守左丞张/右光禄大夫守左仆射"。可知，《敕赐阁记》的右正议大夫很有可能就是这里的吴居厚。按《宋宰辅编年录校补》载崇宁二年四月"吴居厚尚书右丞，自户部尚书迁中大夫除"，②然而，若是从中大夫进二等，只为通议大夫，以碑证史，应是太中大夫讹误为中大夫，或是进"三"等，又或自四月至六月十八日之间，吴居厚又有封赐进等。

从另一个角度亦可证明。《宋史·徽宗纪》载："（崇宁三年五月）庚辰，许将、赵挺之、吴居厚、安惇、蔡卞各转三官。"③查《二十史朔闰表》，④当年五月癸酉朔，庚辰为八日。据金承安四年重刻崇宁三年五月十五日的《敕赐静应庙牒》⑤署名"左光禄大夫守右丞吴/司空兼左仆射押"，吴居厚官阶"左光禄大夫"，由左光禄大夫递降三等，正是右正议大夫。据此，判断《敕赐阁记》另一位签押者是吴居厚无疑。

与《福昌院牒》相比，半个月之内，宰执签押者少了一人，这是因为中大夫守左丞张商英已经于崇宁二年八月被罢尚书左丞，所以押字的只有吴居厚和蔡京二人。

综上，末两行所签押者，为吴居厚和蔡京二人，大致可补全为"右正议大夫守右丞吴/左银青光禄大夫守左仆射"。依同时期敕牒格式，左右丞只署姓，仆射以上只具官而不署姓、名。同时，牒文时间应该在张商英罢左丞的崇宁二年八月戊申之后，且在三年四月吕嘉问被削职安置之前。

---

① （清）刘喜海：《金石苑》卷三，载《宋代石刻文献全编》第 2 册，第 888 页。
② 《宋宰辅编年录校补》卷一一，第 712 页。
③ 《宋史》卷一九《徽宗纪》，第 369 页。
④ 陈垣：《二十史朔闰表》，古籍出版社 1956 年版，第 132 页。
⑤ （清）陆增祥：《八琼室金石补正》卷一二七，载《辽金元石刻文献全编》第 1 册，第 83 页。

北宋《劝慎刑文》《慎刑箴》整理与研究

张京凯*

【摘要】《劝慎刑文》《慎刑箴》是研究中国古代慎刑思想的重要石刻文献。该碑于宋代天圣六年刻立于西安府学，《金石萃编》载录了该碑文，明人赵崡和清人毕沅、武亿、王昶对该碑撰有跋文。四篇跋文以考据见长，将其连缀起来，恰好勾勒出明清学者对两篇碑文的研究脉络。当代学者对碑文的整理与考释，为后续研究奠定了坚实基础。本文综述了既有研究成果，并以碑石和拓片为底本，结合《金石萃编》和冯卓慧先生的录文，对《劝慎刑文》《慎刑箴》进行详细考释，以期更多的学人关注碑石所蕴含的传统文化。

【关键词】 劝慎刑文　慎刑箴　慎刑思想　法律文化

一、碑石概貌和相关研究

《劝慎刑文》，又名《宋劝慎刑文碑》《劝慎刑文并箴》《劝慎刑文并序》，现藏陕西西安碑林博物馆第五室。碑首和碑身系整石刻制，碑侧纵向线刻卷草纹；长方形碑身因年代久远已从上三分之一处横向残断为两截，裂缝黏合处有文字残缺现象。

该碑于北宋天圣六年（1028）刻立于西安府学孔庙之中①，后移至碑林博物馆第五室。碑阳为《劝慎刑文》，33行，满行61字，共1900余字；碑阴为《慎刑箴》，21行，满行44字，共约824字。上述两篇碑文均由晁迥述、

＊ 张京凯，中国政法大学博士后流动站研究人员，法学博士，研究方向为中国法律史、行政法史。

① 从《慎刑箴》碑文"皇宋天圣六年岁次戊辰五月乙未朔十二日丙午上石"及"立于永兴军至圣文宣王庙"，可知其刻立时间和地点。清人毕沅在《关中金石记》卷五《劝慎刑文并箴》记载："天圣六年五月……立在西安府学。"以上记载亦可作为考证其刻立时间和地点的旁证。

卢经书①、庞房篆额，是研究中国古代慎刑思想的重要石刻文献。

（一）明清时期的研究概貌

明清时期对《劝慎刑文》和《慎刑箴》的学术研究集中表现为著录碑文和撰写跋文。

1. 著录碑文

清人王昶在《金石萃编》中记录了该通碑石的尺寸，并首次全文著录了碑文，残缺之字用□表示，为后续研究奠定了坚实的基础。但是，该录文也存在一些不足：

一是部分录文未遵从碑文的行文格式，存在与碑文不一致之处。具体而言，王昶著录的《慎刑箴》录文将碑文第 19 行"河□府进士卢经书"和"将仕郎守凤翔府、岐山县主簿庞房篆额"两句的位置提前，分别作为录文第二段和第三段，②同时将"安众禅院主悟本大师惠□监刻字"的位置调至文末，作为最后一段。③

二是录文中存在校补不够准确、规范之处。例如，《慎刑箴》碑文第 2 行↓ 18 字、第 13 行↓15 字、第 21 行↓13 字因碑石残断而缺失，第 10 行↑2 字漫漶不清，④已不可识别，《金石萃编》分别将其直接录为"京""之""兼""必"。

2. 撰写跋文

传世文献中，明人赵崡在《石墨镌华》中著《宋劝慎刑箴碑》⑤一文，系该碑首篇跋文。通过此篇跋文，我们可知晁迥述《劝慎刑文》和《慎刑箴》时，任"判西京"且"年八十余"。其创作背景是：晁迥任"殿中丞时，失入死囚，夺官二秩，故晚年津津慎刑"。他在赴太清楼⑥宴时，"献《斧扆》

---

① 清人王昶在《劝慎刑文》跋文中指出：碑无书者姓名，以后《慎刑箴》碑证之当为卢经书。参见《金石萃编》卷一三一，载《石刻史料新编》第 1 辑第 4 册，台北新文丰出版公司 1977 年版，第 2444 页。本注释以下出版信息省略。

② 具体录文及其位置，参见《金石萃编》卷一三一，第 2444 页下栏。

③ 具体录文及其位置，参见《金石萃编》卷一三一，第 2445 页上栏。

④ 文中所用符号，"↓"表示自上而下计算文字数，"↑"表示自下而上计算文字数。

⑤ （明）赵崡：《石墨镌华》卷五，明万历四十六年赵崡自刻本后印本，哈佛大学哈佛燕京学社汉和图书馆 1960 年藏。

⑥ 太清楼建于宋太宗太平兴国年间，位于皇宫崇政殿西北，迎阳门内后苑中，是皇宫后苑最主要藏书楼。

《慎刑箴》……中多为长吏语，似非上天子者"。

至清代，毕沅在《关中金石记》中著《劝慎刑文并箴》①一文，系该碑第二篇跋文。该篇跋文介绍了碑石的刻立年代为天圣六年五月，并引明人赵崡在《宋劝慎刑箴碑》一文中所述"（迥）为殿中丞时，失入死囚，夺官二秩，故晚年津津慎刑"，得出"古人悔过之亟"论断。

此后，清人武亿在《授堂金石文字续跋》中著《劝慎刑文并序》②一文，系该碑第三篇跋文。该跋文通过《宋史·晁迥传》考证碑文所载晁迥的任职情况，认为"爵'南安郡开国公'失载，其食邑及实封之数参差不符史"。同时，该跋文引《宋史·晁迥传》关于其"迁殿中丞，坐失入囚死罪，夺二官"③的史料来说明其"暮年着此文而约举正经正史"的目的是"期深识之士三复尽心"，倘如此，则髦士亦不能"举其过"。再次，该跋文转引《宋史·晁迥传》关于其"召对延和殿……献《斧扆》《慎刑箴》《大顺》《审刑》《无尽灯讼》，凡五篇"④的史料来证明晁迥述此碑文的真实性，并惋惜其余四篇"佚未尽传"。最后，该跋文引《宋史·晁迥传》关于其"历官临事，未尝挟情害物"⑤的史料，并结合碑文对晁迥人品给予高度评价——"为人信可风矣"。由此可见，清人武亿所撰跋文比明人赵崡更为详备，而且采用了"碑史互证"的研究方法。

至清乾嘉之际，王昶在《金石萃编》中著录了《劝慎刑文》和《慎刑箴》录文，并撰写了两篇跋文⑥，分附于录文之后，系该碑第四、五篇跋文。王昶所撰跋文全面归纳了晁迥撰述两篇碑文的主旨：一是劝官吏用刑宽平，即"述自古酷吏、循吏之报应，以为用刑者劝"⑦；二是劝人为善，即"述古

---

① （清）毕沅：《关中金石记》卷五，载《续修四库全书》第908册，上海古籍出版社2002年版，第241页下栏。

② （清）武亿：《授堂金石文字续跋》卷九，清道光二十三年授堂重刊本，载中国东方文化研究会历史文化分会编：《历代碑志丛书》第3册，江苏古籍出版社1998年版，第623页。

③ 《宋史》卷三〇五《晁迥传》，中华书局1977年版，第10085页。本注释以下出版信息省略。

④ 《宋史》卷三〇五《晁迥传》，第10086页。

⑤ 《宋史》卷三〇五《晁迥传》，第10086页。

⑥ 两篇跋文具体内容，参见《金石萃编》卷一三一，第2444页上栏、第2445页下栏。

⑦ 《金石萃编》卷一三一，第2444页上栏。另见（清）李光暎：《观妙斋金石文考略》卷一三，载文渊阁《钦定四库全书·史部》第684册，第386页上栏。

人用刑之祸福大致，亦勉人为善"①，"劝人广树阴德"②。此外，在《劝慎刑文》跋文中，王昶云："碑无书者姓名，以后《慎刑箴碑》证之，当为卢经书"，从而考证出此碑文的书写者亦为卢经。王昶在按语中指出，《劝慎刑文》意在"述用刑善恶之报应"；而《慎刑箴》意在"劝人广树阴德"，其用韵语箴言之目的是"愿布斯文，置诸座右"。由此可见，晁迥所述"并非对君上言矣"。此外，结合《宋史·晁迥传》的相关记载，王昶对晁迥的生平、任职、著述等进行了概述，并依据其著述成书时间，考证出他于"天圣五年退居昭德里"时述此二文，"字则作于致仕之初年"③，从而订正了明人赵崡跋语中关于晁迥述碑文年代的相关表述。最后，王昶以晁迥因"晚年津津慎刑"而"寿至八十余，其子孙如公武等皆以文学名，至二百年弗替，为善之报绵延无穷……足为世劝"作结，将作者的切身经历与碑文的核心论点天衣无缝地融合在了一起，有画龙点睛之妙。

以上四篇跋文，各有所长。但是，后两篇跋文采用了金石学的研究方法，更具乾嘉考据之风，对问题意识的把握和论证逻辑的展开，也彰显了令人钦佩的学识功底。将四篇跋文连缀起来，恰好勾勒出明清学者对上述碑文的学术研究脉络。

（二）当代研究成果

2003 年，杜文和张宁发表了《北宋〈劝慎刑文、箴〉碑略考》④一文，考释了碑文的作者和部分典故，并从碑文解读宋代"慎刑"的法制思想。该文所载录文以《金石萃编》为蓝本，补阙了个别文字，并进行了录文的全文标点。其中，《慎刑箴》录文倒数第三段和第四段严格遵从碑文行文格式，避免了与碑文的不一致，客观上起到了订正传统录文的作用。但是，该文未明确指出清人王昶著录《慎刑箴》录文时上述录文与碑文行文格式的不一致之处。且存在以下有待完善之处：一是补阙方式欠妥，补阙字数有限。该文仅

---

① 《金石萃编》卷一三一，第 2446 页上栏。

② 《金石萃编》卷一三一，第 2445 页下栏。

③ 《宋史》卷三〇五《晁迥传》记载："仁宗即位，迁礼部尚书。居台六年，累章请老，以太子少保致仕……"可见，晁迥于天圣六年（1028）致仕。"字则作于致仕之初年"，说明晁迥在天圣五年述此二碑后，又于天圣六年书此二碑。

④ 杜文、张宁："北宋《劝慎刑文、箴》碑略考"，载西安碑林博物馆编：《碑林辑刊》第 9 辑，陕西人民美术出版社 2003 年版，第 36~43 页。

依据碑刻残留笔划进行补阙，且未综合运用辨识残字、碑史互证等方法，所补阙之字的可靠性受到一定影响。二是录文考释不规范，考释经过不明。三是典故考释不完整，未能深刻剖析碑文深意。

2005 年，冯卓慧先生发表了《中国古代关于慎刑的两篇稀有法律文献——〈劝慎刑文〉（并序）及〈慎刑箴〉碑铭注译》①（以下简称《碑铭注译》）一文。2009 年，冯先生又发表了《〈劝慎刑文〉及〈慎刑箴〉碑铭考释》②（以下简称《碑铭考释》）一文，订正了《碑铭注译》的不当之处，重申了两篇碑文对重新审视宋代法律史的重要学术价值。据《碑铭注译》统计，两篇碑文因碑残断而缺 65 字。③冯先生综合运用辨识残字、碑史互证等方法，联系上下文语境，对两篇碑文进行了详尽的注释和考证，共校补出 64 字④。冯先生对这两篇碑文所进行的细致、全面、系统的校、补、考、注、译无疑弥补了学界研究之阙如，是继清人王昶著录上述两篇碑文之后，又一次重要学术研究活动。但是，冯先生所作《碑铭注译》和《碑铭考释》二文，也存在以下有待完善之处：

一是《慎刑箴》部分录文未遵从碑文行文格式，存在与碑文不一致之处。在这一点上，冯先生与王昶的处理方式如出一辙。详言之，冯先生整理的《慎刑箴》录文将碑文第 19 行"河□府进士卢经书"和"将仕郎守凤翔府岐山县主簿庞房篆额"两句位置提前，作为录文第一段内容⑤；将"安众禅院主悟本大师惠□监刻字"位置挪后，作为录文末段最末一句⑥。

---

① 冯卓慧："中国古代关于慎刑的两篇稀有法律文献——《劝慎刑文》（并序）及《慎刑箴》碑铭注译"，载《法律科学》2005 年第 3 期，第 115~128 页。本注释以下出版信息省略。

② 冯卓慧："《劝慎刑文》及《慎刑箴》碑铭考释"，载张国福、冯卓慧、王沛：《法律史料考释》，社会科学文献出版社 2009 年版，第 199~234 页。本注释以下出版信息省略。

③ 冯卓慧："中国古代关于慎刑的两篇稀有法律文献——《劝慎刑文》（并序）及《慎刑箴》碑铭注译"，第 115 页。

④ 此数据系笔者阅读冯卓慧先生《中国古代关于慎刑的两篇稀有法律文献——〈劝慎刑文〉（并序）及〈慎刑箴〉碑铭注译》和《〈劝慎刑文〉及〈慎刑箴〉碑铭考释》二文后统计所得，其中在《劝慎刑文》中校补出 54 字，在《慎刑箴》中校补出 10 字。笔者认为冯先生对两篇碑文的校补有重要的学术价值，且大部分校补出来的字经得起推敲。但是，仍存在个别校补不够准确的情况，详见本录文和考释部分。

⑤ 冯卓慧："中国古代关于慎刑的两篇稀有法律文献——《劝慎刑文》（并序）及《慎刑箴》碑铭注译"，第 124 页。亦可参见《法律史料考释》，第 225 页。

⑥ 冯卓慧："中国古代关于慎刑的两篇稀有法律文献——《劝慎刑文》（并序）及《慎刑箴》碑铭注译"，第 127~128 页。亦可参见《法律史料考释》，第 234 页。

二是录文存在校补不够准确规范之处。其一，个别录文有误。例如，《慎刑箴》碑石和拓片中，第13行↑6字为"之"字，第15行↓1字为"谕"字，二字字迹清晰可辨，未残缺或漫漶。冯先生认为第13行↑6字为缺字，将其校补为"之"字；①同时，冯先生误将第15行↓1字录为"论"字。其二，有些录文不够规范。例如，《劝慎刑文》碑石和拓片中，第23行↑1字和2字、第26行↓35字、第27行↑14字已漫漶不清，冯先生将其分别释为"驷马""为""袁"字。②又如，《慎刑箴》碑石和拓片中，第2行↓18字因碑石残断而缺失，冯先生未以□表示缺失一字；第13行↓15字因碑石残断而缺失，冯先生直接将其释为"之"字，并未说明其为校补之字。③再如，《劝慎刑文》碑石和拓片中，第13行↓19字仅少许笔划漫漶，并非缺字，可直接将其录为"耳"字。冯先生将其厘定为碑文缺字，用□表示。

这一时期，专论中国古代慎刑思想或者晁迥慎刑思想的论文也逐渐增多。例如，2006年，冯先生发表了《中国古代慎刑思想研究——兼与20世纪西方慎刑思想比较》④一文，梳理了中国古代慎刑思想的发展脉络，认为经济地理因素、宗法血缘关系因素、宗教文化因素是影响中国古代"慎刑"思想的几个主要因素。冯先生认为宋人晁迥述《劝慎刑文》"是晁迥结合正史中真实的官员传记宣扬儒家慎刑和佛道因果报应说写给官员们的劝戒辞"，而《慎刑箴》则是"晁迥为太子讲述儒家经典《尚书·洪范》篇时，专门向皇帝献的奏章，宋史有记录"。两篇碑文"反映了宋时仍是儒道佛三教合一的宗教思想流传，并共同表现中国古代的'慎刑观'"。⑤同时，冯先生还对中外慎刑思想进行了比较研究，认为"反对滥刑""仁爱观""教育观"是中外慎刑思想的共性。

---

① 冯卓慧："中国古代关于慎刑的两篇稀有法律文献——《劝慎刑文》（并序）及《慎刑箴》碑铭注译"，第126页注14。

② 冯卓慧："中国古代关于慎刑的两篇稀有法律文献——《劝慎刑文》（并序）及《慎刑箴》碑铭注译"，第122~123页。亦可参见《法律史料考释》，第218~220页。

③ 冯卓慧："中国古代关于慎刑的两篇稀有法律文献——《劝慎刑文》（并序）及《慎刑箴》碑铭注译"，第126页。

④ 冯卓慧："中国古代慎刑思想研究——兼与20世纪西方慎刑思想比较"，载《法律科学》2006年第2期，第144~163页。本注释以下出版信息省略。

⑤ 冯卓慧："中国古代慎刑思想研究——兼与20世纪西方慎刑思想比较"，第157页。

2009 年，中国政法大学博士生宋国华发表《晁迥慎刑思想探析》①一文，阐述慎刑的原因和要求，介绍晁迥的慎刑思想，认为其与中国传统慎刑思想是一脉相承的，指出晁迥慎刑思想的局限性是"过多地强调了慎刑所能带来的利"和"宣扬善恶因果报应学说"②。然而，该文结合《劝慎刑文》和《慎刑箴》两篇碑文直接分析晁迥慎刑思想的论述并不多。

二、《劝慎刑文》录文及考释 ③

(一)《劝慎刑文》录文

01 劝慎刑文并序

02 　　　　　正奉大夫、守礼部尚书、充〔集〕贤院学士、判西京留司御史台、柱国、南安郡开国公、食邑四千三百户、食实封陆佰户、赐紫金鱼袋晁　迥　述 ④。

03 序曰：尝览朝士所述《戒杀生文》，服其善，利居□〔政〕⑤，续之以赞，而资助之。大旨惜乎生物之性焉！惟人万〔物〕⑥之灵，厥理尤重。因而别撰《劝慎刑文》，明引善恶报应；〔亦〕⑦

04 冀流播，警悟当官之吏，疚心于刑，广树无疆□〔福〕⑧也。
文曰：《易》称："君子明慎用刑，而不留狱。"至矣哉，前经格言！凡

---

① 宋国华："晁迥慎刑思想探析"，载曾宪义主编：《法律文化研究》第 5 辑，中国人民大学出版社 2009 年版，第 430~437 页。

② 宋国华："晁迥慎刑思想探析"，载曾宪义主编：《法律文化研究》第 5 辑，中国人民大学出版社 2009 年版，第 436 页。

③ 本录文以碑石和拓片（见图 1、图 2）为底本，参考《金石萃编》卷一三一收录的录文，以及冯卓慧先生两篇论文中的录文，经进一步考释而成。

④ 碑石上"晁迥述"三字之间各空一个汉字，故本录文亦在三字之间各空一个汉字。

⑤ 碑石断裂造成"利居"后缺两字。冯先生查陕西碑林博物馆藏碑，考释出所缺第二字为"政"字。参见冯卓慧："中国古代关于慎刑的两篇稀有法律文献——《劝慎刑文》（并序）及《慎刑箴》碑铭注译"，第 116 页。

⑥ 该字已漫漶，清人王昶将该字释读为"物"字。参见《金石萃编》卷一三一，第 2442 页。

⑦ 该字已漫漶，王昶释为"亦"字。

⑧ "无疆"后两字漫漶。冯先生查陕西碑林博物馆藏碑，发现所缺第二字有"田"字样，疑为"福"字。参见冯卓慧："中国古代关于慎刑的两篇稀有法律文献——《劝慎刑文》（并序）及《慎刑箴》碑铭注译"，第 116 页。

断狱者，既明且慎，而不滞留，吏训详悉，〔无过〕①

05 于此。　　国家岁举恤刑之诏，赐天下长〔吏〕②。〔条法〕③甚备，而年祀浸远，因循怠忽，若能视之如新，奉行弥笃，哀矜服念，不失其职，此乃以恻隐之仁，崇树胜因，□□

06 佗等万万敻殊矣！□得情勿喜，先哲垂戒者，盖□道化之末而及于礼，礼防之末而及于刑。刑以辅政，弗获已而用之也，不当锐意以快其心。然有便宜从〔事〕④，□

07 用其刑者，必须事出权变，以去巨蠹，安齐民为□，非可常用。苟不以此，但好深刻，为尽理酷暴，为绝伦穷极，残忍自徼，赫赫之名者，非公也，是私也。违古圣钦哉

08 之训，其有滥而不明，轻而不慎，用情乐杀于人〔者〕，〔殃〕咎响答，安可胜纪？布在信史，可举大端。有如西汉宁成，以郎谒者事景帝，猾贼任威，稍迁至济南都尉。其治

09 如狼牧羊，号曰"乳虎"。至武帝即位，为内史。而外〔戚多〕⑤毁成之短，成遂抵罪髡钳。又，周阳由居二千石中最为暴酷，后为河东都尉，与其守胜屠公争权；相告言，胜

10 屠公自杀而由弃市。又义纵为定襄太守，掩狱〔中重〕⑥罪二百余人，及宾客昆弟私入相视者亦二百余人，皆捕鞠，奏请杀之。后为右内史，以废格沮事弃市。又王

11 温舒为河内太守，好杀行威，捕郡豪，连坐千余〔家皆〕⑦奏杀之。及为右内史，有人告温舒受钱、奸利事，其罪至族，温舒自杀。又

---

① 该二字已漫漶，第一字可见"无"字的上部分笔划。冯先生考释认为二字疑为"无过"。

② 该字已漫漶，根据残存的笔画，王昶和冯卓慧两位先生均直接将该字释为"吏"。

③ "长吏"和"甚备"之间有两字漫漶。《金石萃编》所载录文"吏"字右下侧书有"条"字。冯先生认为"甚备"前所缺两字为"条法"，全句应为"条法甚备"。

④ 该字漫漶，王昶和冯卓慧两位先生均将该字释为"事"。

⑤ "外"字后缺二字。冯先生考证或为"戚多"。详见冯卓慧："中国古代关于慎刑的两篇稀有法律文献——《劝慎刑文》（并序）及《慎刑箴》碑铭注译"，第 118 页。

⑥ "狱"字后缺两字，冯先生引《汉书》卷九〇《酷吏传·义纵传》，认为是"中重"。参见冯卓慧："中国古代关于慎刑的两篇稀有法律文献——《劝慎刑文》（并序）及《慎刑箴》碑铭注译"，第 118 页。

⑦ "千余"后缺二字，冯先生认为或为"家皆"。参见冯卓慧："中国古代关于慎刑的两篇稀有法律文献——《劝慎刑文》（并序）及《慎刑箴》碑铭注译"，第 119 页注 3。

尹齐为淮阳都尉，所诛灭甚多。及死，

12 仇家欲烧其尸，妻亡去，归葬。又严延年为河南太〔守〕①，用刑刻急，总集属县囚论杀之，流血数里，河南号曰"屠伯"。其母谓延年曰："天道神明，人不可独杀也。我不意

13 当老见壮子被刑戮。我今东归，与汝扫除墓地耳[1]！"〔岁余〕②，延年〔果坐〕③事弃市。东汉段纪明为司隶，杀苏不韦并灭其族，及纪明为阳球所诛，天下以为苏氏之报焉。

14 又胡种为司隶校尉，与王宏有隙，及宏遇李傕之难〔入〕④狱，种遂迫促杀之。宏临命诟曰："胡种乐人之祸，祸将及之。"种后眠，辄见宏以杖击之，因发病，数日而死。后

15 魏时，御史中尉王显，以宿憾，奏中庶子元寿兴诽谤〔朝〕⑤廷。宣武赐寿兴死。临刑顾谓其子曰："我棺中可置纸百张，笔两枚，欲讼显于地下。若高祖之灵有知，必取

16 显。"及孝明即位，显寻被杀。隋时梁敬真为大理司直[2]，〔炀〕帝[3]忌鱼俱罗，令敬真治其罪。遂希旨奏俱罗击贼败衄，陷之极刑。未几，敬真有疾，见俱罗为之厉，数日而

17 死。唐郭霸，为监察御史，尝推芳州刺史李　　⑥，榜捶〔考禁〕⑦，

---

① "太"字后缺一字，冯先生考证或为"守"。参见冯卓慧："中国古代关于慎刑的两篇稀有法律文献——《劝慎刑文》（并序）及《慎刑箴》碑铭注译"，第119页注9。

② "耳"后二字仅残存少许笔画，《金石萃编》释为"岁余"，冯先生据《汉书》卷九〇《酷吏传·严延年传》"后岁余，果败"的记载，也认为当释为"岁余"。参见冯卓慧："中国古代关于慎刑的两篇稀有法律文献——《劝慎刑文》（并序）及《慎刑箴》碑铭注译"，第119页注15。

③ 冯先生认为碑文"缺二字"，并补填出"果坐"二字。参见冯卓慧："中国古代关于慎刑的两篇稀有法律文献——《劝慎刑文》（并序）及《慎刑箴》碑铭注译"，第119页。

④ "难"后缺字，冯先生认为应为"入"字。参见冯卓慧："中国古代关于慎刑的两篇稀有法律文献——《劝慎刑文》（并序）及《慎刑箴》碑铭注译"，第120页注1。

⑤ "谤"后缺字，冯先生认为应为"朝"字。参见冯卓慧："中国古代关于慎刑的两篇稀有法律文献——《劝慎刑文》（并序）及《慎刑箴》碑铭注译"，第120页注4。

⑥ "李"字后空二字，冯先生认为应为"思征"。参见冯卓慧："中国古代关于慎刑的两篇稀有法律文献——《劝慎刑文》（并序）及《慎刑箴》碑铭注译"，第120页注13。笔者认为冯先生所考内容准确，但误将"《新唐书》"写成"《旧唐书》"。

⑦ "捶"字后缺二字，冯先生查《旧唐书》卷一八六《郭霸传》，认为应为"考禁"。参见冯卓慧："中国古代关于慎刑的两篇稀有法律文献——《劝慎刑文》（并序）及《慎刑箴》碑铭注译"，第120页注14。

不胜而死。其后见 ① 从数十骑止其庭曰："汝枉陷我，我今取汝。"霸周章惶怖，援刀自〔刲〕其腹，斯须蛆

18 烂矣！又崔器为御史中丞，性阴刻乐祸，奏其陷贼官〔合处〕②死。后器病，脚肿月余，渐亟，瞑目则见京兆尹达奚珣。器但叩头，口称："大尹，不自由"，如此三日，不止而死。

19 又舒元舆，为监察御史，〔亳〕③州境有群贼剽劫，而累政□□不获。刺史李繁潜设机谋，悉知贼之巢穴，尽加诛斩。时议责繁不先启闻于廉使，涉擅兴之罪，遣元舆

20 覆治之。素与繁有隙，复以初官锐于生事，乃尽反其□□，奏繁滥杀无辜，敕赐繁死。及元舆被祸，人谓有报应焉！后唐西方邺为宁江军节度使，为政贪虐。判官

21 谭善达每箴其失。邺怒，〔令〕左右告善达受人金，下狱栲〔掠〕④，遂杀于狱中。无几，寝疾，时见善达入其户，俄卒于治所。恶报之类，有如此者；善报之类，谁曰无之？西汉

22 丙吉以故廷尉监被诏治巫蛊。吉力拒使者，以保长安〔狱〕⑤，武帝感寤，因赦天下，恩及四海。至宣帝，知吉有旧恩，将封侯以报，而吉疾病，帝忧其不起。太子太傅夏

---

① "见"字后空二字，冯先生据《旧唐书》考证认为应为"思征"。参见冯卓慧："中国古代关于慎刑的两篇稀有法律文献——《劝慎刑文》（并序）及《慎刑箴》碑铭注译"，第120页注15。笔者认为冯先生所考内容准确，但误将"《新唐书》"写成"《旧唐书》"。

② "官"字后缺二字。据《旧唐书》卷一一五《崔器传》所载"希旨奏陷贼官准律并合处死"，冯先生认为疑为"合处"。参见冯卓慧："中国古代关于慎刑的两篇稀有法律文献——《劝慎刑文》（并序）及《慎刑箴》碑铭注译"，第120页注19。

③ 碑石和拓片"州"前一字已漫漶，略存笔画。冯先生查《旧唐书》后，考证该字为"亳"。参见冯卓慧："中国古代关于慎刑的两篇稀有法律文献——《劝慎刑文》（并序）及《慎刑箴》碑铭注译"，第121页。

④ 因碑石残断，"栲"字后缺一字，冯先生考证或为"掠"字。同时，冯先生将"栲"字改释为"拷"。参见冯卓慧："中国古代关于慎刑的两篇稀有法律文献——《劝慎刑文》（并序）及《慎刑箴》碑铭注译"，第121页注10。

⑤ "安"字后缺一字。冯先生据《汉书》卷七四《丙吉传》，认为当为"狱"。参见冯卓慧："中国古代关于慎刑的两篇稀有法律文献——《劝慎刑文》（并序）及《慎刑箴》碑铭注译"，第121页注18。

23 侯胜曰："臣闻有阴德者，必飨其乐，以及子孙。今吉非死〔疾〕①也！"果病愈。后五岁，代魏相为丞相。又于公者其闾门坏，父老方共治之，于公曰："少高大闾门，令容驷〔马〕

24 高盖车。我治狱多阴德，未尝有所冤，子孙必有兴者。"至〔于定〕②国为丞相，永为御史大夫，封侯传世。东汉何敞，六世祖比干为汝阴县狱吏、决曹掾，平活数千人。后

25 为丹阳都尉，狱无冤囚。武帝征和三年三月辛亥，大阴雨，〔道〕③有老妪，可八十余，求寄避雨，〔雨〕④甚而衣履不沾渍。雨止，送至门，谓比干曰："公有阴德，天赐君策，以广

26 公之子孙，当佩印绶。"因出怀中符策，状如简，以授比干。□□〔宣帝〕⑤本始元年，自汝阴徙平陵，代〔为〕名族。又虞诩祖父经，为郡县狱吏，按法平允，务存宽恕。尝曰："东海于

27 公，高为里门，而其子定国至丞相。吾决狱六十年矣，虽不〔及〕〔于〕⑥公，子孙何必不为九卿？"故字诩曰"升卿"。诩后为尚书仆射。又袁安明帝时为楚郡太守。治楚王〔狱〕，

28 所申理者四百余家，皆蒙全济。章帝时，安位至司徒。生蜀〔郡

① "死"字后缺一字，冯先生据《汉书》卷七四《丙吉传》"非其死疾也"的记载，认为当为"疾"字。参见冯卓慧："中国古代关于慎刑的两篇稀有法律文献——《劝慎刑文》（并序）及《慎刑箴》碑铭注译"，第 122 页注 2。

② "至"字后缺二字，冯先生据《汉书》卷七一《于定国传》，认为当为"于定"。参见冯卓慧："中国古代关于慎刑的两篇稀有法律文献——《劝慎刑文》（并序）及《慎刑箴》碑铭注译"，第 122 页注 6。笔者认为，除传世文献外，碑石和拓片第 26~27 行所载"……东海于公，高为里门，而其子定国至丞相……"也是有利证据，可以厘定"至"字后所缺二字当为"于定"。

③ "雨"字后缺一字，冯先生疑为"道"字。参见冯卓慧："中国古代关于慎刑的两篇稀有法律文献——《劝慎刑文》（并序）及《慎刑箴》碑铭注译"，第 122 页注 11。

④ 该字已漫漶不清，冯先生推为"雨"字。参见冯卓慧："中国古代关于慎刑的两篇稀有法律文献——《劝慎刑文》（并序）及《慎刑箴》碑铭注译"，第 122 页注 12。

⑤ "于"字后缺二字，冯先生查阅《中国历史纪年表·汉纪年表》后认为当为"宣帝"。参见冯卓慧："中国古代关于慎刑的两篇稀有法律文献——《劝慎刑文》（并序）及《慎刑箴》碑铭注译"，第 122 页注 16。

⑥ 因碑石残断，"不"字后缺一字，《金石萃编》以□表示。冯先生据《后汉书》卷五八《虞诩传》所载"虽不及于公，其庶几乎？"推断所缺之字为"及"。参见冯卓慧："中国古代关于慎刑的两篇稀有法律文献——《劝慎刑文》（并序）及《慎刑箴》碑铭注译"，第 123 页注 2。

太〕①守京。京弟敞为司空。京子汤为太〔尉〕。汤子成为左中郎将。成弟〔逢〕、逢弟隗皆为公。后魏高允为中

29 书侍郎，转令监评刑三十余载，内外称平。每谓人曰："吾在〔中书〕②时有阴德，救济人命。若阳报不差，吾寿应享百年矣!"九十八而终。唐徐有功，则天时为司刑丞。酷

30 吏周兴、来俊臣、丘神绩等构陷无辜，皆抵极法。诏下大理〔寺，有〕③功皆议出之。前后济活数十百家。累迁〔司〕④刑少卿。以谏奏枉诛者，三经断死，而执志不渝。酷吏由

31 是少衰，时人比汉之于、张焉!〔先〕是润州刺史窦孝谌妻〔庞氏，为〕⑤奴所诬，当坐斩，有功明其无罪。至明皇时，孝谌子希瑊请以己官让有功之子以报旧恩。有功之

32 子，由是迁官。又陆元方，则天时为宰相。临终曰："吾阴德〔于人多〕⑥矣，庶几乎福不衰!"其后，元方子象先为宰相，景倩为监察御史，景融为工部尚书，景献为屯田员

33 外郎，景裔为库部郎中，并有美誉。噫! 所劝无忘慎刑。勤

---

① "蜀"字后缺二字，冯先生据《后汉书》卷四五《袁安传》，认为当为"郡太"。参见冯卓慧："中国古代关于慎刑的两篇稀有法律文献——《劝慎刑文》（并序）及《慎刑箴》碑铭注译"，第123 页注9。

② "在"字后缺二字，冯先生查《魏书》卷四八《高允传》后认为，所缺二字当为"中书"。参见冯卓慧："中国古代关于慎刑的两篇稀有法律文献——《劝慎刑文》（并序）及《慎刑箴》碑铭注译"，第123 页注17。

③ "理"字后缺二字，冯先生推为"寺、有"。参见冯卓慧："中国古代关于慎刑的两篇稀有法律文献——《劝慎刑文》（并序）及《慎刑箴》碑铭注译"，第124 页注1。笔者赞同冯先生所补二字，但笔者从语境分析认为"寺"和"有"之间当为逗号。

④ 该字已漫漶不清，冯先生推为"司"字。参见冯卓慧："中国古代关于慎刑的两篇稀有法律文献——《劝慎刑文》（并序）及《慎刑箴》碑铭注译"，第124 页注2。

⑤ "妻"字后漫漶一字、缺二字，《金石萃编》将漫漶一字释为"庞"字。冯先生认为所缺二字当为"氏、为"。参见冯卓慧："中国古代关于慎刑的两篇稀有法律文献——《劝慎刑文》（并序）及《慎刑箴》碑铭注译"，第124 页注6。笔者认为，"庞"字作为补填之字为宜；从语境分析，"氏"和"为"之间断为逗号为宜。

⑥ "德"字后缺三字，冯先生据《旧唐书》卷八八《陆元方传》，认为所缺三字当为"于人多"。参见冯卓慧："中国古代关于慎刑的两篇稀有法律文献——《劝慎刑文》（并序）及《慎刑箴》碑铭注译"，第124 页注9。

□□□①。区区援引，皆正经正史，敢告深识之士，三复而尽心焉！

图1　《劝慎刑文》碑石局部

<hr />

① "勤"字后缺三字，冯先生补为"政爱民"。参见冯卓慧："中国古代关于慎刑的两篇稀有法律文献——《劝慎刑文》（并序）及《慎刑箴》碑铭注译"，第124页注11。

图2 《劝慎刑文》拓片

（二）《劝慎刑文》碑文考释

[1] 耳。冯先生认为该字为碑文缺字，当用□表示，《金石萃编》和《汉书·酷吏传》均作"耳"。①通过查看碑石，该字仅右边少许笔划残缺，但不影响识读，可直接厘定为"耳"字。

[2] 大理司直。官名。汉武帝元狩五年（前118）置，秩为比二千石，掌助丞相检举不法。东汉初沿置，助司行督录诸州，职务与西汉所置有别。旋省。献帝建安八年（203）复置，不属司徒，职为督京师诸官，地位与司隶校尉相当，后北魏以为廷尉的属员，北齐改廷尉为大理寺卿，司直成为大理寺的官员。隋、唐同，掌出使推按，参决疑狱。唐司直为从六品官，地位低于汉司直。又唐太子官属中也有司直，位仅正七品上，掌纠劾东官僚属。宋大理寺也有司直。宋以后废。由此可见，"大理司直"是大理寺的一种官职称谓。冯卓慧先生录文时将"……大理司直□帝……"断为"……大理司，直□帝……"②似为不妥，笔者认为当断为"……大理司直，□帝……"

[3] [炀]帝。《北史·梁毗传》记载："子敬真，位大理司直。时炀帝欲成光禄大夫鱼俱罗罪，令敬真案其狱，遂希旨陷之极刑。未几，敬真有疾，见俱罗为祟而死。"③

《隋书·梁毗传》记载："子敬真，大业之世，为大理司直。时帝欲成光禄大夫鱼俱罗之罪，令敬真治其狱，遂希旨陷之极刑。未几，敬真有疾，见俱罗为之厉，数日而死。"④

《隋书·鱼俱罗传》记载："江南刘元进作乱，诏俱罗将兵向会稽诸郡逐捕之。于时百姓思乱，从盗如市，俱罗击贼帅朱燮、管崇等，战无不捷。然贼势浸盛，败而复聚。俱罗度贼非岁月可平，诸子并在京、洛，又见天下渐乱，终恐道路隔绝。于时东都饥馑，谷食踊贵，俱罗遣家仆将船米至东都粜之，益市财货，潜迎诸子。朝廷微知之，恐其有异志，发使案验。使者至，

---

① 冯卓慧："中国古代关于慎刑的两篇稀有法律文献——《劝慎刑文》（并序）及《慎刑箴》碑铭注译"，第119页注9。

② 冯卓慧："中国古代关于慎刑的两篇稀有法律文献——《劝慎刑文》（并序）及《慎刑箴》碑铭注译"，第120页；另见《法律史料考释》，第213页。

③ 《北史》卷七七《梁毗传》，中华书局1974年版，第2622页。

④ 《隋书》卷六二《梁毗传》，中华书局1973年版，第1480页。

前后察问，不得其罪。帝复令大理司直梁敬真就锁将诣东都。俱罗相表异人，目有重瞳，阴为帝之所忌。敬真希旨，奏俱罗师徒败衄，于是斩东都市，家口籍没。"①

从以上史料来看，鱼俱罗和梁敬真是隋炀帝的朝廷重臣。隋炀帝恐光禄大夫有异志，令大理司直梁敬真治其狱，最终鱼俱罗被陷害入狱并处极刑。综上，笔者推断碑文中"□帝"或为炀帝。

三、《慎刑箴》录文及考释

(一)《慎刑箴》录文

01 慎刑箴并〔序〕②

02　　　　正奉大夫、守礼部尚书、充集贤院学士、判西〔京〕[1]留司御史台、柱国、南安郡开国公、食邑四千三百户、食实封陆佰户，赐紫金鱼袋晁　迥　述③。

03《书》曰："钦哉钦哉，惟刑之恤哉！"又曰："与其杀不辜，宁失不经。好生之德，洽于民心。"《礼》曰："刑者，佣也。佣者，成也。一成而不

04 可变，故君子尽心焉！"斯乃古先垂世之〔文〕④，布在方策之著明者也。圣朝顺考古道，以御万邦，建官率属，

05 尤重其事。《汉书》曰："张释之为廷尉，天下〔无〕⑤冤民。于定国为廷尉，民自以为不冤。"噫！凡亲民莅政，司刑典狱之官，若能

06 明慎深切，法汉之张、于二贤，则仁德之〔道〕[2]，无出于此。至如践卿相之位，固当然也。鲁庄公曰："小大之狱，虽不能察，必

07 以情。"路温舒曰："天下之患，莫深于狱。捶〔挞〕[3]之下，何求而不得？"又周勃有大功，历尊位，威望素震。及坐事被摄，犹叹狱

---

① 《隋书》卷六四《鱼俱罗传》，中华书局1973年版，第1518页。
② 该字右半部分已残，据残存笔画可厘定为"序"。
③ 碑石上"晁迥述"三字之间各空一个汉字，故本录文亦在三字之间各空一个汉字。
④ 该字下半部分笔画残缺，可厘定为"文"字。
⑤ 该字下半部分笔画残缺，可厘定为"无"字。

08 吏之贵。是知愚弱之民，苟婴缧绁，则锻〔楻〕①诬服者可胜言哉？故俗语曰："画地为狱，议不入刻木为吏，期不对。"此皆悲

09 痛之辞也。迥尝接深识钜贤先生之论，〔曰〕②："为食禄之士，固当恻隐济众，自求多福。殖福之法，必须善利及人。善利之

10 要，莫若慎刑最为急务，余皆不足为比〔矣〕③。"先生又云："慎刑之至者，既知其幽圄可恤，当视所治之人皆如己子，〔必〕④在

11 乎始末疲心而轸念焉！无怠忽，无苟留，□[4]报应之的，其福称是。理贯神明，灼然无疑。"又云："听讼折狱，至于评刑，次第

12 之间，必具四德：公清首之，先正自心，勿为势利所迁，一也；明察次之，究其事始，勿至变乱成惑，二也；仁恕又次之，既

13 得其情，哀矜而勿喜，三也；平允又次〔之〕，狱具取决[5]，无庸上下相殴，以刻为明，四也。四者备矣，何庆如之[6]？"迥先述《劝慎

14 刑文》，明引经史中善恶之报，达诸聪□[7]；今又作此《慎刑箴》，续而助之。敢告英才上智，必信勤行，与诸同志者更相导

15 谕⑤，广树阴德。大则合仁者安仁之安，〔小〕⑥亦获智者利仁之利也。勖哉当职，幸垂精鉴。其箴曰：

16 刑之所设，禁暴防淫，慎〔刑〕⑦戒滥，利泽惟深，如烛于暗，如拯于沉，所以君子，必尽其心；

17　慎刑本仁，仁者多寿，滥〔刑〕⑧获报，天网不漏，严母先

---

① "锻"字后缺一字，冯先生疑为"楻"或"楚"。参见《法律科学》2005年第3期，第125页注15。

② "论"字后缺一字，冯先生释为"曰"。参见冯卓慧："中国古代关于慎刑的两篇稀有法律文献——《劝慎刑文》（并序）及《慎刑箴》碑铭注译"，第126页注1。

③ "比"字后缺一字，冯先生补为"矣"。参见冯卓慧："中国古代关于慎刑的两篇稀有法律文献——《劝慎刑文》（并序）及《慎刑箴》碑铭注译"，第126页注3。

④ 该字已漫漶不清，《金石萃编》直接将该字释为"必"字。

⑤ 冯先生认为该字为"论"。参见《法律科学》2005年第3期，第127页。笔者查看碑石和拓片，该"谕"字清晰可辨，《金石萃编》亦将该字录为"谕"。因此，笔者认为冯先生误将"谕"录为"论"。

⑥ "安"字后缺一字，冯先生补为"小"。参见冯卓慧："中国古代关于慎刑的两篇稀有法律文献——《劝慎刑文》（并序）及《慎刑箴》碑铭注译"，第127页注4。

⑦ "慎"字后缺一字，冯先生推为"刑"。参见冯卓慧："中国古代关于慎刑的两篇稀有法律文献——《劝慎刑文》（并序）及《慎刑箴》碑铭注译"，第127页注9。

⑧ "滥"字后缺一字，冯先生推为"刑"。参见冯卓慧："中国古代关于慎刑的两篇稀有法律文献——《劝慎刑文》（并序）及《慎刑箴》碑铭注译"，第127页注11。

见，于公有后，愿布斯文，置诸座右。

18　　　　皇宋天圣六年岁次戊辰五月乙未朔十二日丙午上石，立于永兴军　　至圣文宣王庙。

19　　　　　　　河□①府进士卢经书，　将仕郎守凤翔府岐山县主簿庞房篆额，　安众禅院庄悟本大师　惠□　监刻字。

20　陕府西诸州水陆计度转运使兼本路劝农使、宣德郎、守尚书兵部员外郎、护军、赐紫金鱼袋李　　　周士。

21　陕府西诸州水陆计度转运使〔兼〕[8]本路劝农使、中大夫、尚书刑部郎中、直史馆、上柱国、赐紫金鱼袋杜　　詹。

（二）《慎刑箴》碑文考释

[1]〔京〕。因碑石残断，"西"字后缺一字，清王昶和今人论著中均未以□表示缺失一字。据《劝慎刑文》碑文和拓片，晁迥曾任"判西京留司"，故可将上述缺字补为"京"字。

[2]〔道〕。因碑石残断，"之"字后仅仅残存字迹的上部，《金石萃编》和今人著述均以□表示缺失一字。根据残存笔划，笔者推测该字或为"道"。

[3]〔挞〕。因碑石残断，"捶"字后缺一字，《金石萃编》以□表示。冯先生查《汉书》后考证认为，"捶"字后所缺之字应为"挞"。②笔者认为"捶"字后所缺之字或为"考"。据《旧唐书》卷一八六《郭霸传》记载："尝推芳州刺史李思征，榜捶考禁，不胜而死。"另据《宋史》卷一九九《刑法志一》记载："若罪至徒、流，方许制勘，余止以众证为定，仍取伏辨，无得辄加捶考。"但能否以唐宋史料证汉代制度，也是笔者有所犹豫的地方。

[4]留□。因碑石残断，"留"字后缺一字，《金石萃编》以□表示。冯

---

① "河"字后缺一字，冯先生查《中国历史地图集·古代史部分》，知北宋著名的以"河"字开首的府有"河中府""河南府"，但无法确证。参见冯卓慧："中国古代关于慎刑的两篇稀有法律文献——《劝慎刑文》（并序）及《慎刑箴》碑铭注译"，第124页注16。

② 冯卓慧："中国古代关于慎刑的两篇稀有法律文献——《劝慎刑文》（并序）及《慎刑箴》碑铭注译"，第125页注11。

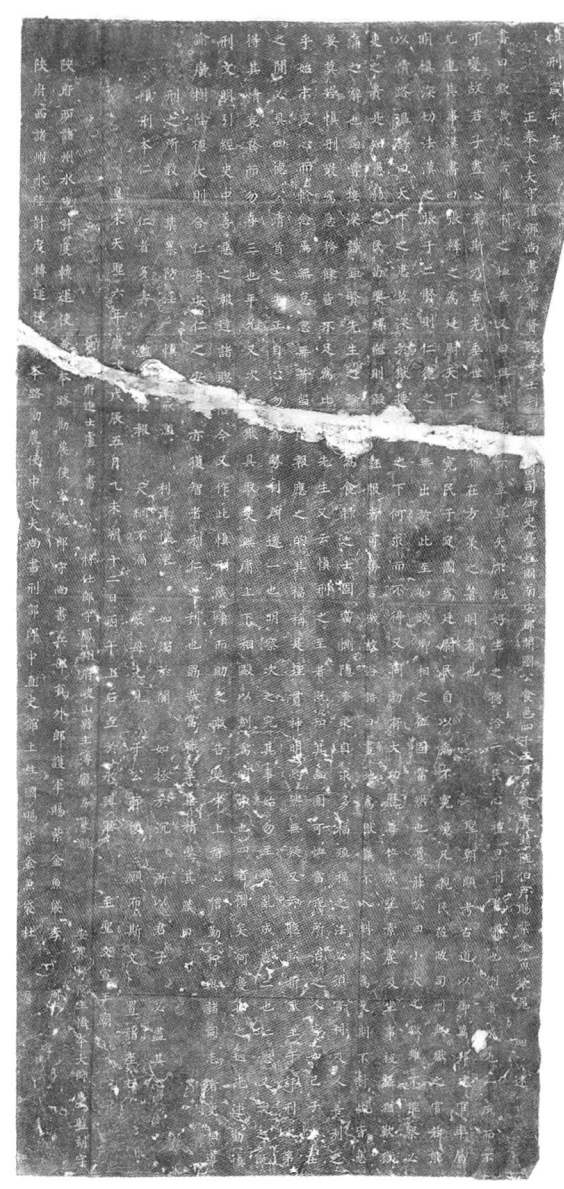

图3 《慎刑箴》拓片

先生结合上下文意认为该缺字为虚词"盖",起到提起下文的作用。①笔者查看碑石和拓片,发现残缺之字中有"贝"的笔画要素,冯先生将其释为"盖"字不妥。该缺字有待进一步考证。

[5]决。碑石和拓片中的"该"字顶部少许笔划漫漶,《金石萃编》并未以□表示缺字,而是直接将其释为"决"字。冯先生认为该字为缺字,并考证认为该缺字应为"舍"字。②笔者查看碑石和拓片,发现从残存的笔划可以将该字厘定为"决"字。故《金石萃编》对该字的处理方式得当,冯先生对该字的厘定不妥。

[6]之。冯先生认为该字为缺字,并根据上下文意认为缺字应为"之"字。③笔者查看碑石和拓片,"之"字清晰可辨,不曾残缺漫漶。笔者认为冯先生对该字的厘定不妥。

[7]聪□。因碑石残断,"聪"字后缺一字,《金石萃编》以□表示。冯先生据上下文意将其释为"耳"。④笔者查看碑石和拓片,发现该缺字的残存笔划与"耳"字不符。该缺字有待进一步考证。

[8]〔兼〕。因碑石残断,"使"字后缺一字。笔者查看碑石和拓片,发现据残存笔划和上下文意,该缺字或可为"兼"。

* * *

自宋仁宗天圣六年刻石至今,《劝慎刑文》碑已矗立近千年,碑阳《劝慎刑文》是一篇叙事文,碑阴《慎刑箴》是一篇官箴。无论从碑石物理载体,还是碑文逻辑联系来看,两篇碑文构成了一个密不可分的有机整体,故该通碑石定名为《劝慎刑文并箴》为佳。

《劝慎刑文并箴》碑是研究宋代慎刑思想和官箴的重要法制史料,然而《官箴书集成》⑤并未将其收录其中,实为一件憾事。令人欣慰的是,近十几

---

① 冯卓慧:"中国古代关于慎刑的两篇稀有法律文献——《劝慎刑文》(并序)及《慎刑箴》碑铭注译",第126页注6。

② 冯卓慧:"中国古代关于慎刑的两篇稀有法律文献——《劝慎刑文》(并序)及《慎刑箴》碑铭注译",第126页注11。

③ 冯卓慧:"中国古代关于慎刑的两篇稀有法律文献——《劝慎刑文》(并序)及《慎刑箴》碑铭注译",第126页注14。

④ 冯卓慧:"中国古代关于慎刑的两篇稀有法律文献——《劝慎刑文》(并序)及《慎刑箴》碑铭注译",第126页注17。

⑤ 官箴书集成编纂委员会编:《官箴书集成》,黄山书社1997年版。

年来相关研究方兴未艾，既有学术成果不断将研究引向深入。期待未来有更多的学人专注其中，深入挖掘《劝慎刑文并箴》碑及相关碑刻所蕴含的中国传统优秀法文化的价值精髓，推动其创造性转化和创新性发展，为当前深化司法体制改革和推进全面依法治国方略的实施提供传统法文化层面的支持。

金代赐额敕牒碑探析

王 浩[*]

【摘要】 赐额敕牒是金代中央政府为证明某寺观合法存在而下发的公文。金代官卖寺观名额、大规模颁发赐额敕牒，是中国漫长历史中较为罕见的现象。手写或刻于书版的金代公文原件存世稀少，而现存数量可观的金代赐额敕牒碑因保存了公文原貌，为我们复原金代赐额敕牒文书，并进而探讨金代"请买"与"赐发"寺观名额的行政流程及相关问题，提供了宝贵的史料。

【关键词】 碑刻 赐额敕牒 公文 行政路径

金代官卖寺观名额归于金代特殊的历史状况，主要分布在正隆末、大定初两个时期。此时兵兴岁歉，府库空虚，为解决财政困局大兴鬻卖赐额敕牒，《金史》等文献与陕西耀州铜官县《灵泉观牒及记》等碑刻皆有记载。①这与当前所发现碑刻数量集中于大定、承安时期遥相对应。

遗憾的是，金代敕牒原件尚未发现，史料记载寥寥，难窥全貌，而作为"准文书"的赐额敕牒碑能够相对客观、充分地展示金代敕牒公文碑的文献属性与制度属性。本文以此作为基础史料，在尽可能全面把握赐额敕牒文书的基础上探索赐额敕牒运行的行政路径。

---

* 王浩，中国政法大学 2014 级历史文献学专业硕士研究生，硕士论文为《金代赐额敕牒碑整理与研究》。

① 《金史》卷四四《兵志》，中华书局 1975 年版，第 1005 页；卷五〇《食货志》，第 1124～1125 页。(宋)李焘：《续资治通鉴长编》卷五四 "宋宁宗庆元三年四月甲子" 条，中华书局 1992 年版，第 1278 页；《灵泉观牒及记》，载王新英辑校：《全金石刻文辑校》，吉林文史出版社 2012 年版，第 282 页。本注释以下出版信息省略。

一、金代赐额敕牒文书样式辨析

从已整理出的赐额敕牒碑文中可知，大定年间（1162—1164）的碑刻数量占据多数且文书样式相差无几，金代后期文书尤以明昌至正大年间（1190—1231）的文书样式有一定变化。故而，本文将赐额敕牒文书的发展期分为大定年间和明昌至正大年间两个阶段。

（一）大定年间赐额敕牒的四种样式

大定年间赐额敕牒样式基本一致，局部略有不同。现对目前所见的四种赐额敕牒样式作简要分析：

样式一，以河北元氏县《福祥院赐额敕牒碑》中的大定二年（1162）九月三日牒文（图1）为代表，据拓片录文如下：

01 尚书礼部　牒

02　真定府元氏县龙泉乡赵同村住持尼道显、

03　文妙状告：本院自来别无名额，已纳讫合着钱

04　数，乞立"福祥院"。勘会是实，须合赐者。

05 牒奉

06 敕，可特赐"福祥院"。牒至准

07 敕，故牒。

08　　大定二年九月初三日，令史向昇（押）　主事安（押）

09　　中宪大夫、行员外郎李（押）

10　郎　　中

11 镇国上将军、行侍郎阿典

12 正奉大夫、礼部尚书、兼翰林学士承旨王

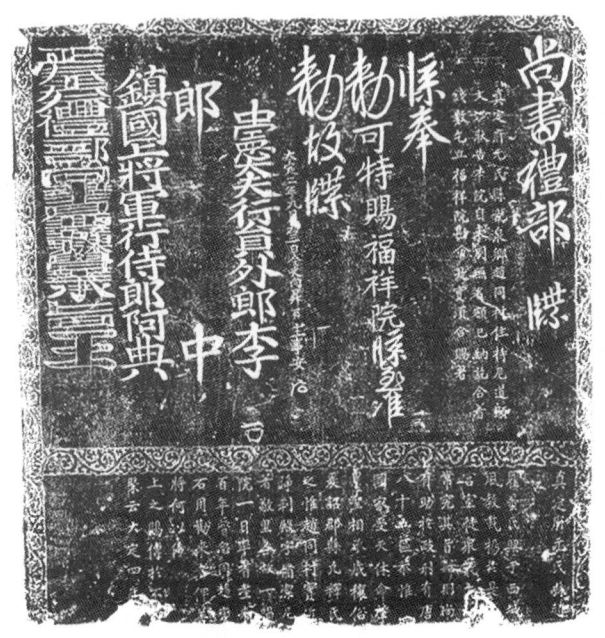

图 1　《福祥院赐额敕牒碑》拓本 ①

第 1 行"尚书礼部 牒"指赐额敕牒由尚书礼部颁发，在金代赐额敕牒碑上，几乎均可见同样文字，推知是赐额敕牒文书的固定样式。第 2~4 行是文书的事书部分，即寺观请买名额递交的文状，地方官府审核无误后，向中央转申文状之事。第 5~7 行是赐额敕牒文书的固定用法。第 8 行记录文书的下发年月日和文书作者令史和事官的姓，且姓氏后有押字。第 9~12 行记录了礼部官员的官衔和姓氏，部分姓氏后有押。样式一除名额、事书、礼部列衔官员以外基本一致，是金代赐额敕牒碑中的主要样式。

样式二，以陕西户县大定五年（1165）六月十五日所刻大定三年（1163）《洪福院牒》（图 2）为例，从拓片可知，样式二比样式一多出"尚书礼部牒某某（发文对象）"字样并附钤印，其他格式相同。

---

① 北京图书馆金石组编：《北京图书馆藏中国历代石刻拓本汇编》第 46 册，中州古籍出版社1989 年版，第 80 页。本注释以下出版信息省略。

图2　《洪福院牒》拓片 ①

样式三，以山东滕县明昌元年（1190）十一月刻大定二年（1162）三月《显庆寺牒》（图3）为例，第1行和第2行内容一样，不同于样式二之处是第1行无发文对象。

图3　《显庆寺牒》拓片 ②

---

① 刘兆鹤、吴敏霞编著：《户县碑刻》，三秦出版社2005年版，第38页。

② 《北京图书馆藏中国历代石刻拓本汇编》第47册，第6页。

样式四，以河南开封大定三年（1163）二月二十八日《荐福禅院牒》（图4）为例，牒文首尾皆有"尚书礼部 牒"，即将样式二第1行的"尚书礼部牒某某院"列在碑文的末端，其他格式不变。

图4 《荐福禅院牒》拓片①

(二) 文书样式差异性分析

通过对比分析可知，大定时期的碑文在文书格式上相对固定，只有局部的变化。那么差异性缘何而生呢？其中第1~2行是区分四种样式的主要要素。

目前能够确认赐额敕牒文书样式的碑文，仅大定年间下发的共有51件。下面，我们将上述四种文书样式进行量化分析。

样式一：

尚书礼部　牒

此类文书样式只有第2行，没有第1行，此类赐额敕牒碑文共有33件，占目前能够确定文书格式的64.70%。

样式二：

尚书礼部　牒某某院或观、寺

① 《北京图书馆藏中国历代石刻拓本汇编》第46册，第114页。

尚书礼部　牒

此类文书样式同时列有第 1 行和第 2 行，为 11 件，所占比例为 21.56%。
样式三：

尚书礼部　牒（印）
尚书礼部　牒

此类文书第 1 行和第 2 行重复，唯一的区别在于第 1 行牒字后有"印"字，共有 5 件，占已整理大定赐额敕牒文书的 9.80%。
样式四：

尚书礼部　牒
云云
尚书礼部　牒某某院

此类文书首行为"尚书礼部　牒"，末行才列"尚书礼部　牒某某院"，仅 2 件。

考虑到赐额敕牒是由中央政府下发的一种官文书，同一时期应具有相同的文书格式，但在碑刻上呈现出四种样式，究竟是何种原因造成的呢？现尝试做以下简要分析：

首先，赐额敕牒文书作为官文书，是寺院合法存在的官方凭证，将其摹刻上石的直接目的是为宣示寺院存在的合法性，故刻石立碑者也会尽可能地保存文书全貌。

其次，通过对上述四类文书样式进行量化分析，可知文书样式一比例最高，占半数以上。从行文上看"尚书礼部　牒"是所有赐额敕牒文书样式中均包含的字样。对此部分的文书外观进行对比分析（见图5~8），四种文书样式中第 2 行"尚书礼部　牒"字样的书写笔迹如出一辙，故"尚书礼部　牒"是赐额敕牒文书的通用格式。

图 5　样式一
《福祥院牒》
局部①

图 6　样式二
《洪福院牒》
局部②

图 7　样式三
《显庆寺牒》
局部③

图 8　样式四
《荐福院牒》
局部④

　　沿上文思路，对第 1~2 行进行细化分析。样式二（图 6）中右侧（即第 1 行）的"尚书礼部 牒"和左侧（即第 2 行）的"尚书礼部　牒"字样中，"礼"和"牒"书写各不相同。样式三、四同样如此。

　　综上分析，样式一在赐额敕牒碑中的比例高达 64.7%，可以推测此式更接近文书原貌。那么样式二、三、四多出的一行该如何解释？细观样式二、三，第 1 行有两处钤有官印，一处钤于牒文下发主体"尚书礼部"之上，另一处钤于"牒"字后的寺观名上。根据金代后期泰和六年（1206）《玉泉禅寺牒》（图 9）和大安元年（1209）《香严禅院牒》（图 10）所表现出的另一种字样，即首行"封"字，可以推测样式二、三第 1 行是封皮内容。这样也能解释为何同一时期的赐额敕牒在碑文上表现为不同的样式，一般公文的封皮亦由政府制作，其外观具有统一性，甚至会有封印。摹刻公文时是否连同摹刻封面，具有一定的随意性。

---

①　《北京图书馆藏中国历代石刻拓本汇编》第 46 册，第 80 页。

②　刘兆鹤、吴敏霞编著：《户县碑刻》，三秦出版社 2005 年版，第 38 页。

③　《北京图书馆藏中国历代石刻拓本汇编》第 47 册，第 6 页。

④　《北京图书馆藏中国历代石刻拓本汇编》第 46 册，第 114 页。为便于比较，样式四为《荐福院牒》首（右）、尾（左）截图拼接而成。

图 9　《玉泉禅寺牒》局部　　　图 10　《香严禅院牒》局部 ①

由以上推论得知，样式一最为接近大定年间赐额敕牒文书的原貌。其格式是：

尚书礼部　　牒

　事书

牒奉

敕，可特赐某某寺（院、观），牒至准

敕，故牒。

　　某年某月某日 令史某某（押）主事姓（押）

礼部官员（部分姓氏下有押）

（三）赐额敕牒文书内容分析

因金代赐额敕牒文式与内容相对于宋代赐额敕牒较为简略，从外观而言，除事书部分外，其他部分极为相似，故事书部分是我们探寻金代赐额敕牒信息的关键部分。《普恩院牒》（图 11）的"事书"内容为："怀州修武县恩村院主僧智达状告：本院自来别无名额，已纳讫合着钱数，乞立院名。勘会是实，须合给赐者。"

图11　《普恩院牒》①

笔者所见与此事书行文内容、格式相同者有29份，总结其格式为：

某某地某某院、观、庙的某某状告：本院自来别无名额，已纳讫合着钱数，乞立院名。勘会是实，须合给赐者。

"牒奉敕，可特赐某某寺、院、观，牒至准敕。故牒"是赐额敕牒公文的主体。通过对多份拓片的比照，"可特赐某某寺、院、观"书写笔迹不同，且字体大小和间隔不一，可知"牒奉敕""牒至准敕。故牒"为印刷字体，而"可特赐某某寺、院、观"是手写作。那么，名额由谁填写呢？大定四年（1164）《集仙观牒》提供了重要线索。此牒末尾除列赐额敕牒文书中通常含有的礼部官员外，在末尾还依次署名"忠显校尉、行潞州录事、尚书户部差委发卖度牒名额李伯杰，节度判官□□，管勾发卖名额等本司裴裕，书填名额人裴亨"，②由此可知，在《集仙观牒》运行过程中，所列名者各有职掌，其中裴亨负责"书填名额"，发卖地在地方官府。对于手书填写寺额，还可以

---

① 《北京图书馆藏中国历代石刻拓本汇编》第46册，第70页。

② （清）胡聘之：《山右石刻丛编》卷二〇《集仙观牒》，载林荣华校编：《石刻史料新编》第1辑第8册，台北新文丰出版公司1982年版，第6019页。本注释以下出版信息省略。

根据大定三年（1163）二月《荐福禅院牒》（图12）和八月《法云禅院牒》（图13）进行解读。

　　　　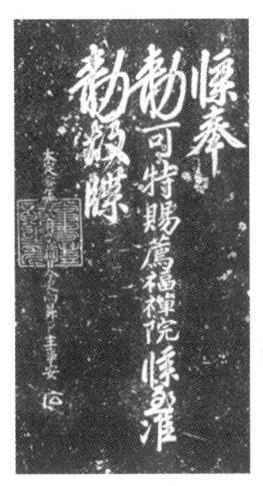

图 12　《荐福禅院牒》局部①　　　　图 13　《法云禅院牒》局部②

　　两牒都是出自大定三年（1163），二者首行一致，后所列礼部官员令史向昇、主事安也一致。但手书额名部分，前者为"可特赐"，后者则为"赐"，这可进一步推测，该行"敕"字到"牒至准"之间的部分在印刷时是空白的，为金代"空名牒"的买卖提供了条件。此部分也间接证实了赐额敕牒的名额决定后，确实是由尚书省颁给寺观，但赐额敕牒的名额部分是由地方官员进行填书。

　　落款行"某年某月某日，令史某某（押），主事某某（押）"，字体较小，年月日上钤"尚书礼部之印"，人名姓氏后画押。该样式在金代前后期赐额敕牒文书上基本一致。

　　最后几行为礼部官员署衔。如大定二年（1162）十二月《彼岸院赐额敕牒碑》，署衔由右往左依次为中宪大夫、行员外郎李，宣威将军、郎中耶律，侍郎、正奉大夫、礼部尚书、兼翰林学士、承旨知制诰修国史王。③

①　《北京图书馆藏中国历代石刻拓本汇编》第 46 册，第 114 页。
②　《北京图书馆藏中国历代石刻拓本汇编》第 46 册，第 112 页。
③　《北京图书馆藏中国历代石刻拓本汇编》第 46 册，第 47 页。

清代毕沅在《山左金石志》中对此碑写有按语："《金史·百官志》礼部尚书一员、侍郎一员、员外郎一员，此题四人与管制符。"①牒文署官从右至左，职位由低到高，且署衔位置随之提高。

之外，在金代大定年间赐额敕牒文书中，令史与主事姓氏后书押，个别礼部官员姓氏后亦有画押，以示签押者对文书内容的真实性、有效性负责。②

（四）明昌至正大年间赐额敕牒文书的发展

明昌至正大年间赐额敕牒碑在保持基本样式的前提下，局部出现不同程度的变化。以《谷山玉泉寺大金赐额敕牒碑》为例，该碑上层刻泰和六年（1206）十一月《谷山寺牒》，下层刻大安元年（1209）三月《香严寺牒》，因二牒行文样式相同，仅转录《谷山寺牒》如下：

01 尚书礼部　封（印）

02 尚书礼部（印）

03　　泰安州奉符县第一乡泰山佛峪谷山寺受业第三代住持

04　　勤僧尊□、僧智崇，自办于沂州纳米准钱，承买到洪字第一百

05　　二十五号寺额一道，乞书填作玉泉禅寺者。（此处多印）

06 牒奉

07 敕，可特赐玉泉禅寺。牒至准

08 敕，故牒。

09　　泰和六年十一月　日令使丁介桂，主事韩弁（印）

10　　承德郎、守员外郎、兼左补阙孙

11　　朝散大夫、郎中、兼国子监丞王

12 承德郎、试礼部侍郎、兼□□□秘书少监乔

13 中奉大夫、礼部尚书、兼翰林学士、知制诰同修国史□□□□张（押）

14　　　寺额付僧智崇（印）

---

① （清）毕沅、阮元：《山左金石志》卷一九，载《石刻史料新编》第 1 辑第 19 册，第 14676 页。
② 任志强："宋以降契约的签押研究"，载《河北法学》2009 年第 11 期。

图14 《谷山寺赐额敕牒》碑石局部①

第一行"封"字上钤有"尚书礼部之印",此行同大定时一样,为封皮内容。事书部分,《谷山寺牒》和《香岩寺牒》皆有多方"尚书礼部之印",而此种情况不见于大定时期的赐额敕牒文书。另外,大定时期"牒奉敕,可特赐"中手写"可"字,此时期字体较大突出。主事后改为书姓名而非如大定时期的仅书姓。礼部官员列衔仍同大定时期,右卑左尊,依次为员外郎、郎中、侍郎和尚书。《谷山寺赐额敕牒》牒末为"寺额付僧智崇","僧智"上钤"尚书礼部之印",此行在大定年间表现为"尚书礼部牒某某"样式。

二、赐额敕牒碑中的流程分析

(一)实名牒、空名牒和牒底本

唐至明各代政府曾多次实施官卖僧道度牒政策,以强化对寺观的控制和管理。不论官卖僧道度牒或寺观名额,朝廷都会通过一套程序复杂的申报和审批制度加以管理。而有关金代官卖寺观名额的情况,正史记载较为简略,申报和审批制度方面的内容更亦不多见。白文固和冯大北对此进行了深入的研究。②

---

① 2015年2月3日笔者拍摄。
② 参见白文固:"金代官卖寺观名额和僧道官政策探究",载《中国史研究》2002年第1期;冯大北:"金代官卖寺观名额考",载《史学月刊》2009年第10期;冯大北:"《金代官卖寺观名额和僧道官政策探究》补正",载《宗教学研究》2010年第3期。

白文固将赐额敕牒的官卖流程分为两道程序，即自下而上的"纳缗投状"和自上而下的"敕赐名额"。"纳缗投状"即请买人将"合着钱数"赴各州府军资库缴纳完毕后，地方官府在审核无误后将请买文状转申至尚书礼部，自下而上的请买程序结束。然后便是"敕赐名额"，尚书礼部根据发卖所转申的请买文状，向寺观所在州县颁出赐额敕牒，地方官府依赐额敕牒内容再次对请买人的文状进行审核，无误后出给公据，与赐额敕牒一同颁给陈请寺观，整个请买名额程序至此结束。此外，白文固还谈及金后期的官卖程序，其指出承安至崇庆间官府卖出的是名额处不书写任何信息的"空名赐额敕牒"，官府在卖出"空名赐额敕牒"后，还要由礼部颁出对空名赐额敕牒的认可牒或寺观名额的确定牒，鬻卖程序方告完结。①

冯大北认同白文固所言大定年间出现"实名赐额敕牒"、金后期出现"空名赐额敕牒"这一事实，但对金后期鬻卖"空名赐额敕牒"的流程持不同观点。冯大北认为颁发"空名赐额敕牒"是为了简化审批程序，礼部事先将已由礼部官员署押并加盖尚书省礼部之印的空名赐额敕牒交付给地方官府，专司衙门在寺观完纳钱粮、"勘会是实"后，直接书填名额，具有与"实名赐额敕牒"相同的法律效力，无须再将请买文状呈递朝廷。②

白文固和冯大北均提到"空名赐额敕牒"与"实名赐额敕牒"。在出现时间上，冯大北认为空名赐额敕牒的鬻卖在大定年间便已出现；白文固对此持相同观点，且认为承安至崇庆年间官府卖出的全是不书名额的空名赐额敕牒。在文书格式方面，空名赐额敕牒在名额、事书部分不填写任何信息。与之对应的"实名赐额敕牒"在相应位置则会有具体的寺院信息。根据贞祐二年（1214）七月《岱岳观赐额敕牒》事书所称"买创空名印敕□□告乞书填岱岳观"，③表明空名赐额敕牒在发卖前是钤有官印的。在鬻卖程序方面，二者则有很大不同。实名赐额敕牒是自下而上的"纳缗投状"和自上而下的

---

① 白文固认为，从乞买者的角度说，原来乞买实名牒，经一次性投状纳钱，就可以买到一个寺观名额。现在乞买空名牒，第一次纳钱买得的仅是一个官方承诺，只有二次投状赐额后，才会实现乞买寺观名额的社会效果。参见白文固："金代官卖寺观名额和僧道官政策探究"，载《中国史研究》2002年第1期。

② 冯大北："金代官卖寺观名额考"，载《史学月刊》2009年第10期；冯大北："《金代官卖寺观名额和僧道官政策探究》补正"，载《宗教学研究》2010年第3期。

③ 《全金石刻文辑校》，第525页。

"敕赐名额"，空名赐额敕牒则将正常程序打乱。

通过对金大定年间赐额敕牒样式的分析，我们可以得知敕牒在填写事书与名额前已批量印制。为便于论述，暂将此种由尚书礼部批量制作而未签押、钤印的空白赐额敕牒文本命名为"赐额敕牒底本"，以区别于前文提到的在市场流通的空名赐额敕牒。请买者从地方发卖机构购买"赐额敕牒底本"，地方官府填写事书后转申礼部，礼部进行签署、画押后即为实名赐额敕牒；若"赐额敕牒底本"在批量下发地方官府时已有礼部官员签署并钤印，即为"空名赐额敕牒"，请买者既可从地方发卖机构请买空名赐额敕牒，也可从市场中直接购得。大定三年（1163）四月九日《广慈寺暨洪济禅院牒》事书中有"请到广慈寺智开圆成住持乞纳钱承买空头敕牒，书填在额给付者"之语，①大定三年（1163）《洪济院牒》事书中有"未有名额，今用钱买得空头敕一道，乞书填者"之文，②大定三年（1163）正月《太清观牒》事书中有"本县今照得王端清已纳价钱在官买得空头敕一道，乞书填施行为国焚修者"字迹，其中都提到"空头"字样，③再参考金朝后期实名赐额敕牒碑文事书内容，如大安元年（1209）五月《真清观牒》中"于东平府纳米，请买到日字号空名观额一道，乞书填为真清观者"，④崇庆元年（1212）《崇仙观牒》中"今折纳讫银钞□到空名观额一道，请书填崇仙观"，⑤《尚书礼部赐崇福院牒》中"买到空名院额，乞作崇福院"，⑥《敕赐寂照寺牒》中"于本州买到羔字第八十王号空名敕牒一道，乞书填作寂照禅院"等，其所购赐额敕牒用语皆为"空名"字样，⑦至于大定年间的"空头敕"是否即为金后期市场流传的"空名赐额敕牒"，因囿于史料，在此难于定论。同时，因在宋金皆存在官卖空名度牒现象，大定时期官卖赐额敕牒是否受影响也难一概而论。所以也不能完全排除大定年间存在官卖空名赐额敕牒的现象，只不过金后期官卖成为了主流。

---

① 《山右石刻丛编》卷一一，载《石刻史料新编》第1辑第20册，第15178页。

② 《全金石刻文辑校》，第127页。

③ 《全金石刻文辑校》，第121页。

④ 《全金石刻文辑校》，第134页。

⑤ 《全金石刻文辑校》，第510页。

⑥ 刘泽民主编：《三晋石刻大全·屯留县卷》，三晋出版社2012年版，第21页。

⑦ 《全金石刻文辑校》，第522页。

（二）赐额敕牒的保管及程序

空名赐额敕牒与实名赐额敕牒关键的区分在于流转程序不同，因而认识空名牒及实名牒生效前的"赐额敕牒底本"的制作、保管等过程至关重要。在整理赐额敕牒碑文时，笔者发现有两道赐额敕牒列衔的时间仅差一日，但列衔官员却有很大不同，现录文如下：

山西闻喜县大定三年（1163）四月初八《太清观牒》中官员列衔为：

> 令史向昇（押），主事安假，权郭（押）
> 奉议大夫、行太常博士、权员外郎刘（押）
> 中散大夫、行员外郎李
> 宣威将军、郎中耶律
> 侍郎
> 〔中奉大夫、礼部尚书、兼翰林学士承旨、知制诰修国史王〕①

山西壶关县大定三年四月九日《洪济禅院牒》的官员列衔为：

> 令史向升（押），主事安公（押）
> 朝请大夫、行太常丞权员外郎刘
> 中宪大夫、行员外郎李
> 郎中
> 侍郎
> 正奉大夫、礼部尚书、兼翰林学士承旨、知制诰修国史王②

由录文可见，大定三年（1163）四月的两道赐额敕牒发文时间仅隔一日，而列衔却不尽相同。再看，大定三年（1163）《普照禅院牒》《洪济院牒》《宁国院牒》，大定四年（1164）《特赐洪福寺牒》《洪福院牒》，大定五年（1165）《兴国寺记并牒》等在尚书礼部列官处皆为"正奉大夫、礼部尚书兼翰林学士承旨、知制诰修国史王"。而据《王兢传》，大定二年（1162）末，礼部尚书

---

① 《山右石刻丛编》卷二〇，载《石刻史料新编》第 1 集第 20 册，第 15385 页。原文最后一行列衔缺，兹据同年其他敕牒补文。
② 《山右石刻丛编》卷一一，载《石刻史料新编》第 1 辑第 20 册，第 15178 页。

王兢的官职已被连降二级，①而在大定三年（1163）、四年（1164）、五年（1165）颁发的赐额敕牒文书中，王兢的官衔却一直没有变动。因而可推测，礼部接受申请的每一道赐额敕牒并非随事而制，而是一次制作一定数量的赐额敕牒底本。即使后来礼部官员有变动或者品阶有升降，前期批量制作的底本也会继续使用。因此，我们可以排除《洪济禅院牒》和《太清观牒》等存在错刻或伪刻的情况。

批量制作后的敕牒底本保存于何处？笔者认为保管机构应为各地的发卖机构。若由尚书礼部保管，应是一批用尽之后再制作新的一批，较短时间内使用的文本应相同，而上文提及大定三年（1163）四月初八《太清观牒》与四月九日《洪济禅院牒》官员列衔却不尽相同。

关于"赐额敕牒底本"自身运转情况，大致如下：礼部官员批量制作赐额敕牒底本后，发放至各地发卖机构。若地方寺观请买，发卖机构取出保管的底本进行名额填书。之后，将填写的文本呈尚书礼部，由尚书礼部书写发文年、月、日并钤"尚书礼部之印"，此即"实名赐额敕牒"，然后交付地方。而对应的"空名赐额敕牒"，则是礼部事先将已签押加印的赐额敕牒文本交付地方发卖机构。

（三）赐额敕牒发放机构

金代负责发卖寺观名额的机构，《金史·百官志》不载。从碑刻史料来看，有发卖所发卖寺观名额之事。金代官制虽然承袭唐宋，但依旧缺乏系统性，机构设置也比较混乱，往往随事置官，②发卖所便是随官卖寺观名额之权宜之计而设置，非常制也。清代金石学家王昶曾注意到发卖所。根据王昶考证，发卖所始置于大定三年（1163），由户部差委，地方官员兼任，负责官卖度牒和寺观名额事务。从各地赐额敕牒碑记载来看，当时发卖所设置几乎遍及金代各府、州。③白文固通过大定四年（1164）闰十一月初一日《潞州集仙观牒》上的官员列衔，也认为发卖所名义上属尚书户部差委，但户部未差一员，而是由州府属官临时组成。《潞州集仙观牒》尾末列衔，如下：

---

① 《金史》卷一二五《王兢传》，第 2722 页。
② 陈茂同：《中国历代职官沿革史》，百花文艺出版社 2005 年版，第 374 页。
③ （清）王昶：《金石萃编》卷一五五，载《石刻史料新编》第 1 辑第 4 册，第 2870 页。

大定四年闰十一月初一日令史向昇（押），主事□，权冯（押）

奉议大夫、行太常博士、权员外郎刘（押）

中散大夫、行员外郎李

宣威将军、郎中耶律

侍郎

通奉大夫、礼部尚书、兼翰林学士承旨、知制诰修国史王

忠显校尉、行潞州录事、尚书户部差委发卖度牒名额李伯杰

节度判官（缺），管勾发卖名额等本司裴裕，书填名额人裴亨①

上文前 6 行是赐额敕牒最为常见的列衔方式，后 2 行是书写于赐额敕牒文本还是刻碑者依据其他文书添刻，因仅见于此碑尚无从断定。但从"潞州录事""尚书户部差委""本司"等字，可以推断发卖赐额敕牒的机构在地方。白文固认为，大定五年（1165）金世宗诏罢鬻卖额牒事务后，遍布各地的发卖所也随之而废；在金后期的鬻卖活动中，也不见发卖所的史料。②冯大北认为这一机构在金后期仍有设置，负责名额的发卖，到金宣宗时，由尚书省令转运司或京府节镇长官充任。③金代后期的赐额敕牒中虽不见发卖所一词，但多有为"各路运司院额"字样，据此可以推测在鬻卖赐额敕牒过程中，始终存在类似发卖所的机构。若如王昶所言，大定三年（1163）后始置发卖所，那么大定二年（1162）牒文所称各路转运司同样发挥了类似发卖所的功用。发卖所的职责是审核寺额请买书、"合着钱数"，保管、书填赐额敕牒并转申礼部，在寺观名额申请者与礼部之间承担沟通、枢纽作用。金后期赐额敕牒碑中不见发卖所事例，但金后期确有发卖名额之机构，囿于史料，目前无从考究。

（四）寺观名额请买条件和申批

大定二年（1162），"乃诏有司：凡天下之都邑山川若寺若院，而名籍未正、额非旧赐者，悉许佐助县官，皆得赐以新命"。④"名籍未正"即未经本朝

---

① 《山右石刻丛编》卷二〇，载《石刻史料新编》第 1 辑第 20 册，第 15392 页。

② 参见白文固："金代官卖寺观名额和僧道官政策探究"，载《中国史研究》2002 年第 1 期；

③ 参见冯大北："金代官卖寺观名额考"，载《史学月刊》2009 年第 10 期；冯大北："《金代官卖寺观名额和僧道官政策探究》补正"，载《宗教学研究》2010 年第 3 期。

④ （清）张金吾辑：《金文最》卷三五，广陵古籍刻印社 1988 年版，第 10 册第 9 页。

赐额而私立存在，"额非旧赐"指现有名额非前朝赐予，此两种寺观为无额寺观，皆需申买名额。大定三年（1163）《大金涞水大明寺碑》也记载，"非官建及无旧据所授名"寺观要向政府申购名额，[①]拥有前朝赐额，诸如赐额敕牒文书原件等文字凭据的寺观则无须纳钱购买名额。因而"未列通籍者，听纳赀请名"，[②]则为金代获得官方名额的必要条件。

纳赀请名即纳缗投状。"纳缗投状"，指寺观僧道向朝廷缴纳钱粮并呈递请买寺观名额状。"纳缗"是请得寺观名额的根本条件，"投状"则是请买、审批的程序。金代请买寺观名额状内容、纳缗钱数等史籍中无明确记载。赐额敕牒碑刻中的"事书"为我们了解此方面信息提供了宝贵的史料。有少数事书列出寺观的建筑数，如泰安大定二年（1162）二月《四禅寺牒》中"本庵房屋系五十间以上"，河南焦作武陟大定三年（1163）《洪济院牒》"本院有屋共一十五间"，河南开封博物馆藏大定三年二月二十八日《荐福禅院牒》中"见有佛堂僧舍等屋共一十三间"等记载，[③]但不见一例载有功德佛像数与僧道数的碑文。这不同于唐宋时期申请赐额文状时所需列明始建年代、僧尼数、建筑数以及功德佛像数等条件。[④]在金代，纳钱似乎是请买名额的唯一标准。

那么谁有资格负责寺、院、观、庵的请买状告与申请呢？根据碑文史料来看，并无严格限制，具体状告人也会随寺院的创制途径不同而略有差异。金代寺观的生成主要有创建、修盖、承买、前朝存留等方式。[⑤]至于具体状告人身份类别，主要有以下几种类别。

---

① 《北京图书馆藏中国历代石刻拓本汇编》第 46 册，第 74 页。

② 《山右石刻丛编》卷二一《太清观记》，载《石刻史料新编》第 1 辑第 20 册，第 15410 页。

③ 泰安大定二年二月《四禅寺牒》，载《全金石刻文辑校》，第 176 页；焦作武陟大定三年（1163）《洪济院牒》，载《全金石刻文辑校》，第 127 页；大定三年（1163）《荐福禅院牒》，载《北京图书馆藏中国历代石刻拓本汇编》第 46 册，第 114 页。

④ 冯大北："金代官卖寺观名额考"，载《史学月刊》2009 年第 10 期。

⑤ "创建"，如大定二年十月十四日《福胜院牒》"平阳府赵城县崇胜院僧法□状告，有本县郭下宝济社创建下院□□来别无名额"，载张培莲主编：《三晋石刻大全·盐湖区卷》，三晋出版社 2009 年版，第 42 页。"修盖"，大定三年七月牒《太清观牒》"河中府天宁观道士李敏修状告猗氏县郭下有修盖到北极三清殿舍一所，自来别无名额"，载《全金石刻文辑校》，第 121 页。"承买"，大定四年六月《尚书礼部赐院洪福禅院牒》"潞州知度院德净，状告承买上党县西李大悲菩萨殿，自来别无名额"，载张培莲主编：《三晋石刻大全·长治县卷》，三晋出版社 2012 年版，第 55 页。"前朝存留"，大定二年三月牒《显庆寺牒并记》"滕阳军郭下空寂院僧宗源并法眷僧印□印智，状告本院系存留，已纳讫着钱数，乞立寺名，勘会是实，须至给赐者"，载《北京图书馆藏中国历代石刻拓本汇编》第 47 册，第 6 页。

一是寺院主僧,如大定二年(1162)《敕赐大云寺牒》所载:

> 解州安邑县第四都杨包村寺主僧惠状告:本院自来别无名额,已纳讫合着钱数,乞立寺名。①

大云寺名额的申请者是寺主僧惠。在赐额敕牒碑中,以寺主、住持身份状告申请者占据多数,诸如大定二年(1162)八月二十一日《普恩院牒》,九月三日《赵同村福祥院尚书礼部牒并记》,九月十四日《明月山大明禅院记》,大定二年(1162)《龙泉寺牒》,大定四年(1164)《敕赐慈云院牒》等。

二是僧道群体,如《朝元观赐额敕牒碑》载有大定三年(1163)申请牒文状:

> 平阳府神山县天圣观道士陈宗诲、张居远、张知机、李居寿状告:本县南厢有下观一所,自来别无名额,已纳讫金银折计钱三百贯,乞立观名。②

三是村民与僧人,如大定三年(1163)《龙岩寺赐额敕牒碑》记载:

> 泽州陵川县梁泉村老人秦厚等同僧王智远状告:本村院自来别无名额,纳讫□□钱□□寺名勘会□实□□□赐□③

此则史料反映出陵川县梁泉村老人秦厚等人与僧人王智远一起状告申请。贞祐二年(1214)《玉清观牒》:"住持道士王志清,同庙主孔元琇并道人柴浩然承进:依奉奏格,补助军储,合行给观额者。"④这也是僧民共同请买情况的反映。

四是村民群体,如大定三年(1163)《法云禅院碑》载:

> 定州曲阳县南马村僧善照、明道村人甄宝等状告:本院自来别无名

---

① 刘泽民主编:《三晋石刻大全·盐湖区卷》,三晋出版社2010年版,第34页。
② 《全金石刻文辑校》,第126页。
③ 《全金石刻文辑校》,第124页。
④ 《全金石刻文辑校》,第526页。

额，今纳讫钱，乞立法云禅院。勘会是实，须合给赐者。①

　　村民群体状告、申请、乞买名额的事例在敕牒碑中不多见，多是村民基于信仰需求与合意乞立寺观，同时邀请僧道任寺观主持，请买过程中僧道并未参与。如大定四年（1164）《集仙观牒》即是如此：

　　　　潞州潞城县当村住人史信等状告：自来本村有道堂一所，别无名额，今折纳讫粟金壹伯贯，乞立集仙观。信等请到天宁观道士王□□主持。勘会是实，须合给赐者。②

　　尽管赐额敕牒事书内容长短不一，但都含有某某地某某人纳钱乞立某某名额等基本要素，此外部分事书中含有的寺院具体信息。"勘会"意为核实，对象是纳讫钱数与请状的内容。如大定三年（1163）《宁国院牒》记载：

　　　　尚书户部差委京兆府发卖所。据京兆府高陵县润国乡郭桥中社院主僧宗仁状告：有见住本院自来别无名额，已纳讫合着钱一百贯文，乞立宁国院名额。勘会是实，须合给赐者。③

　　一般在递交请状前预先交纳钱款，纳钱处与勘验处并非一个部门。山东泰安徂徕山大定十二年（1172）《四禅寺赐额敕牒碑》载刻："依奉上畔，已经本军军资库纳讫合着钱数，乞立寺额，须合给赐者。"④说明乞立名额前先赴军资库缴纳欠款，这也符合实施官卖名额是为了筹集军资的时代背景。

---

①《北京图书馆藏中国历代石刻拓本汇编》第46册，112页。
②《全金石刻文辑校》，第131页。
③ 董国柱：《高陵碑石》，三秦出版社1993年版，第19页。
④《全金石刻文辑校》，第176页。

元代《府学公据碑》及公据文书初探

王梦光[*]

【摘要】《府学公据》是元至元十三年（1276）京兆路府学依据元世祖圣旨而申请，由安西王相府颁发，用以保护府学田土和房舍免遭侵占的凭证性文书。《府学公据碑》是将该公据刻立于石而形成的公文碑，比较完整地保留了元代初期公据文书的格式，可作为"准文书"进行研究。本文根据《府学公据碑》并结合其他碑刻资料，分析元代公据文书的基本格式、固定用语等，进而归纳公据文书的特点和功用。

【关键词】元代公文　府学公据　京兆府学　王相府

自秦汉始，文书行政逐渐成为中国古代政府治理的基本方式。当下中国史学研究已深入到文书层面，中国古代公文研究日益引起国内外学者的关注。公据从北宋肇兴，南宋已相当成熟，是中央及地方官府颁发的行政文书，沿用至元代。公据的适用范围较为广泛，本文研究指向的公据是指狭义上的公据，即中央及地方官府颁发给寺观、儒学等用于确认权利、明确归属意义上的凭据文书。[①]对中国古代公文的研究，学界比较关注文书的格式、传递、功能等，进而把握中国古代政府的行政运作过程。当前对公据文书的研究主要在元代，国内外学者主要从宗教、文书内容、样式及碑刻补史与证史等方

---

* 王梦光，中国政法大学 2015 级历史文献学专业硕士研究生，硕士论文为《宋金元公据碑整理与研究》，2018 年完成。

① 公据的适用领域比较广，宋金元时期公据可用于商贸通关、贸易许可、票据、版权保护、课税后换取茶引凭据等。龚延明在《宋代官制辞典》中把公据定义为二：其一"官府出给的一种证明某种资格或事实的文书，具有行政效力"；其二为"交易的证券。"参见拙作《宋金元公据碑整理与研究》，中国政法大学 2018 年硕士论文；龚延明编著：《宋代官制辞典》，中华书局 1997 年版，第628 页。

面进行个案研究。①

　　《府学公据碑》是学者研究西安府学史、西安碑林史、元代公文等内容的重要依据，但从文书学和法律史角度展开的研究较为有限。如《金石萃编未刊稿》②《西安碑林史》③《法制"镂之金石"传统与明清碑禁体系》④等录其碑文，《陕西石刻文献目录集存》⑤《明清西安词典》⑥等仅对该碑信息和碑文内容有简要介绍。路远根据《府学公据碑》研究京兆府学所处的位置、组成与建设规模。⑦李雪梅注意到元代公据文书在申请或核准程序中往往引用圣旨，以增强法律依据。⑧此外，照那斯图与罗·乌兰关注到该碑的八思巴文事目。⑨日本学者小林隆道分析了该碑落款处年月日字体设计的独特性。⑩本文以至元十四年（1277）《府学公据碑》为例，探究元代公据的格式、用语、文书结构及传递路径，进而归纳元代公据的基本格式、用语规范及公文结构，探究公据文书的传递路径，最后结合元代其他公据碑，探寻元代公据的一般特征。

　　① 详见〔日〕高桥文治："张留孙的登场前后——从发给文书看蒙古时代的道教"，载《东洋史研究》1997年第1号（第56卷），第66~96页；刘晓："元代道教公文初探——以《承天观公据》和《灵应观乙住持札付碑》为中心"，载《东方学报》第86册，京都，2011年，第67~92页；照那斯图、罗·乌兰："释《庆元儒学洋山砂岸复业公据》中的八思巴文"，载《文物》2008年第8期，第74~76页；〔日〕小林隆道："苏州玄妙观元碑《天庆观甲乙部符公据》考——兼论宋元交替时期的宋代'文书'"，载邓小南等主编：《宋史研究论文集（2010）》，湖北人民出版社2011年版，第88~112页，本注释以下出版信息省略；章国庆："元《庆元儒学洋山砂岸复业公据》碑考辨"，载《东方博物》2008年第3期，第62~71页。

　　② （清）王昶著，罗振玉编：《金石萃编未刻稿》，载林荣华校编：《石刻史料新编》第1辑第5册，台北新文丰出版公司1982年版，第3627页。

　　③ 路远：《西安碑林史》，西安出版社1998年版，第524~525页。

　　④ 李雪梅：《法制"镂之金石"传统与明清碑禁体系》，中华书局2015年版，第105页。

　　⑤ 李慧主编：《陕西石刻文献目录集存》，三秦出版社1990年版，第304页。

　　⑥ 张永禄编：《明清西安词典》，陕西人民出版社1999年版，第643页。

　　⑦ 为表示对中国古代及近现代学者学术成果的尊敬，本文参考与援引的著论作者，尊称"金石学家""先生"等，然为行文方便计，文中略去尊称。

　　⑧ 路远编：《走进西安碑林》，未来出版社2014年版，第42~44页。

　　⑨ 照那斯图、罗·乌兰："释《庆元儒学洋山砂岸复业公据》中的八思巴文"，载《文物》2008年第8期，第76页。

　　⑩ 〔日〕小林隆道："苏州玄妙观元碑《天庆观甲乙部符公据》考——兼论宋元交替时期的宋代'文书'"，载《宋史研究论文集（2010）》，第98~99页。

一、《府学公据》与《府学公据碑》

《府学公据》是元世祖至元十三年（1276）京兆路府学为保护府学免遭毁坏、侵占而向安西王相府申请出给的凭证性文书。京兆路府学，宋为京兆府府学，景祐元年（1034）知永兴军府事范雍在文宣王庙内及附近建造学舍，始有京兆府学。宋崇宁二年（1103），虞策主持搬迁府学至京兆府东南，碑林也建于此。[1]京兆府学和碑林在宋金、蒙金战争中，饱经战火摧残，金、元均有多次修缮。现今陕西西安保留有规模宏大的碑林，《府学公据碑》即立于西安碑林博物院第六展室内。[2]

该公据发文于元至元十三年（1276）十二月十三日，据碑文第二截《重立文庙诸碑记》可知，石碑刻立于至元十四年（1277）正月十五日。京兆府学学正骆天骧书丹，府学生王仁刊刻。第二截碑记由府学教授孟文昌撰文。碑高156厘米，宽63厘米，厚24厘米。碑额竖题"府学公据"四字，隶书（见图1）。该碑碑阴包括上截《府学公据》和下截《重立文庙诸碑记》（见图2）。上截有字21行，行字数不等，下截有字22行，行24字，皆楷书。[3]下截《重立文庙诸碑记》，记述了提举司案牍雷时中[4]和总管任佐[5]出资增葺修绘文庙和修复碑林名碑之事。

当前所见该碑的命名，多以碑阴上、下两截的碑题各自命名，此外亦有命名为《京兆府学公据碑》[6]《府学公据并重立文庙碑记》[7]《府学公据并重立文庙诸碑记》[8]。一通碑被冠以多名，实亦有之，然未知该碑实况者，难免产

---

① 路远编：《走进西安碑林》，未来出版社2014年版，第42~44页。

② 《府学公据并重立文庙诸碑记》现存于西安碑林博物院第六展室内，碑阳上截为《府学公据》、下截为《重立文庙诸碑记》，碑阴为《刘希文墓碣》。

③ 参见高陕主编：《西安碑林全集》卷三〇，广东经济出版社、海天出版社1999年版，第2969页。本注释以下出版信息省略。

④ 据《重立文庙诸碑记》碑文，雷时中，字敬之，领提举司案牍，不见正史。

⑤ "佐"字，《西安碑林全集》释作"佑"字，《西安碑林史》释作"佐"。据石碑拓片字形，当释为"佐"。任佐，不见正史，据碑文其职为总管。《西安碑林全集》卷三〇，第2969页；路远：《西安碑林史》，西安出版社1998年版，第526页。

⑥ 参见〔日〕小林隆道："苏州玄妙观元碑《天庆观甲乙部符公据》考——兼论宋元交替时期的宋代'文书'"，载《宋史研究论文集（2010）》，第88页。

⑦ 金其桢：《中国碑文化》，重庆出版社2002年版，第599页。

⑧ 西安碑林博物馆编：《碑林集刊》第14辑，上海科学技术出版社2009年版，第272页。

生误解，因此有必要对该碑进行统一命名。该碑上截为公据文书，下截为碑记，内容均指向京兆府学，因此可沿用"府学公据并重立文庙诸碑记"一名。本文以上截《府学公据》为主，为行文便利起见，亦沿用《府学公据碑》之称。

《府学公据碑》整体包含碑额、碑文与落款三部分。碑文内容大致可分为三部分，首先是京兆府学教授孟文昌申请公据的呈文；其次是王相府对京兆府学申请的处理结论；最后由王相府出给公据，详细列举了府学的财产范围。现据碑石拓片录文并句读如下 ①：

【碑额】

府学

公据

【碑文】

01 皇帝圣旨里

02　皇子安西王令旨 ②里

03　　　　王相府。据京兆路府学教授孟文昌 ③呈："照得先钦奉

04 圣旨节文：'道与陕西等路宣抚司并达鲁花赤、管民官、管匠人、打捕诸头目，及诸军马使臣人等：

05　　　宣圣庙，

06　国家岁时致祭，诸儒月朔释奠，宜恒令洒扫修洁。今后禁约诸官员、使臣、军马，无得于庙宇内安

07　　　　下或聚集，理问词讼，及亵渎饮宴，管工匠官不得于其中营造，违者治罪。管内凡有书院，

---

①　碑文参考（清）王昶著，罗振玉编：《金石萃编未刻稿》，《石刻史料新编》第 1 辑第 5 册，第 3627 页。

②　元代的令旨，是指由皇太子、太子、诸王颁发的旨书。参见祖生利、〔日〕船田善之："元代白话碑文的体例初探"，载《中国史研究》2006 年第 3 期，第 127 页。

③　孟文昌，至元十四年任安西王王府典书与京兆路府学教授，不见正史。参见李修生主编：《全元文》第 13 集，江苏古籍出版社 1999 年版，第 480 页。

08　　　　　亦不得令诸人搔扰，使臣安下。钦此。'①阜职切见府学成德堂书院地土四至：东至庙，西至泮

09　　　　　壕，南至城巷，北至王通判宅，可。四至内地土及房舍，诚恐日久官司占作廨宇，或邻佑人等

10　　　　　侵占，乞给付公据事。"相府准呈，今给公据付府学收执。仍□□仰诸官府并使臣、军匠、

11　　　　　人□等，钦依

12 圣旨事意，无得搔扰。安下及邻佑人等，亦不得将府学房舍四至地基侵占。须议出给公据者。

13　　　　　一、成德堂七间，计五十六椽。东廊一十间，计四十椽。西廊九间，计三十六椽。

14　　　　　缄膳厅三间，计一十四椽。厨房三间，计一十二椽。勃海舍三间，计六椽。

15　　　　　门屋三间，计一十二椽。门西舍三间，计六椽。又舍三间，计六椽。

16　　　　　土地堂一间，计三椽。门东舍二间，计八椽。又旧舍三间，计一十二椽。

17　　　　　一、采芹堂七间，计四十二椽。门屋一间，计二椽。

18　　　　　一、西院正堂七间，计四十二椽。厨房三间，计一十二椽。小舍三间，计六椽。

19　　　　　右给付京兆路府学收执，准此。

20　　　　　（八思巴文，见图3）

21　　　　　至元十三年十二月（印）十三日　押　押

---

① 《通制条格》卷二七"杂令·文庙亵渎"条载："中统二年六月，钦奉圣旨：道与平阳等路宣抚司并达鲁花赤、管民官、管匠人打捕诸头目，及诸军马使臣人等，宜圣庙国家岁时致祭，诸儒月朔释奠，宜恒令洒扫修洁。今后禁约诸官员、使臣、军马，无得于庙宇内安下，或聚集理问词讼及亵渎饮宴，管工匠官不得于其中营造，违者治罪。管内凡有书院，亦不得令诸人骚扰，使臣安下。钦此。"参见方龄贵校注：《通制条格校注》，中华书局2001年版，第630页。

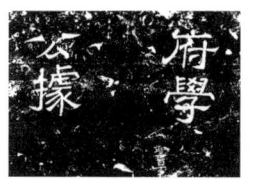

图1 《府学公据碑》碑额①

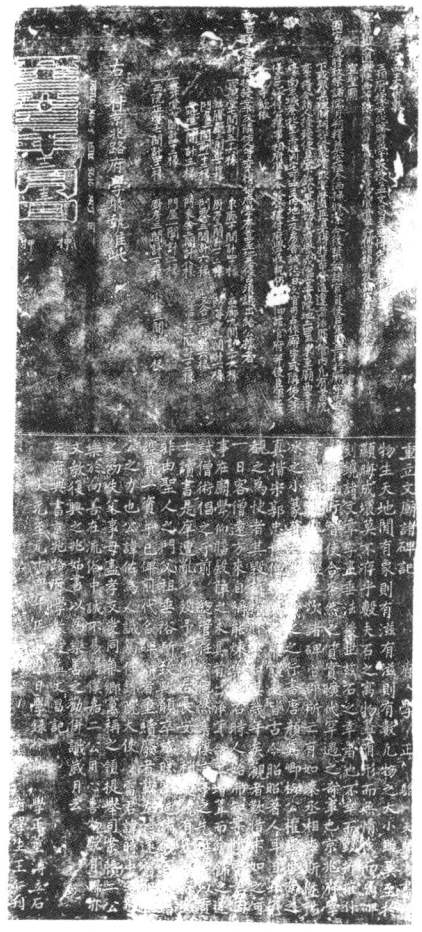

图2《府学公据并重立文庙诸碑记》②

① 图片采自《西安碑林全集》卷三〇，第2972页。

② 图片采自北京图书馆金石组编：《北京图书馆藏中国历代石刻拓本汇编》第48册，中州古籍出版社1989年版，第72页。本注释以下出版信息省略。

二、文书格式与行政路径

宋元史研究者认为，对公文书的利用，首先需要立足于对文书原件的基础研究。在元代现存文书原件有限的情况下，研究者越来越关注石刻"文书"。他们把石刻"文书"中保存的传世文献史料所不具有的一些信息，称之为"准文书"。①《府学公据碑》比较清晰和完整的保留了文书的内容、格式与样貌，可以把"府学公据碑"作为"准文书"进行研究。

（一）文书格式、用语与结构

从文书的角度，《府学公据》展示了公据文书的基本格式特点。碑首，用元代公文常用语"皇帝圣旨里"；落款处有八思巴文事目（见图3），照那斯图、罗·乌兰将其意译为"为成德堂所颁［公据］"②；元代特殊的年款字体与样式，如双勾体"至元十三年"和"月""日"，用"十"而非"拾"字，"年"与"月"右侧有"印"字，且年款下有两个押字，这些特征亦可在其他格式较完整的元代公据碑中看到。③《府学公据碑》的文书格式较为规范，具有严格的抬行和空格。然而遗憾的是，落款未有署名，且已不能看到位于年月处的印章（元代公据碑通常在公据颁发的年款之月日处加盖印章）。就署名而言，至元十五年（1279）的《香山观音寺地界公据碑》④也没有署名（见图4），但落款处年月下有画押符号和署姓，并且钤于年月处的印章也十分明显；延祐二年（1315）的《庆元儒学洋山砂岸复业公据》⑤有署名，但未署明官衔（见图5）。笔者怀疑元初公据在落款署名上，尚未有严格的规范要求。

---

① 参见〔日〕小林隆道："苏州玄妙观元碑《天庆观甲乙部符公据》考——兼论宋元交替时期的宋代'文书'"，载《宋史研究论文集（2010）》，第88~89页。

② 照那斯图、罗·乌兰："释《庆元儒学洋山砂岸复业公据》中的八思巴文"，载《文物》2008年第8期，第75页。

③ 小林隆道认为元代年款"至元十三年"的样式是盖章式，用"十"而不用"拾"字，也可能是基于这种设计。参见〔日〕小林隆道："苏州玄妙观元碑《天庆观甲乙部符公据》考——兼论宋元交替时期的宋代'文书'"，载《宋史研究论文集（2010）》，第98页；照那斯图、罗·乌兰："释《庆元儒学洋山砂岸复业公据》中的八思巴文"，载《文物》2008年第8期，第75页。

④ 《北京图书馆藏中国历代石刻拓本汇编》第48册，第76页。

⑤ 拓片可见章国庆："元《庆元儒学洋山砂岸复业公据》碑考辨"，载《东方博物》2008年第3期，第65页；照那斯图、罗·乌兰的《释〈庆元儒学洋山砂岸复业公据〉中的八思巴文》一文，含有该碑落款放大版拓片。

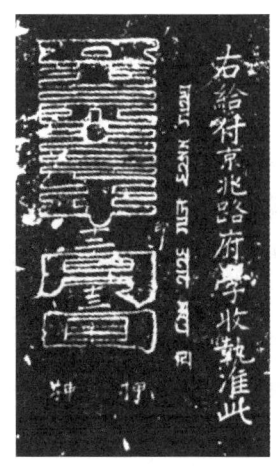

图 3 《府学公据碑》落款

图 4 《香山观音寺地界公据碑》落款 ①

图 5 《庆元儒学洋山砂岸复业公据碑》落款 ②

据《府学公据碑》，元代公据文书的基本格式如下：

> 皇帝圣旨里。
>
> 　　某某（给）。据某某呈（状）：某某事。
>
> 　　　须议出给公据者。
>
> 　　某某。
>
> 　右给付某某收执。准此。
>
> 　八思巴文事目
>
> 年月日（印）（押）

公文第一个"某某"是发文机构，一些公据碑会明确指出是"某某给"，如蒙古窝阔台己亥年（1239）十月的《通玄观公据》③，其用语是"平阳府和川县给"。"据某某呈：某某事"是公据的申请文书，前一个"某某"是申请者，今所见蒙元公据碑的公据申请者多是寺观和儒学，其开头语一般为"据

---

① 《北京图书馆藏中国历代石刻拓本汇编》第 48 册，第 76 页。

② 图片由李雪梅教授提供，2016 年 2 月 12 日拍摄。

③ 《通玄观公据》刻于《重修通玄观记》碑阴，参见高剑峰主编：《三晋石刻大全·临汾市安泽县卷》，三晋出版社 2012 年版，第 23 页。

某某状（或状告）"，而这里孟文昌是府学教授并兼安西王府典书，属公职人员，因此用呈文。"某某事"是申请的事项，往往会说明申请的原因和内容。元代公文多引用圣旨，因此在公据申请部分会常见援引的圣旨原文。

"须议出给公据者。某某"中的"某某"是指申请保护的具体内容，通常是田土四至、房屋等。如《府学公据碑》般专门列明保护对象的元代公据文书，并不多见，一般情况下，会在文书申请部分指明。与此类似的还有蒙古窝阔台十一年（1239）的《通玄观公据》、至元元年（1264）《龙泉观公据》①等。

"右给付某某收执"的"某某"是文书下达的对象，其收执者通常是寺观或儒学的主持者，有时直接书写寺观或儒学的名称。这里给付的是府学，收执者应是当时京兆府学的实际掌管者。当时北方府学设置有儒学提举、提学、教授、学正、学录等职，京兆路府学在至元十三、十四年有教授李庭、孟文昌，②未知当时府学是否设有儒学提举与提举学校官。

"皇帝圣旨里""须议出给公据者""右给付……收执"是元代公据文书的固定用语。船田善之认为元代"皇帝圣旨里"用于"法旨、钧旨、官厅发给文书的开头"，这种固定语化在至元年间中期已经开始。③从公据碑来看，"皇帝圣旨里"用语在北方汉语地区于至元前后已开始使用，并趋于常规化。如蒙古乃真马后称制元年（1242）山西永济《普救寺公据》使用"皇帝圣旨里"，蒙哥三年（1248）山西平遥《太平崇圣宫公据碑》④使用"蒙哥皇帝圣旨里"，忽必烈至元元年（1264）河南扶沟《龙泉观公据碑》用"皇帝圣旨里"，至元四年（1267）山东沂州《颐真庵公据碑》⑤也使用"皇帝圣旨里"，但蒙古大朝甲辰年（1244）山西高平《十方慈教院公据碑》⑥未使用该用语，说明"皇帝圣旨里"用语在窝阔台时期已有使用，在至元初逐渐成为一种规

---

① 陈垣编撰，陈智超、曾庆瑛校补：《道家金石略》，文物出版社1980年版，第1094页。

② 参见蔡春娟："忽必烈时期北方的提举学校官与教授"，载黄正建主编，中国社会科学院历史所隋唐宋辽金元史研究室编：《隋唐辽宋金元史论丛》第3辑，上海古籍出版社2013年版，第313~318页。

③ 〔日〕船田善之："通过《灵岩寺执照碑》碑阳所刻文书所见元代文书行政的一个断面"，载《亚洲·非洲言语文化研究》2005年（第70号），第176页。

④ 参见高剑峰主编：《三晋石刻大全·临汾市安泽县卷》，三晋出版社2012年版，第513页。

⑤ 陈垣编撰，陈智超、曾庆瑛校补：《道家金石略》，文物出版社1980年版，第1097页。

⑥ 常书铭主编：《三晋石刻大全·晋城市高平市卷》，三晋出版社2011年版，第47页。

范化的公文用语。

皇帝圣旨里在至元初已行用于县级机构，至元元年（1264）《龙泉观公据》即是由扶沟县颁发给龙泉观的公据。另外，"皇子安西王令旨里"，也是公文用语，用于具有特定身份的公文发出者，类似的还有"皇后懿旨里"等。

元代不同时期的公据碑，在规范用语上会略有不同。如《府学公据碑》用"须议出给公据者"，在蒙古戊戌年（1238）的《凤翔长春观公据碑》[①]中用的是"合行出给者"，大朝甲辰年的《十方慈教公据碑》中用"须至出给者"等，然亦可认定其为公文固定用语。

《府学公据》的发文机构是"王相府"，文书下达对象是京兆府学。根据碑文呈现的文书结构，可将取得公据的流程分为四个步骤，即申请、勘查、结论（或处理办法）和出给公据。以《府学公据碑》为例，京兆府学申请，王相府做出给付公据结论，并在文书中表明处理态度，最后出给公据。其中勘查一项不很明晰，但公据文书中书写了具体的保护标的，说明对府学的资产进行了官方认可的统计，或者是京兆府学的历史传承、官方地位及府学财产范围明确且不存在争议。

（二）文书之传递路径

《府学公据》是安西王相府直接颁发给京兆路府学的公据文书，其文书传递路径是"王相府→京兆府学"。然而从安西王相府发出的公据是如何送达府学？安西王相府治所在京兆，京兆路府学亦在京兆，且公据申请者孟文昌身兼安西王府典书[②]，因此公据的传递极可能由王相府直接出给并送达府学，也可能通过府学教授孟文昌直接交给府学主持者。此外，亦有可能经由京兆路总管府送达京兆府学。

京兆府学申请公据的目的是确定府学的财产范围，防止豪强或官司侵占府学的田土和房舍。王相府颁发公据给府学，除明确府学财产权属并表明保护府学财产的态度外，尚有对外宣示作用。府学除获得具有"护身符"性质的公据外，也需要宣示的效用。而碑刻恰恰具有宣示的功能，且公文级别越高则宣示效果越大。因此，府学选择向王相府申请公据而非京兆路总管府，

---

① 蔡美彪编著：《元代白话碑集录》（修订版），中国社会科学出版社2017年版，第18页。

② 《重立文庙诸碑记》载："王府典书、京兆路府学教授孟文昌。"参见本文后附碑文整理第20行。

并且王相府于至元十三年（1276）十二月十三日颁发公据，府学在至元十四年（1277）正月望日即已立碑，也说明了这点。从这个角度看，由王相府直接送达府学更具权威性。

公据文书往往只书写公文的发文机构和收执者，文书传递的具体路径却不能直观得知。笔者认为《府学公据》文书传递路径的另一种可能是"安西王相府→京兆路总管府→京兆府学"。元至元十三年（1276），京兆路的最高权力拥有者是安西王及其掌管下的安西王相府，在此之下居于京兆府学之间的有陕西四川行中书省和京兆路总管府。但至元十年（1273）安西王相府成立后，陕西四川行中书省的职权逐渐被王相府取代，①因此陕西四川行中书省与文书的传递无关。

《类编长安志》载："已下八州十二县，系圣朝初管京兆路州县。至元十四年，改京兆府为安西路总管府。"②至元十三年（1276）的《大元国京兆府重修宣圣庙记》中写道，"命京兆总管府判寇君元德董其役，经始于至元七年之冬，断手与明年之夏"，"至元十三年九月，昭勇大将军、京兆路总管兼府尹诸军奥鲁总领营缮使司大使赵炳立石"。③由此可见，当时京兆路总管府依然设置。此外，黄永年也断定，这里的府学即京兆路总管府的府学。④《元史·赵炳传》载："（世祖）至元九年，帝念关中重地……授炳京兆路总管，兼府尹。"⑤据此可见，京兆路总管府依然发挥着重要的行政职能。

从行政效用上，公据传递通过京兆路总管府，正好可以把元世祖保护儒学，禁止亵渎、骚扰和破坏儒学的圣旨在总管府进行重申，同时亦可由总管府告诫其治下各司官吏，遵奉圣旨，保护府学及各府县的学校，无得侵占、破坏。但从碑文本身不能直接看出公据文书的传递经过京兆路总管府。

（三）与宋代儒学公据文书比较

公据文书肇始于宋，至元代时，公据文书的格式更加规范。元代公据文书的样式与宋金有很大不同，小林隆道已关注到这种区别，并指出元代公据

---

① 参见杜文玉主编：《陕西简史》，陕西师范大学出版社 2014 年版，第 343 页。

② （元）骆天骧撰，黄永年点校：《类编长安志》，中华书局 1990 年版，第 21 页。

③ 路远：《西安碑林史》，西安出版社 1998 年版，第 522~523 页。

④ 参见黄永年：《黄永年古籍序跋述论集》，中华书局 2007 年版，第 201 页。

⑤ 《元史》卷一六三《赵炳传》，中华书局 1976 年版，第 3836 页。本注释以下出版信息省略。

文书在用语与落款处的独特性。①尽管宋元文书样式存在区别，然而在文书格式与文书结构方面，呈现出宋元公据文书的传承性。本文以淳祐五年（1245）《无锡县学淳祐癸卯续增养士田记》②为例，比较宋元公据文书的区别与继承。

《无锡县学淳祐癸卯续增养士田记》包括淳祐三年（1243）闰八月常州府颁发给无锡县学的续增养士学田公据和淳祐三年十月两浙西路转运副使颁给无锡县的帖文。前者公据的主要内容是无锡县学向常州府、两浙西路提举司申请把无锡县抄没的尤梓田产拨付给县学用于养士之事，常州府颁发公据予县学并准县学立碑。据《无锡县学淳祐癸卯续增养士田记》（见图6）的内容③，可归纳无锡县学公据的格式大体如下：

> 某州
>> 据某某状：某事云云。
> 右今出给公据付某某收执。
> 永远照应。年月（印）日给
>> 使　　　（押）
> 具官

---

① 参见〔日〕小林隆道："苏州玄妙观元碑《天庆观甲乙部符公据》考——兼论宋元交替时期的宋代'文书'"，载《宋史研究论文集（2010）》第98页。

② 缪荃孙：《江苏通志稿》卷一七《无锡县学淳祐癸卯续增养士田记》，参见《石刻史料新编》第1辑第13册，第9874~9875页。

③ 拓片由李雪梅教授提供，另该碑完整拓片及介绍可见李雪梅：《法制"镂之金石"传统与明清碑禁体系》，中华书局2015年版，第109页。

图 6《无锡县学淳祐癸卯续增养士田记》

比较"无锡县学公据"与"府学公据"的格式，明显的区别表现在公文起首用语和空格、抬行。元代至元以后公文固化用语"皇帝圣旨里"，宋代公据文书不存在。从碑石可直观的看到，"府学公据"具有明显的抬行和空格规范，从文书当中可呈现出官方的权威和威严。相比之下，宋代公据在落款处无事目，年月日后往往有"给"字，有印但无押，而且宋代公据文书通常较少引用圣旨。

宋元公据文书的相似之处，如公文开头均有颁发机构，往往单独成行；都有申请者的状或奏、呈；都有文书结尾语，且用语相似，表现为"须议出给公据者"或"须至公据"。虽然"无锡县学公据"未见有结尾语，但宋代的公据文书通常是有结尾语的，如大中祥符二年（1009）禹县《禹县白马寺产公据碑》①有"须至公据者"，崇宁四年（1105）《西京永安县碑》②有"合行出给公据"，嘉熙二年（1238）《湘山寺创库资金公据碑》③中有"须至公据"。和"无锡县学公据"一样也未使用结尾语的，如绍圣五年（1098）《合

---

① 孙进己、孙海编：《中国考古集成》，中州古籍出版社 1999 年版，第 842 页。

② 赵宝俊：《少林寺》，上海人民出版社 1982 年版，第 58～59 页。

③ 《北京图书馆藏中国历代石刻拓本汇编》第 44 册，第 86 页。

阳县戒香寺碑》①，说明宋代公据文书的格式还不固定。

宋代公据文书中"右出给公据付某某收执"是故常用语，但表述会略有不同。如绍圣五年（1098）《合阳县戒香寺碑》表现为"右给某某公据付某某"，崇宁四年（1105）《西京永安县碑》表现为"右公据付某某收执"。此外，元代公据文书常用语"右出给公据付某某收执"后常有"准此"二字，宋代亦可见，如崇宁四年（1105）《西京永安县碑》，但比较少见，常见的如"照使施行，无得失坠""永远照会""照应"等用法，"无锡县学公据"使用的是"永远照应"。

在文书结构方面，"无锡县学公据"与"京兆府学公据"大致相似。首先是无锡县学学长申请公据的状文，接着是勘查，然后是勘查后的结论，最后是出给公据。在宋代公据文书传递路径上，小林隆道依据《天庆观甲乙部符公据》作了较为深入的研究，本文不再赘述。②

三、《府学公据》之因由与功能

现所知元代公据，颁发机构多为府州或县。由路一级颁发的公据如元延祐二年（1315）《庆元儒学洋山砂岸复业公据》，该是庆元路儒学针对沿海翼万户（原沿海都元帅府）石抹良辅侵占学田之事，经过长期诉讼，最后由庆元路总管府出给确权公据。③此类行政级别颁发的公据，并不多见。而《府学公据》则是跨过京兆路总管府，直接由安西王相府颁发的公据，更为少见。京兆路府学选择向王相府申请公据，实际上是有更为现实的背景。

首先，安西王府及王相府是当时陕西地区最具权势的机构。蒙古占领陕西后，施行"抢劫经济"④，大肆劫掠。忽必烈统一之初，王朝政治并不稳固，稳定陕西成为忽必烈巩固统治的重要环节。至元九年（1272）十月，元世祖封皇子忙哥剌为安西王，出镇京兆。⑤至元十年（1273）进封忙哥剌为秦

① （清）王昶：《金石萃编》卷一四二《合阳县戒香寺碑》，载《石刻史料新编》第1辑第4册，第2636页。

② 参见〔日〕小林隆道："苏州玄妙观元碑《天庆观甲乙部符公据》考——兼论宋元交替时期的宋代'文书'"，载《宋史研究论文集（2010）》，第95页、第105页。

③ 章国庆："元《庆元儒学洋山砂岸复业公据》碑考辨"，载《东方博物》2008年第3期，第62~71页。

④ 参见秦晖：《陕西通史（宋元卷）》，陕西师范大学出版社1997年版，第299~300页。

⑤ 《元史》卷七《世祖本纪第七》，第143页。

王，设有安西宫和开成宫，①掌管陕西诸事，并节制六盘山军将。同在至元十年（1273）成立王相府，任商挺为安西王相。②王相府成立后，陕西四川行中书省的职权也逐渐被安西王相取代，安西王府与王相府成为当时京兆地区的最高权力机关。因此，由安西王相府出具的公据更具权威。

其次，当权儒臣及安西王相以儒治陕政策。忽必烈受封关中治理陕西时，大量任用儒臣，推行汉法。忙哥剌受封京兆后，沿用忽必烈的政策，继续推行汉法。至元十年（1273），商挺出任安西王相，到至元十四年（1277），商挺一直担任该职，未有调动。期间李德辉、赵炳亦曾出任安西王相，但至元十二年至十四年李德辉安抚、经略四川③，赵炳出任安西王相是在至元十四年。因此，参与公据制作、颁发的当是商挺。

宪宗三年（1253），忽必烈受封关中，在长安成立京兆宣抚司，商挺出任郎中。其与当时出任宣抚使的杨惟中、劝农使姚枢、京兆提学许衡，都是比较有名的儒臣，他们整治京兆，推行汉法，使陕西地区大为改善，史称"关陇大治"。

再次，忽必烈保护儒学的政策。府学公据中孟文昌呈文引用的圣旨是忽必烈中统二年（1261）六月颁布的保护孔庙的诏令，重点在禁止朝廷文臣、军将亵渎、骚扰及侵占、破坏孔庙，以维持儒学秩序。同为中统二年（1261）八月，朝廷再下诏令，设推举学校官，选拔教授，恢复教学。④至元六年（1269）四月，中书省奉旨颁布条例，分发各路，令提举按察司所到地方要"勉励学校，宣明教化。若有厉害可以兴除者，申台呈省"。又令各路正官、首领官，在望朔日率僚属吏员，到文庙烧香祭拜。⑤然而，尽管如此，儒学依然面临被毁坏和侵占的风险，京兆府学不得不申请公据，求得保护。

最后，京兆府学能够通过安西王相府取得公据，与孟文昌的特殊身份有一定关系。孟文昌既是兆府学教授，还是王府典书，这里的王府即是安西王府。孟文昌除自身的学问外，与陕西的当权儒臣，多有往来。其多重身份，

---

① 《元史》卷一〇八《诸王表》，第 2736 页。

② 《元史》卷一六三《李德辉传》，第 3816～3817 页。

③ 《元史》卷一五九《商挺传》，第 3740～3741 页。

④ 王颋点校：《庙学典礼》卷一《设提举学校官》，浙江古籍出版社 1992 年版，第 12 页。

⑤ 王颋点校：《庙学典礼》卷一《官吏诣庙学烧香讲书》，浙江古籍出版社 1992 年版，第 12～13 页。

为京兆府学申请公据提供了方便。

《府学公据碑》是元代为数不多的具有规范格式且保存比较完整的公据碑刻，具有史料价值。作为官方颁发确认某种事实、资格或归属的凭证文书，公据具有鲜明的特点。

首先，公据具有确权性。公据比较常见的功用是申请官方确定田土四至、房屋的范围，确认田土、房屋的归属，出具产权凭据；为避免田土、房屋遭受侵占或将来发生归属纷争，请求官方出给公据，作为"护身符"。当发生产权纠纷时，公据成为确定财产归属的重要凭证文件；进行财产争讼时，公据往往成为定案的决定性证据。

其次，从元代公据文书的颁发机构看，公据的来源比较广泛。今所见的公据，出给包括县、州府、路甚至是王相府。公据的申请者可以根据自身地位及诉求，选择合适的机构申请公据，以实现财产保护和确定权利的目的。

由《府学公据碑》可见，京兆府学选择向更具有保护能力的王相府申请公据，而跨过了所隶属的京兆路总管府，说明公据可以跨越行政层次进行申请。府学取得公据之后，府学得以在公据确定的保护范围之内，阻止官方征收及官私骚扰、破坏。府学财产被侵占时，亦可作为权利凭证，追回资产。这种保护效力从公据取得时开始，长久有效，为府学培养人才和教化社会提供了保障。

附：《重立文庙诸碑记》碑文整理

01 重立文庙诸碑记　　　府　学　正　骆　天　骧　书
02 物生天地间，有象则有滋，有滋则有数。凡物之大小虽异，至于
03 显晦成坏，莫不存乎数。夫石之寓物，盖有形而无情，伐而为碑
04 刻，镵诸文章、字画，垂法后世，兹石之幸者也。不幸而毁折摧仆，
05 人能用术智使合本然之质，实旷代罕遇之奇事也。京兆府学，
06 昔为国子监。石经之次诸碑，它郡所亡有。如秦丞相李斯暨阳
07 冰之小篆，晋右军王羲之之行书，唐颜真卿、柳公权、虞世南之
08 真楷，宋郭忠恕、僧梦英之众体，是皆古今昭昭，著人耳目，争先
09 睹之为快者。具毁折摧仆，不知其几年矣，观者叹惜，未如之何。
10 一日，客僧远方来，自称能炼药补石，时人始弗知。案牍雷

君，因

11 事在庙学，仰瞻殿障之未具，首出净赀，命工增葺而绘饰之。遂

12 试僧术，倡之于前。　总管任公，慨然为仆言："予之先世，尝以贡

13 士读书是庠，遭乱以殁，予幸复居长安，家稍优饶，有子有孙，岂

14 非由圣人之门、父祖垂裕所致欤？愿卒成胜事。"乃备钱百余缗，

15 经费一资于己。俾前代名碑，断者重续，废者载立，得还旧观，皆

16 公之力也。公讳佐，为人诚笃，仕锦院大使。　雷君讳时中，字敬

17 之，幼失父，事母尽孝，友爱同气，乡党称之，领提举司案牍。二公

18 乐于向善，在流俗中诚不易得。仆嘉二公用心，喜物数有归，亦

19 文教复兴之兆，姑书以为乐善之劝，并识岁月云。

20 王府典书、京兆路府学教授孟文昌记。

21 　大元至正十四年正月望日。学录徐鼎、　学正董溥立石。

22 　　　　　　　　　　　　　　　　府学生王仁刊

元代颜庙禁约榜碑整理与研究[*]

项泽仁^{**}

【摘要】 山东省曲阜市颜庙现存两通元代禁约榜碑，学者对其关注有限。本文首先讨论禁约榜碑的命名与保护对象；其次尝试归纳禁约榜的公文格式，考究法律效力之彰显要素，揭示纸本文献所载圣旨经过何种裁剪形成今日所见之碑文；进而探讨纸质文书与石质碑刻的关系。通过比对载录至元三十一年（1294）圣旨的数种材料，指出碑刻存在的误刻、漏刻、补刻现象，同时藉助颜庙禁约榜碑反思纸本文献著录之疏漏，希冀深化对元代"禁约榜碑"及"禁约榜"的认知。

【关键词】 颜庙　禁约榜碑　文书　刻石

一、解题与学术史回顾

山东省曲阜市颜庙现存两通元代禁约榜碑，计禁约榜文三道。编号为1的一通位于西碑亭东侧（见图1），碑身高107厘米，宽89厘米，厚22厘米；碑座高9厘米，宽89厘米，厚61厘米。碑阳镌刻至大四年（1311）禁约榜，四周镌刻缠枝花纹，局部漫漶严重。碑阴为皇庆元年（1312）陋巷故址碑。① 编号为2的一通位于乐亭西侧（见图1），碑身高155厘米，宽60厘米，厚16厘米；碑座高14厘米，宽87厘米，厚49厘米。碑阳镌刻大德十一年（1307）

* 本文初稿曾提交至"第四届地方档案与文献研究"学术研讨会及"石刻文献与中国古代治国理政"学术研讨会宣读讨论，承蒙山东大学历史文化学院谭景玉副教授、中国国家图书馆杨印民研究员提出中肯意见，谨致谢忱！又蒙中国政法大学法律古籍整理研究所李雪梅教授、北京大学历史学系党宝海副教授教示，谨此一并申谢。

** 项泽仁，中国政法大学2017级历史文献学专业硕士研究生，研究方向为蒙元石刻法律文献。

① 陋巷故址碑立于皇庆元年（1312），是颜氏一族对陋巷故址范围的确认。参见骆承烈：《石头上的儒家文献》，齐鲁书社2001年版，第260页。本注释以下出版信息省略。

禁约榜，碑阴镌刻大德十年（1306）禁约榜，两面字口清晰，保存完好。

较早对颜庙禁约榜碑加以记录的，为明人刘濬所撰《孔颜孟三氏志》，该志卷五《复圣颜氏志事类》"历代封谥诏旨赞文诰敕"条辑有至大四年（1311）禁约榜①。其后吕兆祥所撰《陋巷志》卷五《艺文志上》"诏旨榜文"条辑有大德十一年（1307）和至大四年（1311）禁约榜②。金石学家对颜庙禁约榜碑亦多有著录，《寰宇访碑录》辑有大德十一年（1307）禁约榜③。《潜研堂金石文目录》《金石汇目分编》分别存有大德十一年（1307）禁约榜、陋巷故宅禁约榜条目④；《曲阜碑碣考》辑有陋巷故宅禁约榜及碑阴⑤。1908 年法国学者沙畹（É. Chavannes）刊布了三道禁约榜拓片⑥。20 世纪 90年代以来，三道榜文被载录于多种文献汇编，如《八思巴字和蒙古语文献》第 2 集《文献汇集》收录了大德十年（1306）与大德十一年（1307）禁约榜拓片，对碑文中的八思巴文进行拉丁文转写并标注相应蒙文；⑦《石头上的儒家文献》介绍了三道禁约榜的基本信息并著录碑文，然存在谬误且缺失公文格式⑧；《碑刻法律史料考》著录了三道禁约榜的时代、地点等信息⑨。

---

① （明）刘濬：《孔颜孟三氏志》卷五《复圣颜氏志事类》，成化十八年（1482）刊本，第 22~24 页。

② "诏旨榜文"条截取了大德十一年（1307）和至大四年（1311）禁约榜汉文部分，未保留碑文格式。"大德十一年禁约榜"至"严行治罪"止，"至大四年禁约榜"至"严行究治"止，此二句之后部分，"诏旨榜文"均删不存。见（明）吕兆祥：《陋巷志》卷五《艺文志上》，日本内阁文库藏万历二十九年（1601）刊本，第 12 页。本注释以下出版信息省略。

③ （清）孙星衍、（清）邢澍：《寰宇访碑录》卷一一，载林荣华校编：《石刻史料新编》第 1辑第 26 册，新文丰出版公司 1982 年版，第 20045 页。大德十一年中书省禁约榜，《寰宇访碑录》卷一一称之为"中书省榜"，其下云"正书，后有蒙古字一行，大德十一年十月，山东曲阜"。实际上，正书后有两行波斯文，一行八思巴文。本注释以下出版信息省略。

④ （清）钱大昕：《潜研堂金石文目录》卷七，载《石刻史料新编》第 1 辑第 25 册，第 19068页。（清）吴式芬：《金石汇目分编》卷一二，载《石刻史料新编》第 1 辑第 28 册，第 21150 页。

⑤ 孔氏记曰："圣旨禁约碑，正书。至元年九月，末有蒙古书。禁约碑阴，陋巷故宅图，皇庆元年秋。"（清）孔祥霖：《曲阜碑碣考》卷四丁部，载《石刻史料新编》第 2 辑第 13 册，新文丰出版公司 1979 年版，第 9768 页。本注释以下出版信息省略。

⑥ É. Chavannes, "Inscriptions et pièces de chancellerie chinoises de l'époque mongole", T'ong Pao, sér. 2, vol. 9, 1908, pp. 320~329, planche 2, planche 3, planche 4.

⑦ 照那斯图：《八思巴字和蒙古语文献》第 2 集《文献汇集》，东京外国语大学亚非言语文化研究所 1991 年版，第 148~150 页。

⑧ 骆承烈：《石头上的儒家文献》，第 252~253 页、第 258~259 页、第 260~261 页。

⑨ 李雪梅：《碑刻法律史料考》，社会科学文献出版社 2009 年版，第 350~352 页。本注释以下出版信息省略。

《北京图书馆藏中国历代石刻拓本汇编》（以下简称《北图藏拓》）和《京都大学人文科学研究所藏石刻拓本资料》（以下简称《京大藏拓》）收有三道禁约榜拓片 ①。

此外，学者们在介绍新出禁约榜碑的同时，往往回顾了颜庙禁约榜碑。②概而言之，前人多关注于信息登记、碑文著录、拓片收集等材料整理方面，尚缺乏较为深入的研究。祖生利将元代白话旨书碑按性质分为若干种，虽意识到"榜示碑"的存在，却并未归纳程式 ③。本文以前人成果为基础，首先考辨历代对于颜庙禁约榜碑的命名并阐述己见。其次考证禁约榜的保护对象，归纳榜文格式，还原生成过程，探究法律效力的来源。再次探讨纸质文书与石质碑刻的关系，指出禁约榜碑文中存在的讹谬，最后藉颜庙禁约榜碑反思纸本文献著录同类碑刻之疏漏。

---

① 《北图藏拓》收有大德十年（1306）、十一年（1307）保护兖国公庙禁约榜拓片，《京大藏拓》收有保护陋巷故宅禁约榜、大德十一年（1307）保护兖国公庙禁约榜拓片，本文用图以优者为先。北京图书馆金石组编：《北京图书馆藏中国历代石刻拓本汇编》，中州古籍出版社 1989 年版，第49 册，第 23 页；第 48 册，第 193 页。京大藏拓，访问网址：http://kanji.zinbun.kyoto-u.ac.jp/db-machine/imgsrv/takuhon/。本注释以下出版信息省略。

② 照那斯图、哈斯额尔敦："元朝宣政院颁给柏林寺的八思巴字禁约榜"，载《内蒙古社会科学》1999 年第 6 期，第 44～45 页；照那斯图、胡鸿雁："新发现三份八思巴字碑刻资料"，载《民族语文》2009 年第 6 期，第 34～39 页；党宝海："巨野金山寺元代榜文八思巴字蒙古文考释——兼论元朝榜文的双语形式"，载中国政法大学法律古籍整理研究所编：《中国古代法律文献研究》第 11 辑，社会科学文献出版社 2017 年版，第 338～349 页。本注释以下出版信息省略。

③ 祖生利：《元代白话碑文研究》，中国社会科学院研究生院 2000 年博士学位论文，第 5～11 页。

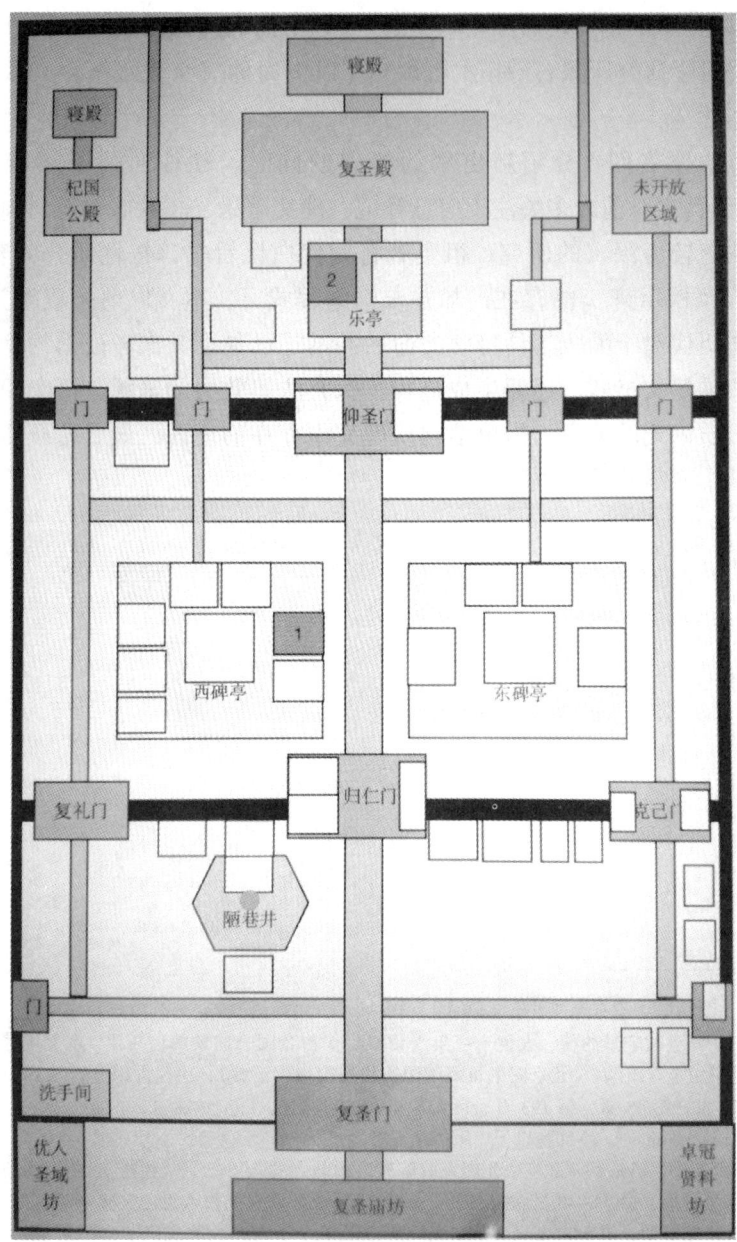

图1 颜庙禁约榜碑分布图

二、名称考辨与定名

颜庙三道禁约榜多见于明清以来纂修的金石志、地方志及今人论著中，然诸家所用名称各异，详见表1。

表1　文献所见颜庙三道禁约榜名称汇总表

时代	著录者	收录文献名称	碑1（阳）①	碑2（阴）②	碑2（阳）③
明	刘濬	《孔颜孟三氏志》	至大四年（1311）榜文	×	×
明	吕兆祥	《陋巷志》	至大四年（1311）禁约榜	×	大德十一年（1307）禁约榜
清	钱大昕	《潜研堂金石文目录》	×	×	中书省榜
清	孙星衍、邢澍	《寰宇访碑录》	×	×	中书省榜
清	吴式芬	《金石汇目分编》	元亚圣陋巷故宅禁约碑（至正□年）	×	元中书省榜
清	孔祥霖	《曲阜碑碣考》	圣旨禁约碑	×	×
1989	北京图书馆金石组	《北京图书馆藏中国历代石刻拓本汇编》	×	兖国公庙礼部禁约碑	兖国公中书省禁约碑
1991	照那斯图	《八思巴字和蒙古语文献》第2集《文献汇集》	×	中书礼部禁约榜	中书省禁约榜
1999	照那斯图、哈斯额尔敦	《元朝宣政院颁给柏林寺的八思巴字禁约榜》	大德□年保护兖国公故宅禁约榜	兖国公庙禁约榜	兖国公庙禁约榜

---

① 编号为1的碑阳，系至大四年（1311）保护兖国公陋巷故宅禁约榜。

② 编号为2的碑阴，系大德十年（1306）保护兖国公庙禁约榜。

③ 编号为2的碑阳，系大德十一年（1307）保护兖国公庙禁约榜。

续表

时代	著录者	收录文献名称	碑 1（阳）	碑 2（阴）	碑 2（阳）
2001	骆承烈	《石头上的儒家文献》	至大四年（1311）保护颜庙禁约榜碑	皇庆元年（1312）颜庙晓谕诸人通知碑	大德十一年（1307）保护颜庙圣旨禁约碑
2009	李雪梅	《碑刻法律史料考》	至大四年（1311）保护颜庙禁约榜碑	皇庆元年（1312）保护颜庙晓谕诸人通知碑	×
2009	照那斯图、胡鸿雁	《新发现三份八思巴字碑刻资料》	大德六年（1302）中书礼部禁约榜	中书礼部禁约榜	中书省禁约榜
2017	党宝海	《巨野金山寺元代榜文八思巴字蒙古文考释——兼论元朝榜文的双语形式》	大德六年（1302）中书省礼部宛国公陋巷故宅禁约榜碑	中书礼部禁约榜	中书省禁约榜
	京都大学人文科学研究所（以下简称"京大人文研"）	京大人文研藏石刻拓本资料	GEN0043X：圣旨禁约晓谕碑 GEN0044X：颜子庙圣旨禁约碑	GEN0066X：圣旨禁约晓谕碑	GEN0074X：圣旨禁约晓谕碑 GEN0075X：圣旨禁约晓谕碑 GEN0076X：颜子庙圣旨禁约碑

就时间而言，同一碑刻或采用公文颁给时间，或采用碑文镌刻时间。碑 2（阴），骆、李、北图金石组采用碑文的镌刻时间"皇庆元年"[①]；照、党则使用公文的颁给时间"大德十年"[②]。碑 2（阳），由于碑文的镌刻时间未知，故各家统一使用颁给时间"大德十一年"。《北图藏拓》认为镌刻时间亦为

---

① 骆承烈：《石头上的儒家文献》，第 260~261 页。李雪梅：《碑刻法律史料考》，第 350~352 页。《北京图书馆藏中国历代石刻拓本汇编》第 49 册，第 23 页。

② 照那斯图、哈斯额尔敦："元朝宣政院颁给柏林寺的八思巴字禁约榜"，载《内蒙古社会科学》1999 年第 6 期，第 44 页。该文将月份"二月"错记为"十月"。照那斯图、胡鸿雁："新发现三份八思巴字碑刻资料"，载《民族语文》2009 年第 6 期，第 38 页。党宝海："巨野金山寺元代榜文八思巴字蒙古文考释——兼论元朝榜文的双语形式"，载《中国古代法律文献研究》第 11 辑，第 345 页。

"大德十一年"①，不知所据为何。至于碑1（阳）所刻公文下发时间，刘、吕、骆、李认为系"至大四年"②；照、党持"大德六年"说③；《曲阜碑碣考》则记作"至元□年九月"④；京大人文研定为"至元三十一年"⑤。笔者考察此碑时，仅能看清"至□九"三字，显然并非"大德六年"所颁，故而暂定为"至大四年"。

就颁发部门而言，除钱、孙、吴、照、党及北图金石组在定名中明确区分了三道榜文的颁发部门外⑥，其余诸家于定名中均未提及。就保护对象而言，刘、吕、钱、孙、吴、照对碑刻的定名中并未提及⑦，碑2（阴）、碑2（阳）保护对象均为"兖国公庙"。碑1保护对象为"兖国公陋巷故宅"，骆、李及"京大人文研"均将"陋巷故宅"误为"颜庙"⑧。

剔除颁发或镌刻时间、颁发部门及保护对象，前人对碑刻的定名可分为单用与混用两类。单用可分为"榜""禁约""晓谕诸人通知"三类；混用可分为双组混用与三组混用两类。双组混用表现为"圣旨+禁约""禁约+榜"两种形式，三组混用只有"圣旨+禁约+晓谕"一种形式。就公文性质而言，

---

① 《北京图书馆藏中国历代石刻拓本汇编》第48册，第193页。

② （明）吕兆祥：《陋巷志》卷五《艺文志上》，第12页。骆承烈：《石头上的儒家文献》，第258~259页。李雪梅：《碑刻法律史料考》，第350~352页。

③ 照那斯图、胡鸿雁："新发现三份八思巴字碑刻资料"，载《民族语文》2009年第6期，第38页。党宝海："巨野金山寺元代榜文八思巴字蒙古文考释——兼论元朝榜文的双语形式"，载《中国古代法律文献研究》第11辑，第344页。

④ （清）孔祥霖辑：《曲阜碑碣考》卷四丁部，《石刻史料新编》第2辑第13册，第9768页。

⑤ 京大藏拓，访问网址：http://kanji. zinbun. kyoto-u. ac. jp/db-machine/imgsrv/takuhon/type_ a/html/gen0043x. html。

⑥ 照那斯图、哈斯额尔敦："元朝宣政院颁给柏林寺的八思巴字禁约榜"，载《内蒙古社会科学》1999年第6期，第44页。照那斯图、胡鸿雁："新发现三份八思巴字碑刻资料"，载《民族语文》2009年第6期，第38页。党宝海："巨野金山寺元代榜文八思巴字蒙古文考释——兼论元朝榜文的双语形式"，载《中国古代法律文献研究》第11辑，第344~345页。《北京图书馆藏中国历代石刻拓本汇编》第49册，第23页；第48册，第193页。

⑦ （明）吕兆祥：《陋巷志》卷五《艺文志上》，第12页。（清）孙星衍、（清）邢澍：《寰宇访碑录》卷一一，载《石刻史料新编》第1辑第26册，第20045页。照那斯图：《八思巴字和蒙古语文献》第2集《文献汇集》，第148~150页。照那斯图、胡鸿雁："新发现三份八思巴字碑刻资料"，载《民族语文》2009年第6期，第38页。

⑧ 骆承烈：《石头上的儒家文献》，第258~259页。李雪梅：《碑刻法律史料考》，第350~352页。京大藏拓，访问网址：http://kanji. zinbun. kyoto-u. ac. jp/db-machine/imgsrv/takuhon/type_ a/html/gen0043x. html。

系"榜文"并非圣旨。"榜文"起首语为"皇帝圣旨里",意为"根据皇帝圣旨"。①而皇帝圣旨的起首语则常为"上天眷命/长生天气力里/大福荫护助里+皇帝圣旨"②。其后"钦奉圣旨(诏书)节该……",是对圣旨加以截取的引用。③骆、李两人将碑2(阴)、碑2(阳)定名为"晓谕诸人通知碑""圣旨禁约碑",④《北图藏拓》《京大藏拓》则笼统以"禁约碑""圣旨禁约晓谕碑""圣旨禁约碑"冠之,⑤混淆了圣旨与榜文的性质。榜文附着碑石,方拥有长久生命,碑文镌刻时间亦应点明。基于以上讨论,笔者使用"某某年刻+某某年颁+保护对象+禁约榜"的形式对三道石刻榜文进行定名。

三、保护对象之考证

图2所示元代陋巷庙图呈矩形,以棂星、神门、兖国公殿、夫人殿一线为中轴,左右布有其他建筑。图3所示明代复圣庙图较元代规模宏大。现代颜庙基本沿袭了明代复圣庙的布局。皇庆元年(1312)刻大德十年(1306)颁兖国公庙禁约榜与大德十一年(1307)颁兖国公庙禁约榜分刻于一石两面,该石现位于颜庙乐亭西侧(图1编号2)。至大四年(1311)颁保护兖国公陋巷故宅禁约榜则位于颜庙西碑亭内东侧最北(图1编号1)。现今碑刻位置并非元时原貌,《陋巷志》载:

> 孔庙东北六百举武有园有井,即陋巷故宅也……宋熙宁间胶西太守孔宗翰构亭其上,命曰颜乐。苏轼为记,岁久亭废。元元贞间衍圣公孔治命颜族复构于故基……延祐四年七月,南台监察御史段杰请修兖国公庙宇,建正殿五间,两庑神门。泰定三年,复买地二券于园之北,奉敕刱建新庙,致和元年八月落成……弘治十五年,仍复倾颓。公铉复闻于朝,上命有司会计银一万一千二百两有奇。正德二年,鼎新修建,规模

---

① 祖生利:《元代白话碑文研究》,中国社会科学院研究生院2000年博士学位论文,第7页。

② (元)徐元瑞:《吏学指南》卷二,载杨一凡主编:《历代珍稀司法文献》第1册,社会科学文献出版社2012年版,第181~182页。

③ 屈文军:《元史研究:方法与专题》,中国社会科学出版社2017年版,第16页。

④ 骆承烈:《石头上的儒家文献》,第252~253页、第260~261页。李雪梅:《碑刻法律史料考》,第350~352页。李雪梅:《法制"镂之金石"传统与明清碑禁体系》,中华书局2015年版,第91~92页。

⑤ 《北京图书馆藏中国历代石刻拓本汇编》第49册,第23页;第48册第193页。京大藏拓,访问网址:http://kanji.zinbun.kyoto-u.ac.jp/db-machine/imgsrv/takuhon/type_a/html/gen0066x.html。

宏敞。视昔有加，详具后幅。①

延祐四年（1317）七月，南台监察御史段杰请修兖国公庙宇，建正殿五间及两庑神门。此处记载与图 2 "元陋巷庙图"相吻合，说明"元陋巷庙图"至早成于延祐四年之后。而三道保护兖国公庙禁约榜分别颁发于大德十年（1306）、大德十一年（1307）及至大四年（1311），其保护对象并非段杰请修后所新建的兖国公庙宇，而是请修前已经倾颓的旧时庙宇。

图 3 所示明代复圣庙图是在正德二年（1507）修建规模之上绘制而来，仰圣门与复圣殿之间的"乐亭"为明代所建。如今大德年间（1297—1307）两道保护兖国公庙禁约榜位于"乐亭"西侧，则显然系后世移入。且其保护对象是元代段杰请修前的旧时兖国公庙，既非"元陋巷庙图"中的兖国公殿，亦非现今矗立于颜庙景区的明代复圣殿。

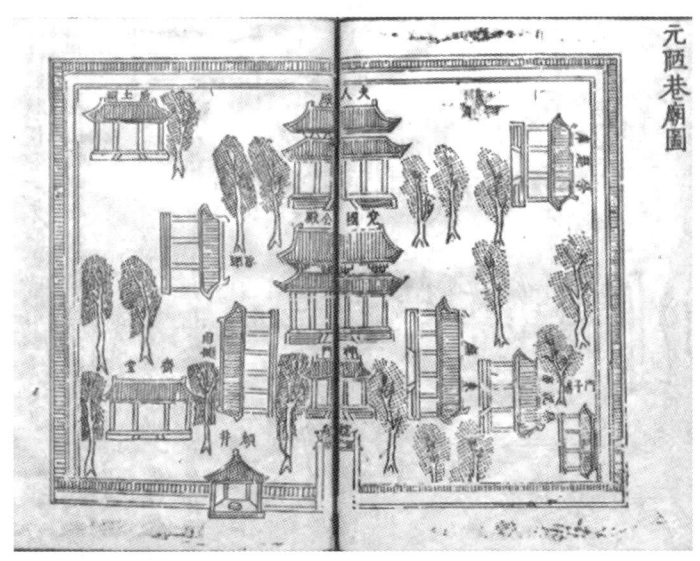

图 2　元代陋巷庙图 ②

---

① （明）吕兆祥：《陋巷志》卷一《像图志》，第 9~10 页。
② （明）吕兆祥：《陋巷志》卷一《像图志》，第 8~9 页。

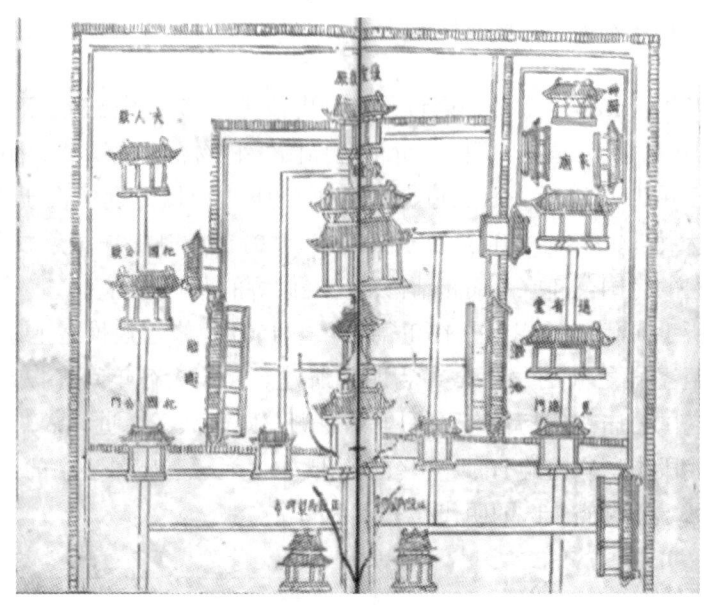

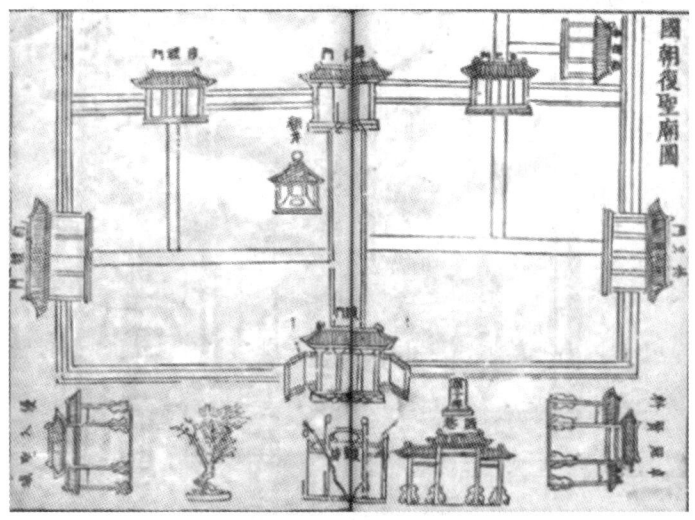

图 3　明代复圣庙图 ①

① （明）吕兆祥：《陋巷志》卷一《像图志》，第 12~14 页。

四、榜文生成与解构

考察三道禁约榜，"皇""世""圣"三字均重起一列顶格书写。开头使用公文惯用套语"皇帝圣旨里"，其后紧接发文机构（中书省或中书礼部），阐述出榜理由进而作出批示，以"须议榜示者"（或"须议榜者""须至榜者"）结束。此后另起一行，以四倍于正文的字号书"右榜晓谕通知"字样，后附一列或数列蒙古文字，①与蒙古文字齐头的下列则均镌刻了一个"榜"字。最后为汉文年月日落款，下有数枚花押。皇庆元年（1312）刻大德十年（1306）颁衮国公庙禁约榜碑还刻有立石时间、立石者、书写与镌刻者的姓名。②此外，正文前后多处摹刻方形官印。③现将元代颜庙石刻禁约榜格式图示如下。

① 起首语（皇帝圣旨里+"中书省"／"中书礼部"）

② 事书（出榜理由：诏书节文/地方状告）

③ 批示（出榜晓谕，如有违犯，严行究治）

④ 结束语（须议榜示者/须议榜者/须至榜者）

⑤ 醒目文字（右榜晓谕通知）

⑥ 蒙古文（波斯文/八思巴文）

⑦ 公文性质（榜）

⑧ 年　月　日（盖四章"中书省印"／"中书礼部之印"）

发出责任者（花押）

---

① 至大四年颁保护衮国公陋巷故宅禁约榜先镌刻了一列波斯文，后镌刻了一列八思巴文；皇庆元年刻大德十年颁保护衮国公庙禁约榜仅镌刻了一列八思巴文；大德十一年颁保护衮国公庙禁约榜则先镌刻了两列波斯文，后镌刻了一列八思巴文。

② 立石时间、立石者、书写与镌刻者的姓名不属于榜文内容，故禁约榜碑文格式图未录。

③ 大德十一年保护衮国公庙禁约榜系中书省颁发，碑上之八思巴字篆体印章应释读作"中书省印"。大德十年保护衮国公庙禁约榜与至大四年年保护衮国公陋巷故宅禁约榜均系中书礼部颁发，两碑之八思巴字篆体印章应释读作"中书礼部之印"。详见照那斯图、薛磊：《元国书官印汇释》，辽宁民族出版社2011年版，第28~29页、第36~37页。

《通制条格》《元典章》中保存的大量原始档案，为审视禁约榜中截取的圣旨提供了充足材料。《元史·成宗一》载：

> （至元三十一年秋七月）壬戌，诏中外崇奉孔子。①

《通制条格》卷第五《学令》"庙学"条详录了圣旨具文：

> 谕中外百司官吏人等：孔子之道，垂宪万世，有国家者，所当崇奉。曲阜林庙，上都、大都、诸路府州县邑庙学书院，照依世祖皇帝圣旨，禁约诸官员使臣军马，毋得于内安下，或聚集理问词讼，亵渎饮宴，工役造作，收贮官物等。其赡学地土产业及贡士庄田，外人毋得侵夺。所出钱粮，以供春秋二丁朔望祭祀及师生廪膳。贫寒老病之士为众所尊敬者，月支米粮优恤养赡。庙宇损坏，随即修完。作养后进，严加训诲，讲习道艺，务要成材。若德行文学超出时辈者，有司保举，肃政廉访司体覆相同，以备擢用。本路总管府，提举儒学、肃政廉访司，宣明教化，勉励学校。凡庙学公事，诸人毋得沮坏。据合行儒人事理，照依已降圣旨施行。彼或恃此非理妄行，国有常宪，宁不知惧。宜令准此。②

该圣旨的内容亦见于《元典章》③及《庙学典礼》。④由此观之，三道禁约榜均由至元三十一年（1294）七月成宗所颁"中外崇奉孔子诏"裁剪而来，至大四年（1311）颁衮国公陋巷故宅禁约榜相当完整摘录了圣旨原文。

---

① 《元史》卷一八《成宗一》，中华书局 1976 年版，第 386 页。本注释以下出版信息省略。
② 黄时鉴点校：《通制条格》卷五，载杨一凡、田涛主编：《中国珍稀法律典籍续编》第 2 册，黑龙江人民出版社 2002 年版，第 433 页。本注释以下出版信息省略。
③ 陈高华、张帆等点校：《元典章》卷三一《礼部之四》，天津古籍出版社、中华书局 2011 年版，第 1088~1089 页。本注释以下出版信息省略。
④ 王颋点校：《庙学典礼》卷四，浙江古籍出版社 1992 年版，第 85~86 页。该书点校说明指出所据底本为"四库全书本"。本注释以下出版信息省略。

表 2　颜庙现存三道禁约榜截取成宗圣旨一览表

名称	碑文所录至元三十一年七月成宗圣旨
至大四年（1311）颁兖国公陋巷故宅禁约榜	谕中外百司官吏人等：孔子之道，垂宪万世。有国家者，所当崇奉。曲阜林庙，上都、大都、诸路府州县邑庙学书院，照依世祖皇帝圣旨，禁约诸官员使臣军马，毋得于内安下，或聚集理问词讼，亵渎□宴，工役造作，收贮官物。其赡学地土产业及贡士庄田，□人毋得侵夺。所出钱粮，以供春秋二丁朔望祭祀及师生廪膳。贫寒老病之士为众所尊敬者，月支米粮，优恤赡养。庙宇损坏，随即修完。作养后进，严加训诲。讲习道艺，务要成材。若德行文学高出时辈者，有司保举，肃政廉访司躬覆相同，以备选用。本路总管府，提举儒学、肃政廉访司宣明教化，勉励学校。凡庙学公事，诸人毋得沮坏。据合行儒人事理，照依已降圣旨施行。彼或恃此非理妄行，国有常宪，宁不知惧。宜令准此。钦此
皇庆元年（1312）刻大德十年（1306）颁兖国公庙禁约榜	孔子之道，垂宪万世。有国家者。所当崇奉。曲阜林庙，诸路府州县邑应设庙学书院。禁约诸官员使臣军马，毋得于内安下。或理问词讼。亵渎饭宴。凡庙学公事，诸人毋得沮坏。钦此
大德十一年（1307）颁兖国公庙禁约榜	孔子之道，垂宪万世。有国家者。所当崇奉。曲阜林庙，上都、大都诸路府州县邑庙学书院，照依世祖皇帝圣旨，禁约诸官员使臣军马，毋得于内安下，或聚集理问词讼，亵渎饭宴，工役造作，收贮官物。其赡学地土产业及贡士庄，诸人毋得侵夺。本路总管府，提举儒学、肃政廉访司宣明教化，勉励学校。凡庙学公事，诸人毋得沮坏。据合行儒人事理。照依已降圣旨施行。钦此

成宗崇奉孔子诏书八思巴文碑刻存于曲阜孔庙十三碑亭东起第四亭内。[1]《两浙金石志》亦载有至元三十一年（1294）七月"元崇奉孔圣谕旨碑"，"右碑上层国书谕旨二十八行，下层译文正书十八行，在绍兴府学"。[2]此外，至大四年（1311）颁保护兖国公陋巷故宅禁约榜与大德十一年（1307）颁保护兖国公庙禁约榜截录成宗圣旨部分均提到"世祖皇帝圣旨"，《元史》本纪第四《世祖一》载：

---

① 该碑形貌参见骆承烈：《石头上的儒家文献》，第 226 页。
② （清）阮元：《两浙金石志》卷一四，载《石刻史料新编》第 1 辑第 14 册，第 10527 页。

（中统二年夏六月）乙卯，敕平阳路安邑县蒲萄酒自今毋贡。诏："宣圣庙及管内书院，有司岁时致祭，月朔释奠；禁诸官员使臣军马，毋得侵扰亵渎，违者加罪。"①

《通制条格》卷二十七《杂令》"文庙亵渎"条记载了圣旨具文：

中统二年六月，钦奉圣旨：道与平阳等路宣抚司并达鲁花赤、管民官、管人匠打捕诸头目，及诸军马使臣人等，宣圣庙国家岁时致祭，诸儒月朔释奠，宜恒令洒扫修洁。今后禁约诸官员使臣军马，无得于庙宇内安下，或聚集理问词讼及亵渎饮宴，管工匠官不得于其中营造，违者治罪。管内凡有书院，亦不得令诸人搔扰，使臣安下。钦此。②

该圣旨亦载于《元典章》卷三一《儒学》"禁治搔扰文庙"条③、《庙学典礼》卷一"先圣庙岁时祭祀禁约搔扰安下"④与《秋涧先生大全集》卷八十二。⑤三通禁约榜碑文起首语"皇帝圣旨里"亦见于黑城出土的官方发行票据中，编号为"F1：W94"的是一张未曾用过的契本，其上未钤盖官印。现将契本文字节录如下：

01 皇帝圣旨里中书户部
02　　　钦奉
03 圣旨条画内一款该匿税者其匿税之物一半⑥

此外，还有一张编号为"F193：W13"的政府税粮通知书，其文曰：

01 皇帝圣旨里亦集乃路总管府钦奉

---

① 《元史》卷四《世祖一》，第70~71页。
② 《通制条格》卷二七，第616页。
③ 《元典章》卷三一《礼部之四》，第1086页。
④ 王颋点校：《庙学典礼》卷一，第12页。
⑤ （元）王恽：《秋涧先生大全集》卷八二，载杨讷编：《元史研究资料汇编》第23册，中华书局2014年版，第138~139页。
⑥ 塔拉、杜建录等主编：《中国藏黑水城汉文文献》第6卷，中国国家图书馆出版社2008年版，第1226页。李逸友：《黑城出土文书（汉文文书卷）》，科学出版社1991年版，第75页、第185页。本注释以下出版信息省略。

02 圣旨节该蒙古汉儿并人匠不以是何诸色人等富豪势要之家但种

03 　　　者依例缴纳税粮钦此本路照依上年计拨到合该税石须要钦依①

无论是契本、税粮通知书抑或榜文，均将有关圣旨写在前面，以此作为政府行为的法律依据。"从《通制条格》和《元典章》的相关公文看，这一作法可说是元代的通例"。②元代榜文末尾常常附有一行或数行蒙古文字。笔者查阅《北图藏拓》并实地考察，获得三道禁约榜八思巴字拓片，八思巴字拉丁符号转写如表 3 所示。

表 3　颜庙现存三道禁约榜八思巴字拉丁符号转写一览表 ③

禁约榜碑名称	八思巴字拉丁符号转写										
至大四年（1311）颁兖国公陌巷故宅禁约榜	de	le	me	hara n	qo	ri	'ul	qu	baŋ	bi	č ig
皇庆元年（1312）刻大德十年（1306）颁兖国公庙禁约榜	de	le	me hara	ni	qo ri		'ul	qu	baŋ	bi	č ig
大德十一年（1307）颁兖国公庙禁约榜	de	le	me	hara	ni qo	ri	'ul	qu	baŋ	bi	č ig

整句八思巴文的转写和字意为：

deleme　haran（i）　qori'ulqu　baŋ　bi č ig

　造次　　　人　　　　禁止　　榜　文

按照汉语语法，可译为"对造次之人加以禁止的榜文"。此类元代双语公

---

① 塔拉、杜建录等主编：《中国藏黑水城汉文文献》第 6 卷，第 1215 页。李逸友：《黑城出土文书（汉文文书卷）》，第 184~185 页。

② 孟繁清："元代的契本"，载中国元史研究会编：《元史论丛》第 10 辑，中国广播电视出版社2005 年版，第 177 页。

③ 党宝海："巨野金山寺元代榜文八思巴字蒙古文考释——兼论元朝榜文的双语形式"，载《中国古代法律文献研究》第 11 辑，第 342~345 页。

文以汉文为主体，蒙古文是对汉文内容的强调，同时明确公文性质为"榜文"。①

就格式而言，镌刻于碑石上的禁约榜凭借提行竖行、字体多样、字号相异、一行或数行蒙古文、摹刻官印及花押的可视物质外观告知观者：碑上所镌文字是政府公文，具有法律效力。就内容而言，截录圣旨、固定起首语及结束语、固定用字"榜"，则进一步使观者明确：碑文内容是引用圣旨突显权威以禁止造次的榜文。从唐宋金元开始，以君言和公文为主的"纪法"刻石逐渐增多，②颜庙现存三道禁约榜充分显示了此时期"碑以载政"的特色。然而，这种石刻"文书"并非当时下发的纸质文书，石刻"文书"又在何种程度上保存了纸质文书原貌呢？

五、文书与碑刻的关系

日本学者小林隆道对"宋代赐额敕牒与刻石"的研究为审视禁约榜纸本与碑本的关系提供了可鉴范式。③为提高研究准确度，本部分将利用目前可见的其他禁约榜碑及纸本文献，辅助对颜庙禁约榜碑的探讨。

（一）疑碑：碑本之讹谬

除颜庙三道禁约榜对至元三十一年（1294）圣旨作了部分著录，传世文献如《通制条格》《元典章》《庙学典礼》及碑刻材料均保存了该圣旨。毋庸置疑，圣旨文字原貌具有唯一性，然而复原至元三十一年圣旨原貌并非笔者旨趣，笔者仅欲从版本学、校勘学的方法入手，既顾及纸本用字，又虑及碑刻的物质属性与可视外观，从细微处窥探碑刻中存在的明显讹误。《中国古籍总目·史部》载：

> 史 61141636
> 通制条格□卷　元□□撰
> 明抄本（存卷二至九、十三至二十二、二十七至三十）　　　北平

① 党宝海："蒙元时代蒙汉双语公文初探"，载沈卫荣主编：《西域历史语言研究集刊》第4辑，科学出版社2010年版，第142~143页。本注释以下出版信息省略。

② 李雪梅：《法制"镂之金石"传统与明清碑禁体系》，中华书局2015年版，第319~320页。

③〔日〕小林隆道："宋代的赐额敕牒与刻石"，载郑振满主编：《民间历史文献论丛》第二辑《碑铭研究》，社会科学文献出版社2014年版，第94~117页。

民国十九年北平图书馆影印本　上海　辽宁　南京①

史 61141627

大元圣政国朝典章六十卷新集至治条例不分卷　元□□撰

元延祐七年至至治二年建阳书坊刻本　台北故博

清影元抄本（莫棠跋）　国图

清彭氏知圣道斋抄本（清彭元瑞校）　国图

清曾氏面城楼抄本　中山大学

清抄本　国图　东北师大

清光绪三十三年法律馆抄本（存卷一至九、二十八至三十八、新集全，清沈家本跋）　北京文物局

诵芬室丛刊本

清光绪三十四年修订法律馆刻本　国图　上海　浙江②

史 61141999

庙学典礼六卷　元□□撰

清抄本　国图　北大（四库底本）　上海

《四库全书》本③

　　本文所用《通制条格》，为黄时鉴点校本。点校说明部分指出，所据底本为"北京图书馆珍本书籍刊行会影印《通制条格》"。④即民国十九年北平图书馆影印本所用《元典章》，为陈高华等点校本，前言部分指出所据底本为"元刻本"，⑤即我国台湾地区"故宫博物院"藏元刻本。所用《庙学典礼》，为王颋点校本，其所据底本为《四库全书》本。为直观把握数种文献著录的圣旨具文，制表如下（见表4）。

---

① 中国古籍总目编纂委员会编：《中国古籍总目·史部》，上海古籍出版社 2009 年版，第 3128 页。本注释以下出版信息省略。

② 《中国古籍总目·史部》，第 3127~3128 页。

③ 《中国古籍总目·史部》，第 3156 页。

④ 《通制条格》点校说明，第 7~10 页。

⑤ 《元典章》前言，第 2~3 页。

表 4 文献载录圣旨内容对比表

元崇奉孔圣谕旨碑 ①	《通制条格》②	《元典章》③	《庙学典礼》④
谕中外百司官吏人等：	谕中外百司官吏人等：	谕中外百司官吏人等：	谕中外百司官吏人等：
孔子之道，垂宪万世。有国家者，所当崇奉。	孔子之道，垂宪万世。有国家者，所当崇奉。	孔子之道，垂宪万世。有国家者，所当崇奉。	孔子之道，垂宪万世。有国家者，所当崇奉。
曲阜林庙，上都、大都、诸路府州县邑*应设*庙学书院，	曲阜林庙，上都、大都、诸路府州县邑庙学书院，	曲阜林庙，上都、大都、诸路府州县邑庙学书院，	曲阜林庙，上都、大都、诸路府州县邑*应设*庙学书院，
照依世祖皇帝圣旨，禁约诸官员使臣军马，毋得于内安下，或聚集理问词讼，亵渎饮宴，工役造作，收贮官物。	照依世祖皇帝圣旨，禁约诸官员使臣军马，毋得于内安下，或聚集理问词讼，亵渎饮宴，工役造作，收贮官物*等*。	照依世祖皇帝圣旨，禁约诸官员使臣军马，毋得于内安下，或聚集理问词讼，亵渎饮宴，工役造作，收贮官物*等*。	照依世祖皇帝圣旨，禁约诸官员使臣军马，毋得于内安下，或聚集理问词讼，亵渎饮宴，工役造作，收贮官物。
其赡学地土产业及贡士庄，*诸人毋得*侵夺。所出钱粮，*以*供春秋二丁朔望祭祀及师生廪膳。	其赡学地土产业及贡士庄*田*，*外人毋*得侵夺。所出钱粮，*以*供春秋二丁朔望祭祀及师生廪膳。	其赡学地土产业及贡士庄田，外人毋得侵夺。所出钱粮，供春秋二丁朔望祭祀及师生廪膳。	其赡学地土产业及贡士庄，*诸人毋得*侵夺。所出钱粮，*以*供春秋二丁朔望祭祀及师生廪膳。
贫寒老病之士为众所尊敬者，月支米粮，优恤*养赡*。庙宇损坏，随即修完。	贫寒老病之士为众所尊敬者，月支米粮，优恤*养赡*。庙宇损坏，随即修完。	贫寒老病之士为众所尊敬者，月支米粮，优恤*赡养*。庙宇损坏，随即修完。	贫寒老病之士为众所尊敬者，月支米粮，优恤*养赡*。庙宇损坏，随即修完。
作养后进，严加训诲。讲习道艺，务要成材。若德行文学*超*出时辈者，有司*保举*，肃政廉访司体覆相同，以备*选*用。	作养后进，严加训诲。讲习道艺，务要成材。若德行文学*超*出时辈者，有司*保举*，肃政廉访司体覆相同，以备*擢*用。	作养后进，严加训诲。讲习道艺，务要成材。若德行文学*高*出时辈者，有司*保举*，肃政廉访司体覆相同，以备*选*用。	作养后进，严加训诲。讲习道艺，务要成材。若德行文学*超*出时辈者，有司*保举*，肃政廉访司体覆相同，以备*选*用。

① （清）阮元编：《两浙金石志》卷一四，载《石刻史料新编》第 1 辑第 14 册，第 10527 页。

② 《通制条格》卷五，第 433 页。

③ 《元典章》卷三一《礼部之四》，第 1088~1089 页。

④ 王颋点校：《庙学典礼》卷四，第 85~86 页。

元崇奉孔圣谕旨碑	《通制条格》	《元典章》	《庙学典礼》
本路总管府，提举儒学、肃政廉访司宣明教化，勉励学校。凡庙学公事，诸人毋得沮**扰**。	本路总管府，提举儒学、肃政廉访司宣明教化，勉励学校。凡庙学公事，诸人毋得沮**坏**。	本路总管府，提举儒学、肃政廉访司宣明教化，勉励学校。凡庙学公事，诸人毋得沮**坏**。	本路总管府，提举儒学、肃政廉访司宣明教化，勉励学校。凡庙学公事，诸人毋得沮**扰**。
据合行儒人事理，照依已降圣旨施行。彼或恃此非理妄行，国有常宪，宁不知惧。	据合行儒人事理，照依已降圣旨施行。彼或恃此非理妄行，国有常宪，宁不知惧。	据合行儒人事理，照依已降圣旨施行。彼或恃此非理妄行，国有常宪，宁不知惧。	据合行儒人事理，照依已降圣旨施行。彼或恃此非理妄行，国有常宪，宁不知惧。
宜令准此。	宜令准此。	宜令准此。	×
×	×	×	钦此。

表5　纸本与碑本所见至元三十一年（1294）圣旨用字对照表 ①

《通制条格》成书时段 1297—1323 年 ②	《元典章》成书时段 ≤1320 年 ③	《庙学典礼》成书时段 ≥1301 年 ④	陋巷故宅榜 1311 年颁	兖国公庙榜 1306 年颁 1312 年刻	兖国公庙榜 1307 年颁 ≥1312 年刻 ⑤	元崇奉孔圣谕旨碑 ≥1294 年
×	×	应设	×	应设	×	应设
饮	饮	饮	□	饭	饭	饮
贮	贮	贮	贮	○	贮	贮
等	等	×	×	○	×	×

---

①　表4、表5凡例："×"表示此字所处的该句虽存，但此字不存。"□"表示此处本有刻字，但因漫漶无法辨别。"○"表示此字所处的该句未被碑刻截用，取决于刻石者的选择，故而不归入漏刻之列。

②　《通制条格》编纂于元成宗大德年间（1297—1307）和仁宗皇庆、延祐年间（1312—1320），在反复修订后，由英宗至治三年（1323）颁布施行。参见《通制条格》点校说明，第7页。

③　《元典章》元刻本现存台北故宫博物院，为元延祐七年（1320）至至治二年（1322）英宗朝建阳书坊刻本。参见《元典章》前言第2页。

④　《庙学典礼》辑载自元太宗九年（1237）至元成宗大德五年（1301）间官府颁行的有关儒学事宜公文计80件。参见王颋点校：《庙学典礼》点校说明，第1页。

⑤　按：1306年颁保护兖国公庙禁约榜镌刻于1312年，故1307年颁保护兖国公庙禁约榜应刻于1312年及后。

续表

《通制条格》成书时段 1297—1323 年	《元典章》成书时段 ≤1320 年	《庙学典礼》成书时段 ≥1301 年	陋巷故宅榜 1311 年颁	兖国公庙榜 1306 年颁 1312 年刻	兖国公庙榜 1307 年颁 ≥1312 年刻	元崇奉孔圣谕旨碑 ≥1294 年
田	田	×	□	○	×	×
外	外	诸	□	○	诸	诸
以	×	以	以	○	○	以
养赡	赡养	养赡	赡养	○	○	养赡
超	高	超	高	○	○	超
保举	保举	举保	保举	○	○	保举
體	體	體	躰	○	○	體
擢	选	选	选	○	○	选
坏	坏	扰	坏	坏	坏	扰
宜令准此	宜令准此	×	宜令准此	○	○	宜令准此
×	×	钦此	钦此	钦此	钦此	×

据表 5 分析，误刻方面，传世文献均作"饮宴"，两道兖国公庙禁约榜则作"饭宴"，"饮"与"饭"形近，刻石工匠误将"饮"刻作"饭"。其次，大德十年（1306）颁兖国公庙禁约榜云"照得至元三十年钦奉圣旨节该……"，然所截录圣旨实为至元三十一年（1294）颁发，故碑文所云"三十年"显系误刻。

漏刻方面，《庙学典礼》卷四"崇奉孔祀教养儒生"条、大德十一年（1307）颁兖国公庙禁约榜及崇奉孔圣谕旨碑均谓"其赡学地土产业及贡士庄，诸人毋得侵夺"，"庄"字后应系脱漏。据《通制条格》《元典章》及兖国公陋巷故宅禁约榜，脱漏之字应为"田"。

图 4 兖国公陋巷故宅禁约榜拓片 ①

补刻方面，以往学者注重对碑文的考释，往往忽视了文字的外在物质表征。虽然三种传世文献及兖国公陋巷故宅禁约榜均云"凡庙学公事"，但仔细观察原碑，则可发现刻工补刻的蛛丝马迹。图 4 右数第 11 列末至第 12 列头一句为"照依已降圣旨施行"。按元代惯例，遇"皇帝"或"圣旨"等字样均须另起一列顶格书写。因此第 11 列末尾的空格应理解为因"降"字后紧接"圣旨"，故即使该列未满，仍另起一列。细考究之，并非如此。第 11 列中部红

① 京大藏拓，访问网址 http://kanji. zinbun. kyoto-u. ac. jp/db-machine/imgsrv/takuhon/type_ a/html/gen0044x. html。

线标记部分为四字"凡庙公事",可看到"庙"与"公"字之间有一小字——"学"(图5)。盖刻工在镌刻"庙""公"二字后,又发觉"学"字漏刻,故只能在狭小的两字之间补刻"学"字。若走马观花地浏览碑文,则此种现象便成为研究者的漏网之鱼而湮没无闻了。

图 5　兖国公陋巷故宅禁约榜拓片局部

此外,碑石形制是否会影响纸质文书的镌刻亦是值得思索的问题,大德十一年(1307)颁兖国公庙禁约榜便是一则典型的案例。从图6中可见,右数第2行、第3行、第4行文字保持了整齐划一的形式。然第4行末尾的"庙学公事"却打破了有序的队伍,根据与第3列文字对齐的原则,"事"字由于石材形制的限制无法镌刻于第4列,大可置于第5列首字。今人看到的却是"庙学公事"四字高度缩小,"委曲求全"拥挤一处。显然是石工为保持纸质文书的文字样貌所进行的努力。①

————————

① 京大藏拓,访问网址:http://kanji.zinbun.kyoto-u.ac.jp/db-machine/imgsrv/takuhon/type_a/html/gen0074x.html。

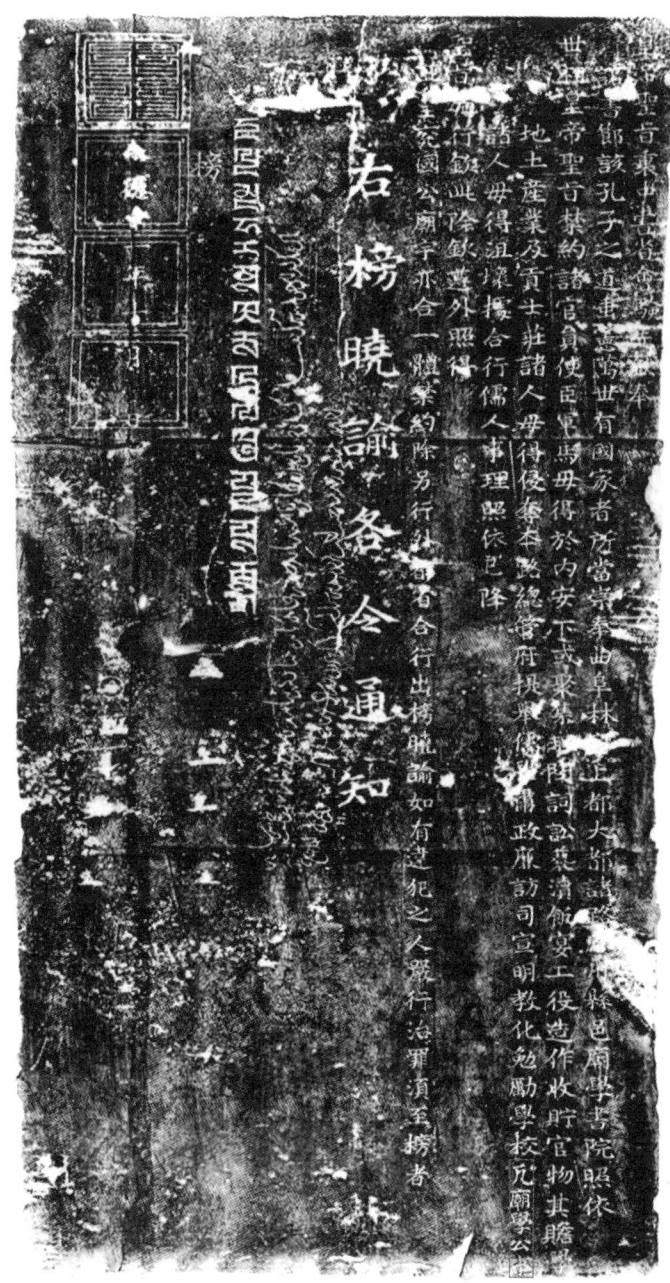

图 6　兖国公庙禁约榜拓片

（二）纸本之"失语"

碑本诞生之后，又被抄入金石文献或文集，形成了"再生纸本"。此种纸本多以记录文字为目的，与纸质文书大相径庭。因此所谓"纸本"，乃"再生纸本"，并非纸质文书。以下例举证明上文归纳颜庙禁约榜碑碑文格式之效用，藉以探讨"再生纸本"较原碑拓片的"失语"之处。河南省《林县志》抄有一通圣旨碑碑阴，记为大德十一年（1307）立石。具文详下：

> 皇帝圣旨里。彰德路承奉中书礼部符文，承奉中书省判送。彰德路林州䃦峪宝岩寺住持长老伏维状告："先于中统四年蒙牛宣抚集到林州一百八村人户、牛具，与寺元占山林地土内开荒作熟。其地东至秦王堤，西至双儿井，南至白甘池，北至黑峪河。并豆村庄产、现种熟地、歇闲荒地一十余顷，自前至今，作主本寺事产佃种，到今三十余年。若不状告，福茂恐有一等不畏公法之人，恃赖富强，仿此将本寺常住事产依前乱行侵占，实是搔扰不安。据所告前项，本寺常住四至内并无诸人土地，乞赐行下合属钦依禁约施行事。"得此，覆过。奉都堂钧旨，送礼部。行宜合属如无违碍，依理施行。奉此，省部合下，仰照验依上施行。承此，揔府除已行下林州，依上施行外，合行出榜者。右榜省谕诸人通知。元贞元年四月日。①

据其他碑石或拓片，起首"皇"字均顶格书写，且"右榜省谕诸人通知"均以大字号单列一行或两行。②此段抄录失去了榜文原有字号大小及格式，且将榜文误作圣旨。此外，《江苏省通志稿》载有一通保留原格式的榜碑碑文。党宝海先生录文为：

---

① 张凤台修、李见荃等纂：《林县志》卷一四《金石上》，载《中国方志丛书·华北地方》第110号，成文出版社1968年影印本，第1084~1085页。

② 党宝海："巨野金山寺元代榜文八思巴字蒙古文考释——兼论元朝榜文的双语形式"，载《中国古代法律文献研究》第11辑，第340页；照那斯图、胡鸿雁："新发现三份八思巴字碑刻资料"，载《民族语文》2009年第6期，第34~39页；本文探讨的颜庙三道禁约榜及下文提及著录格式的"光福寺免役文榜"。

01 皇帝圣旨里平江路达鲁花赤总管府据

02 　安供崇奉

03 　铜像观音大士祈晴祷雨道场去处□□□

04 　低瀼每年租米有额无收已前年分□□□

05 　一空累蒙祈祷感格优免杂泛等事见

06 　上司差官守御西湖剿除□□军卒人等□

07 　焚修即今五月以来雨水骤发恐伤稻秧□

08 　菩萨到城祈祷便划开霁据本寺元当□□

09 　照得僧普明所告优免里正事干赋役所司

10 　祈祷累沐于感格仰酬

11 　神贶赋役宜恤于僧徒除下吴县依上优免

12 　合行出榜晓谕须至榜者

13 　右榜晓谕

14 　　　印　榜印　　印　　　印

15 　国书不录

16 　至正十八年岁在戊戌 ①

　　上列录文抹掉了《江苏省通志稿》保存的重要信息。该榜文在著录时，碑文第二行"安供崇奉"完全可以移至第一行以节省空间，著录者却选择另起一行，以保存原碑面貌。就文字相对位置而言，榜文正文第 2 行"安"字应与第 1 行"圣"字对齐，第 13 行"右"字应与第 12 行"须"字对齐，第 14 行第 1 个"印"字应与第 12 行"出"字对齐，第 16 列"至"字应与第 15 列"录"字对齐，另第 13 行"右榜晓谕"的字号略大于正文。详见图 7。②

　　① 党宝海："巨野金山寺元代榜文八思巴字蒙古文考释——兼论元朝榜文的双语形式"，载《中国古代法律文献研究》第 11 辑，第 347 页。
　　② 缪荃孙等纂：《江苏金石志》卷二四，载《石刻史料新编》第 1 辑第 13 册，第 10039 页。

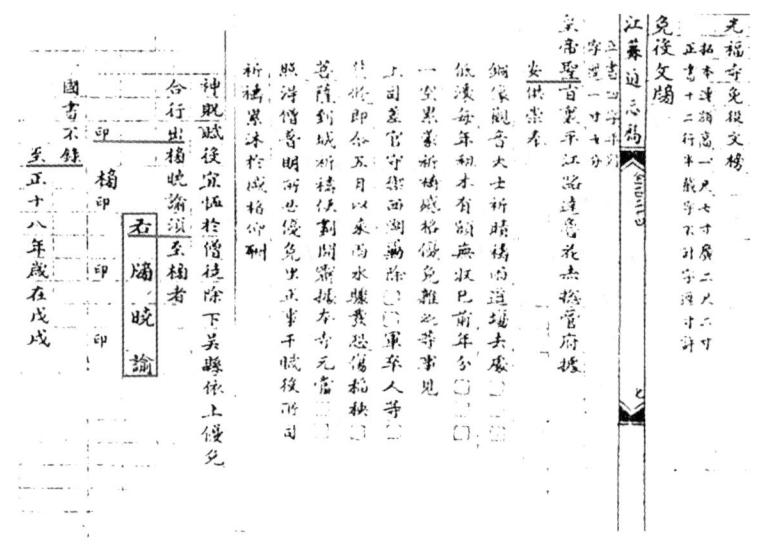

图 7 　"光福寺免役文榜" 书影

与写本影印的"光福寺免役文榜"不同，刻本影印的《常山贞石志》所录"赞皇县学枢密院榜文"却丢失了碑刻载负的可视化信息（见图 8）。

图 8 　"赞皇县学枢密院榜文" 书影

依《常山贞石志》的编者沈涛所言，图中红框表示此处有官印一方，云共有9印。沈氏记曰："印文系蒙古国书，不可识，当即枢密院之印。"①正文钤盖四方官印似有大小不一之别，且正文第二行"皇县刱建"是因首行空间限制抑或碑刻原貌如此实应谨慎考量。"右榜付赞皇县宣圣庙晓谕通知"字号亦与正文字号无别。本页著录之文字极有可能失去了碑刻原貌，获得该碑拓片成为破解上述疑惑的关键。

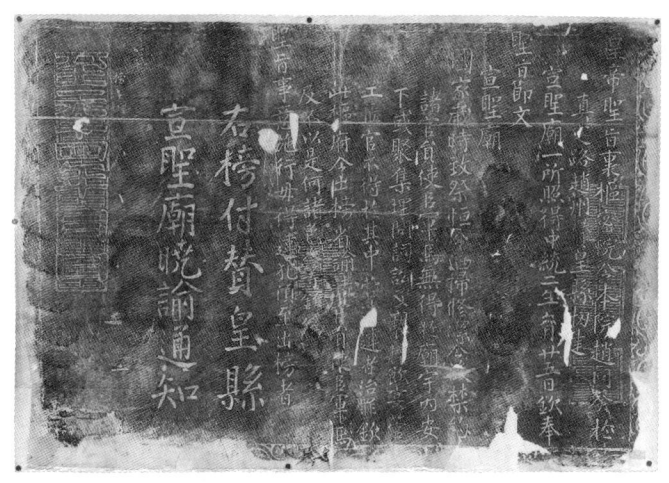

图9 "元赵州宣圣庙敕旨碑"拓片 ②

我国台湾地区"中研院"历史语言研究所辽金元拓片数位典藏有该榜文碑拓片（登录号：04367），题名"元赵州宣圣庙敕旨碑"（见图9）。据拓片显示，正文文字大小不一，钤盖四方官印为方形，"右榜付赞皇县宣圣庙晓谕通知"字号约为正文字号之四倍。录文如下：

01 皇帝圣旨里。枢密院。今本院赵同签于

02　　　真定路赵州赞皇县刱建

03　　　宣圣庙一所，照得中统二年六月廿五日钦奉

---

① （清）沈涛：《常山贞石志》卷一六，载《石刻史料新编》第1辑第18册，第13442页。

② 图片来自我国台湾地区"中研院"历史语言研究所辽金元拓片数位典藏，访问网址：http://ndweb. iis. sinica. edu. tw/rub_ public/System/Yuan/search/EnlargePIC. jsp? RUBBING_ ID＝3407。

04 圣旨，节文：

05　宣圣庙

06 国家岁时致祭，恒令洒扫修洁。今后禁约

07　诸官员使臣军马，无得于庙宇内安

08　下，或聚集理问词讼及亵渎饮宴，管

09　工匠官不得于其中营造，违者治罪。钦

10　此。枢府今出榜省谕：诸官员、使臣、军马

11　及不以是何诸色人等，钦依

12 圣旨事意施行，毋得违犯。须至出榜者。

13　　右榜付赞皇县

14　　宣圣庙晓谕通知

15　　榜

16　至元十四年十二月日

　　与拓片相较，《常山贞石志》所载录文于钤印位置及榜文格式确存谬误。标示公文性质"榜"字，上举数通除《林县志》所载宝岩寺榜碑未见外，其余碑拓或录文中均存。清人吴式芬所撰《金石汇目分编》载有"元金山寺秦王洞圣旨碑"及"元金山寺圣旨碑"。[1]两通碑刻实为一碑，因公文颁发与镌刻时间相异被人为割裂成两通。该碑现存山东省菏泽市巨野县金山大洞，管见所及前人录文并无"榜"字。[2]笔者随李雪梅教授赴当地考察时亲眼见到此碑，在八思巴文与日期之间，也刻有"榜"字（见图10）。

---

　　① （清）吴式芬：《金石汇目分编》卷一三，载《石刻史料新编》第1辑第28册，第21185页。
　　② 任小行："元至元济宁路金山寺圣旨石刻相关问题略释"，载《蒙古学集刊》2014年第3期。孙明：《菏泽市古石刻调查与研究》，科学出版社2015年版，第417页。党宝海："巨野金山寺元代榜文八思巴字蒙古文考释——兼论元朝榜文的双语形式"，载《中国古代法律文献研究》第11辑，第344~345页。

图 10   山东省菏泽市巨野县独山镇金山大洞摩崖禁约榜局部

上文金石志、地方志与榜碑照片、拓片之印证发明对辨别文集中的榜文颇有裨益。《范仲淹全集·褒贤集》辑录了宋元朝廷对范氏一族加以优褒的12 道政府文书。①卷末"朝廷优崇编辑识语"提示，本卷文书由范仲淹八世孙范文英于元统六年 ②加以整理编纂。其中包括篇题为"江浙行中书省禁治科扰榜文""泰州西溪书院禁约榜文"及"泰州西溪书院榜文"的 3 道元代榜文。

据该书前言列点校说明称："本书除上册之《范文正公文集》二十卷以北宋本为底本外，另外二十七卷均以康熙本为底本，具体操作时以道光本为工作底本。凡底本之编序、卷次、分类、总题、篇题等，均一仍其旧，正文文字一般以底本为准。""《褒贤集》卷五原有旧目而无篇题，今据旧目增拟篇题"③，表明 12 道政府文书篇题应为元人范文英整理时或清人范能濬编集时所加。现将 3 道榜文节录如下：

江浙行中书省禁治科扰榜文

江浙等处行中书省近据平江路申：……准此，省府札付平江路总管

---

① （清）范能濬编集，薛正兴校点：《范仲淹全集》下册《褒贤集》卷二，凤凰出版社 2004 年版，第 967~977 页。本注释以下出版信息省略。

② 按年号"元统"在元代仅用过一次，持续两年（1333—1335）。其后为至元（1335—1340）、至正（1341—1368）。

③ 《范仲淹全集》前言，第 41~42 页。

府，依上禁治，令所司常加优恤外，合行出榜禁治，诸人毋得烦扰。所有榜文，须议出给者。右榜晓谕诸人通知。大德年月日。①

泰州西溪书院禁约榜文

泰州据前安庆路儒学正朱景新谨呈："……若不呈乞出给榜文，付祠堂张挂，省谕诸人毋得似前沮坏，诚恐日渐毁坏前代名贤遗迹不便。"据此，合行具呈。②

泰州西溪书院榜文

据前真州儒学学录朱景新状呈：……。得此，使州合行出榜。如有违犯之人，仰指名告官，取问是实，痛行断罪。所有榜文，须至出给者。大德五年二月日。③

文集中收录的 3 道元代榜文既未保留公文格式、注明印押情况，亦不曾完整抄录，一个明显的理由——同样是中书省于大德年间（1297—1307）颁发的榜文，抄录者径直去掉了存在于"大德十一年兖国公庙禁约榜"的公文起首语"皇帝圣旨里"。根据榜文的程式，题名为"泰州西溪书院禁约榜文"的一段文字更是张冠李戴。该段文字仅是朱景新上呈的状词，并非名副其实的元代榜文，此点从"泰州西溪书院榜文"的行文中便可窥见。而"泰州西溪书院榜文"除榜首文字被抄录者删掉，文末很有可能也被删去了一句字号略大于正文的"右榜晓谕诸人通知"④。

禁约榜作为元朝官方颁发的旨在保护寺庙权益的一种公文，直接对各种违法行为提出严厉警告，具有示禁作用。寺庙收到官方所颁榜文，往往刻石立碑，藉以发挥"晓谕诸人通知"的功用。就颜庙现存禁约榜碑而言，保留榜文原貌的镌刻行为无疑是试图彰显榜文法律效力、凸显政府权威。此种原貌不仅包括榜文的格式、用印及花押，亦包括一行蒙古八思巴文字。双语文

---

① 《范仲淹全集》，第 973~974 页。标点略有改动。

② 《范仲淹全集》，第 974~975 页。

③ 《范仲淹全集》，第 975~976 页。标点略有改动。

④ 笔者所见及的榜文中，灵岩寺下院榜文碑亦无此句，录文可见（清）唐仲冕：《岱览》卷二六《灵岩下》，清嘉庆十六年（1811）果克山房刻本，第 44~45 页。

体除了体现警示、说明文书性质外，还意味着写有蒙古文的文书并非伪造。①
更为重要的是，作为一种具有高度政治象征意义的文字，八思巴字主要用以
拼写各种政府文书及符牌官印，可视为政府权力的一种文字化象征。由于八
思巴字与元政权的特殊关系，因此无论见者是否懂得八思巴字，都会意识到
此种文字所具有的官方属性及背后隐藏的国家权力。②

附录： 颜庙三通禁约榜碑碑文

1. "至大四年颁兖国公陋巷故宅禁约榜" 碑文

01 皇帝圣旨里。中书礼部会验钦奉

02 　诏书，节该：谕中外百司官吏人等：

03 　　孔子之道，垂宪万世。有

04 　　国家者，所当崇奉。曲阜林庙，上都、大③都、诸路府州县
邑庙学书院④，照依

05 世祖皇帝⑤圣旨，禁约诸官员⑥使臣军马，毋⑦得于内安下，或
聚集理问词⑧讼，亵渎

06 　　　□⑨宴，工役造作，收贮⑩官物。其赡学地土产业及贡士

---

① 党宝海："蒙元时代蒙汉双语公文初探"，载沈卫荣主编：《西域历史语言研究集刊》第4辑，
第142~143页。

② 党宝海："《至元二十年永寿吴山寺执照碑》考释——兼论元代八思巴字的象征意义"，*Quaestiones Mongolorum Disputate*，no. 10，Sep，2014，Tokyo，第69~73页。

③ 此字漫漶，《通制条格》《元典章》《庙学典礼》（以下简称《通》《元》《庙》）及《大德十
一年保护兖国公庙禁约榜》（以下简称《十一年榜》）均作"大"。

④ 此处漫漶，《通》《元》《庙》及《十一年榜》均作"学书院"。

⑤ 此字漫漶，《通》《元》《庙》及《十一年榜》均作"帝"。

⑥ 此字漫漶，《通》《元》《庙》及《大德十年保护兖国公庙禁约榜》（以下简称《十年榜》）
《十一年榜》均作"员"。

⑦ 此字漫漶，《通》《元》《庙》及《十年榜》《十一年榜》均作"毋"。

⑧ 此处漫漶，《通》《元》《庙》及《十年榜》《十一年榜》均作"理问词"。

⑨ 此字漫漶，《通》《元》《庙》作"饮"，《十年榜》《十一年榜》作"饭"，故此处阙疑。

⑩ 此字漫漶，《通》《元》《庙》及《十一年榜》均作"贮"。

庄田①，□②人毋得侵

07　　　夺。所出钱粮，以供春秋二丁朔望祭祀及师生廪膳。贫寒老病之士为

08　　　众所尊敬者，月支米粮，优恤赡养。庙宇损坏，随即修完。作养后进，严加

09　　　训诲。讲习道艺，务要成材。若德行文学高出时辈者，有司保举，肃政廉

10　　　访司体覆相同，以备选用。本路总管府③，提举儒学、肃政廉访司宣明教

11　　　化，勉励学校。凡庙学公事，诸人毋得沮坏。据合行儒人事理，照④依已降

12　圣旨施行。彼或恃此非理妄行，

13　　　国有常宪，宁不知惧。宜令准此。钦此。照得兖州府曲阜县

14　　　亚圣兖国公陋巷故宅理合一体禁约，

15　　　省部合行出榜省谕：诸人无□辄入本所，亵渎搔扰。若有违犯之人，所

16　　　在官司严行究治施行。须议榜示者。

17　　　　　右榜晓　谕诸　人通　知

18　　　　（波　　　　斯　　　　　文）

19　　　　（八　思　巴　文）

20　　　　榜

21　至〔大四〕年　九〔月　日〕　　押　押⑤
　　　　　　　　押

---

①　此字漫漶，《元》《通》，应为"田"。
②　此字漫漶，《十一年榜》《庙》均作"诸"。《通》《元》均作"外"。故此处阙疑。
③　此字漫漶，《通》《元》《庙》及《十一年榜》均作"府"。
④　此字漫漶，《通》《元》《庙》及《十一年榜》均作"照"。
⑤　附件一以三个"押"字代替三处花押，附件二、三亦系如此，以下不再注明。

2. "皇庆元年刻大德十年颁兖国公庙禁约榜"碑文

01 皇帝圣旨里。中书礼部：

02　　　据济宁路兖州曲阜县颜氏五十三代孙颜泽状告，有

03　　　亚圣兖国公庙宇别无官给榜文，恐致闲杂人等非理亵渎，告乞禁□□。得此。照

04　　　得至元三十年钦奉

05 圣①旨节该：孔子之道，垂宪万世。有国家者，所当崇奉。曲阜林庙、诸路府州②县邑应设庙

06　　　学书院，禁约诸官员使臣军马③，毋得于内安下或理问词讼，亵渎饭宴。凡庙学

07　　　公事，诸人毋得沮坏。钦此④。除钦依外，省部合行出榜晓谕：钦依

08 圣旨事意，诸人毋得亵渎搔扰。如有违犯之人，仰所在官司就便究治施行。须议榜者。

09　　　右　榜　晓　谕　诸　　人　　通　　知

10　　　（八　　思　　巴　　文）

11　　　榜　　　　　　　　　　押

　　　　　　　　　　　　　　　　　押

12　大　德　十　年　二　月　日　　　　　　　　　押

13　　　　　　　　　　皇庆元年秋八月望有三日，兖国公五十四代孙颜氏族长□提领监修仲春敬等立石

14　　　　　　　　　　　　　　前成武县儒学教谕颜之谦　　书，　　邹县常祐男俦伟　镌

───────────────

① 此字漫漶，《通》《元》《庙》均作"圣"。

② 此字漫漶，《通》《元》《庙》及《至大四年保护兖国公陋巷故宅禁约榜》（以下简称《至大四年榜》）《十一年榜》均作"州"。

③ 此字漫漶，《通》《元》《庙》及《至大四年榜》《十一年榜》均作"马"。

④ 此字漫漶，《十一年榜》作"此"。

3. "大德十一年颁保护兖国公庙禁约榜"碑文

01 皇帝圣旨里。中书省会验：先钦奉

02   诏书节该：孔子之道，垂宪万世。有国家者，所当崇奉。曲阜林庙，上都、大都、诸路府州县邑庙学书院，照依

03 世祖皇帝圣旨，禁约诸官员使臣军马，毋得于内安下，或聚集理问词讼，亵渎饭宴，工役造作，收贮官物。其赡学

04   地土产业及贡士庄，诸人毋得侵夺。本路总管府，提举儒学、肃政廉访司宣明教化，勉励学校。凡庙学公事，

05   诸人毋得沮坏。据合行儒人事理，照依已降

06 圣旨施行。钦此。除钦遵外，照得

07   亚圣兖国公庙宇，亦合一体禁约。除另行外，都省合行出榜晓谕，如有违犯之人，严行治罪。须至榜者。

08   右　榜　晓　谕　各　令　通　知

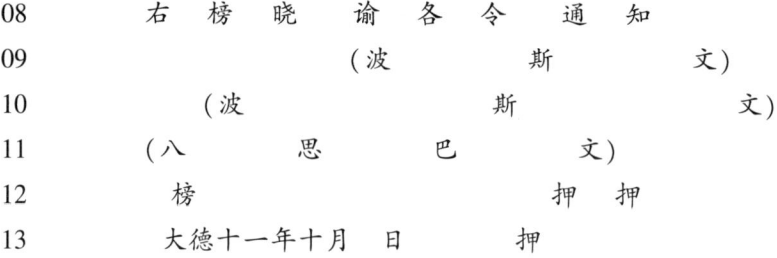

09   （波　　　斯　　　文）

10 （波　　　　　斯　　　　　文）

11 （八　思　巴　　文）

12   榜　　　　　　　　押　押

13   大德十一年十月　日　　　押

从《大都大延洪寺栗园碑》看元代佛道纠纷

刘建超[*]

【摘要】元代佛道纠纷不断，出现了数次大规模的辩论。道教失败，被要求退还所占佛寺地产。《大都大延洪寺栗园碑》是反映元代佛道争夺庙观地产纷争的珍贵记录。本文从该碑录文切入，尝试梳理元代化解佛道地产纠纷的程序，并与普通田产纠纷作对比，从而探讨其背后的历史意象。

【关键词】佛道之争　大延洪寺栗园碑　地产纠纷　宗教

佛道之争由来已久，但元代表现尤为突出。蒙古进入中原，全真道较早与蒙古统治者接触。辛巳年（1221）丘处机西行谒见成吉思汗后，全真道势力大盛，[①]不仅获得了高于佛教的政治地位，而且乘机占据了不少旧属佛寺的房产及土地，改为道观。蒙哥汗即位后，佛道之争达到了顶点。据统计，这一时期道教损毁佛像、占夺佛寺及寺家园林产业近五百余处。[②]全真道势力的急剧膨胀引起蒙古汗廷的疑忌，如何处理佛、道关系成为一个政治问题。朝

---

* 刘建超，中国政法大学 2016 级历史文献学专业硕士研究生，硕士论文为《明代御制学规碑整理与研究》，2019 年完成。

① 《周至重阳万寿宫圣旨碑——传奉成吉思皇帝圣旨（1223 年）》载："皇帝圣旨，道与诸处官员每：丘神仙应有底修行院舍等，系逐日念诵经文告天中国底人每，与皇帝祝寿万岁者。所据大小差发赋税，都教休着者。"载蔡美彪编著：《元代白话碑集录》（修订版），中国社会科学出版社 2017 年，第 1 页。

② "乙卯间，道士丘处机、李志常等等常毁西京天城夫子庙为文城观，毁灭释迦佛像、白玉观音、舍利宝塔，谋占梵刹四百八十二所。传袭王浮伪语老子八十一化图，惑乱臣佐。"参见（元）释念常：《佛祖历代通载》卷二一，载《北京图书馆珍本丛刊》第 77 册，书目文献出版社 1998 年版，第 428~429 页。

廷为此举行几次佛道辩论，①道教失败，被要求退还所占佛教地产。现存碑文记载多为寺庙地产之争和皇帝相应圣旨，鲜少记录朝廷处理佛道地产纠纷程序，这也正是《大都大延洪寺栗园碑》的独特价值所在。

一、《大都大延洪寺栗园碑》释读

2007 年，北京市房山区新街村南水北调施工现场发现了《大都大延洪寺栗园碑》。该碑碑额高 64 厘米，宽 54 厘米，碑身高 108 厘米。碑额题"大都大延洪寺栗园碑"。碑身两截刻立。按照原碑格式，将碑文改横排整理如下：

【上截碑文】

01 长生天气力里，

02 大福荫护助里，

03 皇帝圣旨：军官每、军人每、城子里达鲁花赤官人每、

04 　　　来往底使臣每根底

05 　　　宣谕底

06 　圣旨：

07 成吉思皇帝、皇帝圣旨里："和尚〔也〕里可温每、先生每、

08 　　　答失蛮每，不拣什么差〔发〕不交着，告

09 　　　天祝寿行者"么道，那〔般〕有。如今呵，依着在先

10 　圣旨体例里，"不拣什么差〔发〕休交着者，告

11 　　　天祝寿行者"么道。大〔都〕里有底延洪寺里住

---

① 关于佛道辩论的次数及时间，学术界观点不一。有二次说，韩儒林认为是 1255 年和 1257 年，见韩儒林主编：《元朝史（上）》，人民出版社 2008 年版。有三次说，日本学者中村淳认为分别为 1254 年到 1256 年间的两次辩论和 1258 年的一次辩论，见〔日〕中村淳、乌恩："道教和佛教的冲突——元朝的宗教政策"，载《蒙古学信息》2002 年第 2 期，第 18～19 页。门岿认为前两次辩论都发生在 1255 年，第三次是在 1258 年，见门岿："从佛道之争看元代宗教的宽容政策"，载《殷都学刊》2001 年第 1 期，第 64 页。朋·乌恩、秦新林及周清澍等均认为三次辩论分别发生在 1255 年、1258 年和 1281 年，见朋·乌恩："论蒙元佛道辩论的内在起因"，载《蒙古学信息》1998 年第 4 期，第 5～9 页；秦新林："蒙元时的佛道之争及其影响"，载《殷都学刊》2006 年第 4 期，第 109～112 页；周清澍："论少福裕和佛道之争"，载姚大力、刘迎胜主编：《清华元史》第 1 辑，商务印书馆 2011 年版，第 38～73 页。有四次说，程佩的将四次辩论的时间确定为 1255 年、1256 年、1258 年和 1281 年，见程佩："蒙元时期佛道四次辩论之真相探寻"，载《云南社会科学》2013 年第 2 期，第 163～167 页。无论几次，都说明元代的佛道之争持续时间不短，对当时的社会产生了深刻影响。

12　　　持底如宗主执把着〔行〕底

13　圣旨与了也。这底每寺院房舍里，他每底使臣休

14　　安下者；铺马祇应休拿要者，商税、地税休着

15　　者。应属延洪寺底水土、栗园、果园、水碾、园林，

16　　不拣什么，他每底休夺要者。却这的每有

17　圣旨么道，无体例的勾当休做者。做呵，他每不怕

18　　那什么。

19　圣旨俺的。

　　　　　　　宝

20　　蛇儿年八月初八日，上都有的时分写来。

21　　　提点相定、监寺戒深、副寺戒海同立石。

【下截碑文】

22 皇帝圣旨里

23　国师下延洪寺住持宗主相如等。

24　　　照得元起盖本寺僧副元大德丕公，于奉先延洪庄栽

25　　　种□栗园一所，眛济本寺，作常住产业。

26　皇朝收伏天下之后，将本寺僧众散失，不能为主。至庚辰年

27　　　间，有坟山崔荣祖、谢永安、王巧公、高子显、张得林、崔荣

28　　　禄等，将前项栗园一面献与大哥相公，在后有大哥相公

29　　　转献与元真人为主。本寺知会，却缘已经兵革，未蒙

30　圣旨：不曾争理。于至元十七年八月内，有延洪庄住人常进、崔

31　　　进前来作证，说称本寺栗园，止是元真人徒弟修真观

32　　　提点王静全势占作主，以此相如等告。有

33　　　板的达八合失、亦里迷失相公

34　　　奏，奉到

35　圣旨：委脱里问当者，钦此。于今年二月廿四日，有元占栗园

36　　　人提点王静全等，面对脱里相公、李道录、周道判等，依

37　　　所告元呈图本：东至海神堂，南至浪疙疸、瓦井石河，西

38　　　至芦子水东坡，北至榆岭山埚。四至已里，尽行自愿吐

39　　　　退与本寺，依旧为主。以此蒙脱里相公于三月初八日，

40　　　　将王静全吐退栗园文字回　奏。奉

41　圣旨：分付本寺依旧为主，钦此。合行立石者。

42　　　　　　　　至元十八年四月初七日。

图1　《大都大延洪寺栗园碑》碑拓 ①

———————

①　拓片由李雪梅教授提供。

石碑上截为元代蛇儿年（1281）八月朝廷下令保护延洪寺的圣旨，①下截为至元十八年（1281）四月延洪寺住持相如等人的撰文。

宪宗年间（1251—1259）的几次佛道辩论，道教失败，朝廷宣判焚烧道教伪经45部，诏令归还被抢占的佛寺237所等，但道教并未完全执行。②至元十七年（1280）为争夺寺观，长春宫道士与僧人又发生冲突，忽必烈下旨处死了参与此事的道士二人。③《大都大延洪寺栗园碑》所反映的佛教要求道教归还延洪寺栗园，就是在元政府扶持佛教、贬低道教的历史大背景下发生的。

碑文按照元代圣旨体例书写，"长生天气力里，大福荫护助里皇帝圣旨"（碑文第1~2行）为圣旨起始语，主要内容是保护"应属延洪寺底水土、栗园、果园、水碾、园林"（第15行）。

延洪寺始建于唐贞元时期（785—804），原称天城院，初为凝寂大师弘法之地，大中年间（847—859）更名延洪寺，辽圣宗于统和六年（988）三月曾游玩延洪寺。④寺在辽乾统年间（1101—1110）被称为甲刹，蒙古攻灭金朝，中都饱受战火，但延洪寺却一直存在。⑤《析津志》载："延洪寺在崇智门内有阁，起自中唐，至本朝，那摩国师重修之。"⑥可见，延洪寺一直为佛教场所，元那摩国师南下修复伤残寺庙，延洪寺也在其中。

栗园原为延洪寺财产，"盖本寺僧副元大德丕公于奉先延洪庄栽种"（第24行）。延洪寺虽在大都崇智门内，但栗园却在房山，这也是当时寺院经济繁荣的一个表现。

时因兵革，栗园寺僧离散，随后栗园被崔荣祖、谢永安、王巧工等人在

---

① 关于此碑蛇儿年的时间，马顺平先生曾作过考证，详见马顺平、孙明鉴："元《大都大延洪寺栗园碑》释证"，载《故宫博物院院刊》2011年第1期，第80页。

② （元）释祥迈：《至元辨伪录》卷四，载《北京图书馆珍本丛刊》第77册，书目文献出版社1998年版，第520页。本注释以下出版信息省略。

③ 《长春宫晓谕碑》载："有这先生每明白招来了上头，为头儿底杀了两个也，别个的割了耳朵鼻子的割了也，别个的打了也，其余的交做了军也，这般断了也，钦此。"参见《至元辨伪录》卷五，第530~531页。

④ "圣宗统和六年三月，幸延洪寺。延洪、开泰二寺，《元混一方舆胜览》中犹载之。"参见（清）于敏中等编纂：《日下旧闻考》卷一五五，北京古籍出版社1981年版，第2499~2500页。本注释以下出版信息省略。

⑤ （清）于敏中等编纂：《日下旧闻考》卷一五五，第2500页。

⑥ （元）熊梦祥著，北京图书馆善本组辑：《析津志辑佚》，北京古籍出版社1983年版，第68页。

庚辰年即至元十七年（1280）献于大哥相公，后又转于道教元真人之下。至元十七年（1280）八月延洪寺僧人常进等人告诉住持相如，栗园现今被元真人徒弟王静全占有，于是住持相如上诉板的达八合失、亦里迷失，转奏朝廷。皇帝委任脱里勘查此事，最终在至元十八年（1281）二月廿四日，道教同意退回所占栗园。

二、元代佛道地产纠纷及审判程序

（一）元代司法审判程序

元代实行兼容并蓄的开放宗教政策，形成了独特的宗教管理体制，佛教在中央有宣政院，地方上有僧录、正副都纲、僧正等，多由僧人担任；道教在中央有集贤院，地方上有道录、道正、道判和提点等，多由道士担任。在此案件中，由于原告为佛寺僧人，因此佛教机构便参与到司法流程中。

元代为统领天下佛教，于至元初年（1264）设置总制院，"掌浮图氏之教，兼治吐蕃之事"。①至元二十五年（1288）改总制院为宣政院。在此之前，元王朝一直以帝师作为"总制院使"。②至元十七年（1280），延洪寺住持相如以原告身份向板的达八合失上诉。板的达八合失为"板的达"和"八合失"的合称，在元代能获此称号者极其少见。根据马顺平的考证，此板的达八合失即为胆巴，为至元十六年（1279）到至元十九年（1282）的代理帝师，也即当时的总制院使。③因此住持相如向其申诉，由其转奏皇帝，符合元王朝的制度规定。碑文第33行还提到了"亦里迷失"，根据《元史》记载，亦里迷失即亦黑迷失，"至元……十四年，授兵部侍郎。十八年，拜荆湖、占城等处行中书参知政事……复命使海外僧迦剌国，观佛钵舍利，赐以玉带、衣服、鞍辔"，④他不属于佛教机构成员，但亦和胆巴共同转奏。其中缘由，尚不可知。

紧接着，皇帝下令脱里负责此事。据《元史》，至元十七年（1280）"三

---

① 《元史》卷二五〇《奸臣传·桑哥》，中华书局1976年版，第4570页。本注释以下出版信息省略。
② "至元初，立总制院，而领以国师。二十五年，因唐制吐蕃来朝见于宣政殿之故，更名宣政院。"详见《元史》卷八《百官志·宣政院》，第2193页。
③ 马顺平、孙明鉴："元《大都大延洪寺栗园碑》释证"，载《故宫博物馆院刊》2011年第1期。
④ 《元史》卷一三一《列传·亦黑迷失》，第3198页。

月乙卯，立都功德使司，从二品，掌奏帝师所统僧人并吐番军民等事"。①至元十九年（1282），"罢都功德使脱烈"。②此时都功德使司是脱烈，碑中所记争产事发生在此间，皇帝任令脱里负责此案，程序合乎情理。

脱里审理延洪寺产业归属的过程不得而知，但结果比较清晰，王静全当着脱里及李道录等人的面，同意将"元呈图本"四至内的栗园归还给延洪寺。

此次纠纷的处理程序大致是：僧人起诉至总制院，由总制院即国师（帝师）奏告皇帝，皇帝委命都功德使司处理，都功德使司将处理结果上报，最后皇帝下旨。延洪寺栗园之争历时七个月，牵动用了总制院、都功德使甚至包括皇帝在内的最高世俗和宗教力量，程序正当，流程清晰。这也使得《大都大延洪寺栗园碑》的研究价值更为突出。

（二）元代佛道地产纠纷审判特色

元代将民众分为不同的户籍，如民户、军户、匠户等，而僧徒和道士则属于僧户和道户。与普通民户的民事纠纷不同，当纠纷发生在僧俗、僧道之间时，往往需要实行约会制度。《元史》载："若僧俗相争田土，与有司约会，约会不至，有司就便归问。"③即当约会制度无法实现有效裁判时，由更高级别的"有司"处理。《元典章》载："如今和尚一处先生每、秀才每有争差的言语呵，管民官一处休交问。和尚每的头儿的，先生每的为头儿的，秀才每的为头儿的，一同问者……钦此。"《元史·刑法志》也记载："诸僧、道、儒人有争，有司勿问，止令三家所掌会问。"④从中也可看出，特殊户间的争讼，有别于常规案件审理。又由于寺院经济在元代比较特殊，并且与佛、道两大宗教势力相抗衡的事件相关，审判级别相应更高。

与普通审判程序相对照，更能看出此案的特殊性。属人法原则使得元代民事审判权相对分散，从路、府、州、县到刑部、礼部，再到行中书省、大宗正府等，机构繁多。民事田产纠纷属于细事，多由县一级处理，若"所犯

---

① 《元史》卷一一《本纪·世祖》，第223页。
② 《元史》卷一二《本纪·世祖》，第248页。
③ 《元史》卷一○二《刑法志一》，第2620页。
④ 《元史》卷一○二《刑法志一》，第2620页。

若无重罪，司、县皆当取决。不合，申府、申总府、申提刑司"，①提刑司即提刑按察司，是"道"一级的官员，但实际上，民间细故案件一般在总管府一级就审结了。这一点和处理佛道纠纷的司法机构差别较大。住持相如在本案中直接上诉至"总制院"，总制院是直属中央政府管辖的国家机构，其下辖地方宗教行政机构。相如直接跳过地方宗教行政机构诉至总制院，可见受理佛道诉讼的行政机构要比处理普通田产纠纷的行政机构级别高。

元代实行"圆坐署事"制度，"诸路官府凡有保明官吏、推问刑狱、科征差税、应支钱谷，必须圆佥文字"，②即各类民事案件需要经过官员集体讨论决定，然后在相关文书上签字，以示负责。在本案中，提点王静全最后在脱里相公、李道录、周道判等面前同意归还栗园，也有"圆坐署事"的印迹。

古代诉讼多遵循"不告不理"原则，告诉需词状。在本案中，延洪寺住持相如作为原告，将道教提点王静全侵占栗园一事向总制院提起诉讼，但碑文中没有提及"词状"。查阅其他相似碑文，如《玉泉寺圣旨碑》《长春宫晓谕碑》等有关佛道相争的碑刻，亦不见有"词状"在内。

"词状"对案件的审理进行有重要作用，官府可以根据"词状"的内容，如情节是否合理，案情是否明晰，来判断是否为"诬告"，并决定是否受理。《吏学指南》解释"状"是"以貌写情于纸墨也"，③但佛道纠纷中未见"词状"，或许是佛道争执事关重，可以直接向总制院反映，从而减少了"词状"一环。

元代民事纠纷实行"停务制度"，即受理案件有一定时间限制。《元典章》载："除公私债负外，婚姻、良贱、家财、田宅，三月初一日住接词状，十月初一日举行。"④民事田宅纠纷等案件的受理时间只在十月初一到次年的三月初一，这期间称为"务"，三月初一至本年九月三十称为"务停"，十月初一起"务开"。实行"停务制度"主要是为了不影响农业生产。至元六年（1269）三月中书户部提议："契勘即目正是农忙时分，所据告论田宅……卒

---

① （元）胡祗遹：《紫山大全集》卷二三，载《元史研究资料汇编》第 18 册，中华书局 2014 年版，第 328 页。

② 王有立主编：《大元通制条格》，华文书局 1980 年版，第 391 页。

③ （元）徐元瑞：《吏学指南》，载杨一凡主编：《历代珍稀司法文献》第 1 册，中国社会科学出版社 2012 年版，第 155 页。

④ 《元典章》卷五三《刑部·诉讼·停务》，中华书局 2011 年版，第 1787 页。

急不能归结，实为妨夺农务。今照得旧例，起自十月一日官司受理，至二月三十日断毕，三月住接词状。"①可以看出，元代田宅等细事的纠纷处理只能在"务开"期间，即十月初一到次年三月初一。

本案中，延洪寺住持相如是在至元十七年（1280）八月得知栗园被"元真人徒弟修真观提点王静全势占作主"（第32行），随即上诉总制院，并且在次年二月廿四日得到了裁决结果，与"停务制度"时间不符，即佛道之争并非民间细故，故不受"停务制度"的限制。

宗教信仰自由和各教教理单一化是元代宗教政策的一个特色，②其表现在寺院经济的发展、约会制度的变迁、减免佛道赋税等各方面，而本文所探究的佛道地产纠纷与民事地产纠纷的异同同样是其一个方面。通过对《大都大延洪寺栗园碑》的分析，让我们了解了到元代对佛道地产纠纷的处理与普遍田产纠纷处理有诸多不同，最显著的差异是，国家权力在调处中居于主导地位。

---

① 《元典章》之《新集·刑部·诉讼·停务》，中华书局2011年版，第2219~2220页。
② 郑素春："元代全真教主与朝廷的关系"，载萧启庆主编：《蒙元的历史与文化：蒙元史学术研讨会论文集》，学生书局2001年版，第701页。

《大明诏旨碑》探因

杨　帆[*]

【摘要】自唐代以来，历代君主对于岳、镇、海、渎、城隍等神不断加以崇名美号，明太祖朱元璋在洪武三年颁布《诏定岳镇海渎城隍诸神号诏》，削减历代封号，该诏书内容刻石于各庙。本文从释读《大明诏旨碑》入手，尝试解释以往研究中关于削减神号与减轻百姓负担是否有关的问题。

【关键词】大明诏旨碑　朱元璋　岳镇海渎

一、碑石概貌及碑文整理

《大明诏旨碑》，洪武三年（1370）九月十一日立，记洪武三年六月圣旨。现存山西洪洞兴唐寺乡中镇庙遗址的《大明诏旨碑》，螭首龟趺，高600厘米、宽188厘米、厚55厘米，额篆"大明诏旨"。碑文19行，满行42字。内容为诏封五岳、五镇、四海、四渎、城隍等圣旨。碑阴为官员题名。碑文由明初书法家詹希元书写，同样内容的碑刻也见于陕西华阴西岳庙、河北曲阳北岳庙、广东广州南海神庙、河南济源济渎庙、山东临朐东镇庙、山东曲阜孔庙等地。

由于此碑的内容为皇帝诏书，故也见录于《明太祖实录》①《明史》②《明集礼》③等官方史书以及《番禺县志》④《重修曲阳县志》⑤等地方志书之中。

---

* 杨帆，中国人民大学国学院 2013 级中国古代史专业硕士研究生，现为中国政法大学法律古籍整理研究所教师。

① 《明太祖实录》卷五三，上海书店出版社 1984 年影印，第 1034 页。本注释以下出版信息省略。
② 《明史》卷四九，中华书局 1974 年版，第 1284 页。
③ （明）徐一夔：《明集礼》卷一四，文渊阁《四库全书》本。
④ （清）史澄等：（同治）《番禺县志》卷三〇，清同治十年刻本。
⑤ （清）周斯亿修，（清）董涛纂：（光绪）《重修曲阳县志》卷一三，清光绪三十年刻本。

而对此碑的内容，《明集礼》赞为"可谓一洗千古之陋者矣"①，顾炎武也给予"卓绝千古之见"②的评价。20世纪90年代以来，多位学者对碑文进行了考释和研究，陈彦堂、辛革《从新出土的〈明太祖诏正岳镇海渎神号碑〉谈起》③著录了碑文，并与《明史》等传世文献进行了校勘。王丽敏、高晓静《〈大明诏旨〉碑探秘》④依据碑的外形和唐代碑刻的特点，推测曲阳北岳庙的大明诏旨碑系在唐太宗祀北岳庙的祭文碑基础上改刻。冯军《〈大明诏旨碑〉考证》⑤以济源济渎庙诏旨碑为例分析了立碑的历史背景、碑在全国的分布情况和书法价值等。张勃《明代国家山川祭祀的礼仪形态和多重意义》⑥对明代山川祭祀的主体、对象、时间、场所、陈设、乐舞、仪式程序等方面进行了考察，并指出了明代国家山川祭祀的多重意义。

　　关于此碑的定名，《明太祖实录》中名为《诏定岳镇海渎城隍诸神号诏》，《曲阳县志》将其定名为《诏定北岳神号碑》，《番禺县志》定名为《洪武三年御碑》。因其额篆"大明诏旨"，故多称为《大明诏旨碑》。

① （明）徐一夔：《明集礼》卷一四，文渊阁《四库全书》本。

② （清）顾炎武著，（清）黄汝成集释，栾保群、吕宗力点校：《日知录集释》，上海古籍出版社2006年版，第1715页。

③ 陈彦堂、辛革："从新出土的《明太祖诏正岳镇海渎神号碑》谈起"，载《中原文物》1998年第1期，第91~95页。

④ 王丽敏、高晓静："《大明诏旨》碑探秘"，载《文物春秋》2009年第6期，第68~70页。

⑤ 冯军："《大明诏旨碑》考证"，载《济源职业技术学院学报》2012年第2期，第7~9页。

⑥ 张勃："明代国家山川祭祀的礼仪形态和多重意义"，载《中原文化研究》2017年第2期，第110~117页。

图 1　中镇庙遗址现存《大明诏旨碑》拓片

兹据中镇庙现存《大明诏旨碑》按格式改横排整理如下：

01　　奉

02　　　天承运

03　　皇帝诏曰：自有元失驭，群雄鼎沸，土宇分裂，声教不同。朕奋起布衣，以安民为念，训将练兵，平定华夷。大

04　　统以正，永惟为治之道，必本于礼。考诸祀典，知五岳五镇四海四渎之封，起自唐世，崇名美号，历代有加。

05　　在朕思之，则有不然。夫岳镇海渎，皆高山广水，自天地开辟以至于今，英灵之气萃而为神，必皆受命于

06上帝，幽微莫测，岂国家封号之所可加。渎礼不经，莫此为甚。至如忠臣烈士虽可加以封号，亦惟当时为宜。夫

07　　礼所以明神人、正名分，不可以僭差。今命依古定制，凡岳镇海渎并去其前代所封名号，止以山水本名

08　　称其神，郡县城隍神号一体改正。历代忠臣烈士，亦依当时初封以为实号，后世溢美之称皆与革去。其

09　　孔子善明先王之要道，为天下师，以济后世，非有功于一方一时者可比，所有封爵宜仍其旧。庶几神人

10　　之际，名正言顺，于礼为当，用称朕以礼祀神之意。所有定到各各神号开列于后：

11　　　　　　一、五岳称：东岳泰山之神、南岳衡山之神、中岳嵩山之神、西岳华山之神、北岳恒山之神。

12　　　　　　一、五镇称：东镇沂山之神、南镇会稽山之神、中镇霍山之神、西镇吴山之神、北镇医无闾山之神。

13　　　　　　一、四海称：东海之神、南海之神、西海之神、北海之神。

14　　　　　　一、四渎称：东渎大淮之神、南渎大江之神、西渎大河之神、北渎大济之神。

15　　　　　　一、各处府州县城隍称某府城隍之神、某州城隍之神、某县城隍之神。

16　　　　　　一、历代忠臣烈士并依当时初封名爵称之。

17　　　　　　　　一、天下神祠无功于民不应祀典者即系淫祀，有司毋得致祭。

18　　　于戏，明则有礼乐，幽则有鬼神，其理既同，其分当正，故兹诏示，咸使闻知。

19　　　　　　　　　　　洪武三年六月　　日

此碑为记载明太祖朱元璋《诏定岳镇海渎城隍诸神号诏》的圣旨碑。碑文主要体现了朱元璋的敬神主张，他认为岳镇海渎"皆高山广水，自天地开辟以至于今，英灵之气萃而为神，必皆受命于上帝，幽微莫测，岂国家封号之所可加"。五岳、五镇、四海、四渎原本为受命于上帝的自然神，却从唐代开始被人间帝王加以封号，实属"渎礼不经"，因此朱元璋"命依古定制"，废除历代的溢美之称，岳、镇、海、渎只以山水本名称其神，城隍则以州府县名冠之，除孔子外的忠臣烈士后世加封一并取消，同时也禁止祭祀"无功于民"的神明。

洪武三年（1370）六月癸亥，朱元璋颁布圣旨后，"躬署祝文遣官诣岳镇海渎以更定神号"①，即派遣官员携其亲署的祝文至岳、镇、海、渎、城隍之庙宇等祭祀场所告知诸神祇。现今屹立在山东泰安岱庙天贶殿前西碑台上的《去东岳封号碑》②，题写时间为洪武三年（1370）六月二十日。螭首龟趺，高、宽、厚尺寸分别为655厘米、160厘米、57厘米。碑文阳面记9行，满行43字，凡226字。完整记载了朱元璋遣使祭祀东岳泰山，去除泰山帝王之号而名之曰"东岳泰山之神"的原因和过程。同时，朱元璋还"遣使颁谕天下且刻石于各庙"③，通过刻石的方式将此道圣旨昭示天下。现存诸处《大明诏旨碑》均体量宏大，碑文字体工整，字形优美，不署书丹者和篆额者姓名，格式整齐划一，权威性、象征性明显，"皇权独尊在刻石法律纪事中得到充分体现"④。

二、削减神号的原因和目的

在此前的研究中，关于朱元璋为何要削减封号，有学者认为朱元璋此

---

① 《明太祖实录》卷五三，第1035页。
② 陶莉：《岱庙碑刻研究》，齐鲁书社2015年版，第96页。
③ （明）徐一夔：《明集礼》卷一四，文渊阁《四库全书》本。
④ 李雪梅：《法制"镂之金石"传统与明清碑禁体系》，中华书局2015年版，第333页。

举是出于减轻百姓负担的目的。其理由是岳、镇、海、渎的封号等级不断升高意味着祭祀花费的不断增加，削减神号可以降低祭祀的规格，减少祭祀的支出。此说如果成立，那么首先应当解决的问题是，朱元璋的"诏定神号"究竟是降低了岳、镇、海、渎诸神的地位还是抬高了它们的地位呢？

碑文中称"考诸祀典，知五岳、五镇、四海、四渎之封，起自唐世，崇名美号，历代有加"。"起自唐世"指唐武后于垂拱四年（688）始封嵩山为神岳天中王。自此之后，唐玄宗、宋真宗、宋徽宗、宋高宗、元世祖、元武宗等不断对岳、镇、海、渎加以封号，其中有只加封个别山川者，也有普遍加封者。唐玄宗是唯一一位将五岳、五镇、四海、四渎全部加封的皇帝，从开元十一年（723）到天宝十年（751）的二十八年间，将海、岳加以王号，镇、渎皆封为公。宋真宗大中祥符年间加号五岳为帝，宋仁宗康定年间加封四海为圣、四渎为王。庆历年间增封四海为王。到元世祖至元二十八年（1291），分别加封了五岳、四渎、四海，其中五岳为帝、四渎与四海皆为王。元成宗大德二年（1298），又完成了对五镇的加封。而考察历代皇帝所加封的具体名称，则大多是在前朝的基础之上额外再加以溢美之词。自唐之后，宋代和元代皇帝承袭了这一做法。直到明朝朱元璋不再实行加封，而只以本名称其神。

以武则天封赠的嵩山为例。史载："改嵩山为神岳，封其神为天中王、太师、使持节、大都督。赐酺五日。"[1]名为封赠，其实是将自然神拟人化的开始。再以"四渎"之一的济渎为例："天宝六载……五岳既已封王，四渎当升公位，封河渎为灵源公，济渎为清源公，江渎为广源公，淮渎为长源公。"[2]唐玄宗时期，济渎被封为清源公，至宋仁宗康定二年（1041），加封济渎为清源王，元世祖至元二十八年（1291）加封济渎为善济清源王，到明洪武三年（1370）取消前朝封号变为"北渎大济之神"。从诏书中"英灵之气萃而为神，必皆受命于上帝，幽微莫测，岂国家封号之所可加"可以看出，朱元璋认为，对于受命于上天的岳、镇、海、渎，历代的加封是一种僭越，实属"渎礼不经"，这是他反对滥加封号的主要原因。从诏书中"礼所以明神人、

---

① 《新唐书》卷四，中华书局 1975 年版，第 87 页。
② 《旧唐书》卷九，中华书局 1975 年版，第 221 页。

正名分，不可以借差"可以看出，这道诏旨的目的就在于明确神和人之间的界限，神受命于天，不能像人一样被封王封侯，需由皇帝对神"受命于天"的名分予以重新确认。诏书中强调了"天、上帝"的权威性，而作为皇帝为神正名，则是对其皇位正统性和合法性的宣扬。

这种认识在前文所提到的《去东岳封号碑》中体现得更为明显："盖神与穹壤同始，灵镇东方，其来不知岁月几何，神之所以灵，人莫能测，其职必受命于上天后土，为人君者何敢预焉，予惧不敢加号，特以东岳泰山名其名，依时祀神，惟神鉴知。"①其谦卑的态度明显是把人君置于比神低的地位，而非效仿前代将岳、镇、海、渎封为比人间皇帝位份低的王和公侯。而且在上述碑文中，还提到了"依时祀神，惟神鉴知"，意味着此番诏定神号除了变更名称，原有的祭祀等级和制度均未改变。

历代史料对祭祀用品的记载比较详备。依据《明集礼》卷十四《吉礼十四》和《元史》卷七十六《志第二十七·祭祀五》②中的记载，可将宋、元、明三朝对岳、镇、海、渎的祭祀用品的情况列表整理如下（见表1）：

表1　宋、元、明三朝岳镇海渎祭祀用品比较

祭器	宋	酌尊用牺尊四、象尊四、笾十、豆十、簠二、簋二、盘二、登二、铏二
	元	无资料（遣使祭岳、镇、海、渎礼器无文）
	明	尊三、笾八、豆八、簠二、簋二、核二
玉币	宋	（宋用唐制）玉用两圭有邸，币随方色
	元	元祀岳、镇、海、渎不用玉币，每岁遣使奉祠，银香合一，重二十五两，五岳组金幡二、钞五百贯，四渎织金幡二、钞二百五十贯，四海、五镇销金幡二、钞二百五十贯
	明	各降真香一炷、沉香一合、金香合一共一斤，黄纻丝幡一对、币帛一段长丈有八尺、银三十五两。其外夷山川，则高丽幡用青、安南占城幡用红，余并同岳、镇、海、渎

---

① 陶莉：《岱庙碑刻研究》，齐鲁书社 2015 年版，第 96 页。
② 《元史》卷七六，中华书局 1974 年版，第 1900 页。

续表

牲	宋	用羊豕各一口
	元	用少牢
	明	犊一、羊一、豕一
酒齐	宋	牺尊实泛齐、象尊实醴齐、壶尊实事酒、设尊并设五齐三酒
	元	无资料
	明	牺尊实醴齐、象尊实沉齐、山罍实事酒
粢盛	宋	簠实以黍稷、簋实以稻粱
	元	无资料
	明	并如宋制
笾豆之实	宋	(宋用唐制) 笾实以石盐、干鱼、干枣、栗黄、榛子仁、菱仁、芡仁、鹿脯、白饼、黑饼，豆以韭菹、醓醢、菁菹、鹿醢、芹菹、兔醢、笋菹、鱼醢、脾析、菹、豚拍
	元	无资料
	明	笾实以石盐、鱼鱐、枣、栗、榛、菱、芡、脯，豆实以韭菹、醓醢、菁菹、鹿醢、芹菹、兔醢、笋菹、鱼醢
乐	宋	徽宗政和五年，依社稷例用大乐
	元	教坊乐
	明	望祀用雅乐，诸王祭本国山川则用大乐，遣使代祀不用乐
祭服	宋	无资料
	元	遣使致祭岳、渎、海、镇，则州县官具公服陪祠
	明	遣官摄祀并用公服

从表 1 中可以看出不同朝代的祭祀规格有一些细微的差别，但总体而言，明代的祭祀规格和等级并没有出现大幅度地削减。

此外，在对外夷山川的祭祀上，也能体现出朱元璋对于祭祀之礼的重视。洪武二年（1369），他提出"安南、高丽皆臣附，其国内山川，宜与中国同祭"①，将安南和高丽的山川，"命著祀典，设位以祭"。明代以前，历代君主

---

① 《明史》卷四九，中华书局 1974 年版，第 1285 页。

皆采用"望祭"，并不遣使亲至其地，而朱元璋则在"洪武三年正月，专遣使致祭于外夷山川"。[1]"考诸古典，天子望祭虽无不通，然未闻行实礼达其境者"，"庚子遣使往安南、高丽、占城祀其国山川"，"刻石以垂永久"。[2] 祭祀外夷山川，路途遥远，也必然有所花费。从表1"玉币"一项中可以看出，明代对于外夷山川，除了所赐幡的颜色不同，其他都与本国岳、镇、海、渎的祭祀规格一致。这实际上是扩大了山川祭祀的规模，也说明"奋起布衣，以安民为念"的朱元璋所在意的并非是各种封号所带来的祭祀费用问题。

* * *

虽然明王朝是通过元末农民战争建立起来，朱元璋也深知社会经济所遭到的严重破坏和百姓在元末所经历的压迫和剥削，但是就实际的祭祀花费来说，通过诏旨颁布三个月后（洪武三年九月）成书的《明集礼》中的记载来看，明朝的祭祀费用支出与前朝相比并未有大幅度削减，结合朱元璋对遣使祭祀外夷山川的重视，我们并不能直接得出朱元璋"削减神号"是为了减少祭祀花费、减轻百姓负担的结论。朱元璋此举，恐怕更多的还是着眼于其在精神领域所起的作用，即通过皇帝对神号的重新制定来达到确立权威、稳固统治的目的。

---

① 《明集礼》卷一四，文渊阁《四库全书》本。
② 《明太祖实录》卷四八，第954页。

明代赐经碑初析

曹　雨[*]

【摘要】 明代宗教政策一直是学界研究的重点且成果丰硕。除已被关注的文本资料外，明代宗教碑石资料也非常丰富，尤其随《永乐北藏》的颁赐而刻立的赐经碑，特色鲜明。赐经碑依据《藏经护敕》圣旨而刻，是皇帝赐经圣旨的另一载体，具有重要的文献价值。本文旨在对明代赐经碑进行基础性整理，并结合相关资料，对明代不同时段的赐经碑特点进行初步分析。

【关键词】 明代　宗教　赐经碑

一、明代赐经碑概貌

永乐十七年（1419），明成祖计划校勘藏经："三月初三日，宣道成、一如等八人于西红门，钦奉圣旨：'将藏经好生校勘明白，重要刊板，经面用湖水褐素绫。'"①永乐十九年（1421）藏经在北京开雕上版，二十年后，于正统五年（1440）雕成，明神宗朱翊钧在万历十二年（1584）补雕三十六卷。②此套经书合为《永乐北藏》③。"《北藏》是以御赐的方式颁赐的，并有《藏经护敕》。因此凡迎请《北藏》的寺院，需建藏经楼以珍藏之，同时立碑将

---

*　曹雨，中国政法大学 2016 级历史文献学专业硕士研究生，硕士论文为《明代敕谕碑整理与研究》。

①　（明）葛寅亮：《金陵梵刹志》卷二，天津人民出版社 2007 年版，第 75 页。本注释以下出版信息省略。

②　永乐北藏整理委员会编：《永乐北藏》第 1 册，线装书局 2008 年版，第 3 页。

③　《永乐北藏》又称《北藏》，因刊板于永乐年间迁都后的北京而得名，是继明初《初刻南藏》和《永乐南藏》之后雕造的第三部官版大藏经。《北藏》至正统五年刊竣后，又在万历年间续刊了部分典籍入藏，因此全藏包括正藏 636 函，千字文函号自天字至石字；续藏 41 函，千字文函号自钜字至史字；以及正藏目录 4 卷，续藏目录 1 卷，合成 1 函。参见李富华、何梅：《汉文佛教大藏经研究》，宗教文化出版社 2003 年版，第 434 页。

《藏经护敕》垂示永久。"①大量赐经碑也因此刻立。本文共收集整理了 15 通明代赐经碑，将信息整理如下表（表 1）。其中：正统年间 6 通；景泰年间 1 通；天顺年间 1 通；万历年间 7 通。赐经碑的刻立与明代宗教政策息息相关，借助碑石承载的公文书信息，可与文献资料进行比对乃至复原未有记录的赐经圣旨内容。通过整理可发现，赐经碑石上所刻之圣旨，遵照一定的"模板"，下面将 15 通碑石信息进行比对分析。

表 1 《明代敕经碑》信息整理表

序号	碑名	时间	地点	碑额	抬头	用宝	备注
1	《双塔寺颁大藏经碑》	正统十年（1445）二月十五日	辽宁北镇双塔寺		天地皇帝	敕命之宝	
2	《大觉寺颁大藏经碑》	正统十年（1445）二月十五日	北京海淀区大觉寺大殿北侧	敕谕	皇帝天地皇曾祖	敕命之宝	
3	《崇福寺颁大藏经敕谕碑》	正统十年（1445）二月十五日	北京宣武区法源寺大雄宝殿前东侧	敕谕	皇帝天地皇曾祖	敕命之宝	
4	《灵岩寺颁大藏经碑》	正统十年（1445）二月十五日	山东济南长清县灵岩寺天王殿东侧		皇帝天地皇曾祖		
5	《法海寺颁大藏经碑》	正统十年（1445）二月十五日	北京石景山区蟠龙山		皇帝天地皇曾祖	敕命之宝	
6	《白云观颁藏经碑》	正统十二年（1447）八月	北京西城区白云观	赐经之碑	皇帝天地皇曾祖	敕命之宝	后有刻石记事

---

① 李富华、何梅：《汉文佛教大藏经研究》，宗教文化出版社 2003 年版，第 457 页。

续表

序号	碑名	时间	地点	碑额	抬头	用宝	备注
7	《圆通寺颁大藏经圣旨碑记》	景泰二年（1451）七月初十日	北京崇文区				
8	《智化寺颁藏经碑》	天顺六年（1462）十二月十五日	北京东城区禄米仓胡同	皇帝圣旨	皇帝天地皇曾祖国家	敕命之宝	
9	《慈善寺颁藏经敕谕碑》	万历十四年（1586）九月十五日	北京东城区鼓楼东辛寺胡同	皇帝敕谕	皇帝圣母		
10	《慈惠寺颁赐大藏经》	万历十九年（1591）十月□□日	北京西城区阜成门外下关	敕谕	皇帝圣母	广运之宝	
11	《圣谕碑》	万历十九年（1591）九月二十六日	陕西勉县二道河乡云雾山朝阳寺				
12	《敕谕碑》	万历二十七年（1599）二月初十日	山东济南长清五峰山洞真观山门内				
13	《香光寺颁赐大藏经碑》	万历三十三年（1605）十二月十四日	北京房山区大韩继村		敕赐佛	广运之宝	
14	《延寿寺颁赐大藏经碑》	万历三十五年（1607）六月	北京丰台区大井村	圣旨	敕谕朕	广运之宝	后有刻碑之人
15	《颁赐大藏经碑圣旨碑》	万历三十五年（1607）九月初四	山西五台山显通寺	圣旨		广运之宝	

二、明代赐经碑释要

（一）正统年间赐经碑

正统十年赐经碑一共有 5 通。5 通碑石除了寺观名称之外，其余皆同。以《大觉寺颁大藏经碑》（图 1）与《崇福寺颁赐大藏经碑》（图 2）对比来看：

【碑额】

敕谕

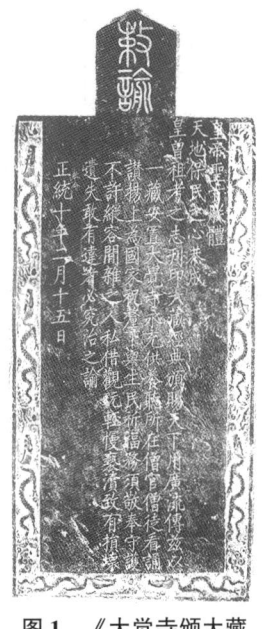

图 1 《大觉寺颁大藏 经碑》拓本 ①

【碑文】

01 皇帝圣旨：朕体

02 天地保民之心，恭成

03 皇曾祖考之志，刊印大藏经典，颁赐天下，用广流传。兹以

04 　一藏安置大觉寺，永充供养。听所在僧官、僧徒看诵、

05 　赞扬，上为国家祝厘，下与生民祈福。务须敬奉守护，

06 　不许纵容闲杂之人私借观玩，轻慢亵渎，致有损坏

07 　遗失。敢有违者，必究治之。谕。
　　　　敕命

08 　正统十年二月十五日
　　　　之宝

---

① 北京图书馆金石组编：《北京图书馆藏中国历代石刻拓本汇编》第 51 册，中州古籍出版社 1989 年版，第 131 页。本注释以下出版信息省略。

【碑额】

敕谕

【碑文】

01 皇帝圣旨：朕体

02 天地保民之心，恭成

03 皇曾祖考之志，刊印大藏经典，颁赐天下，用〔广〕

04　流传。兹以一藏安置崇福禅寺，永充供〔养〕。

05　听所在僧官、僧徒看诵、赞扬，上为国家〔祝〕

06　厘，下与生民祈福。务须敬奉守护，不许〔纵〕

07　容闲杂之人私借观玩，轻慢亵渎，致有〔损〕

08　坏遗失。敢有违者，必究治之。谕。

敕命

09　正　统十〔年二月十五〕日

之宝

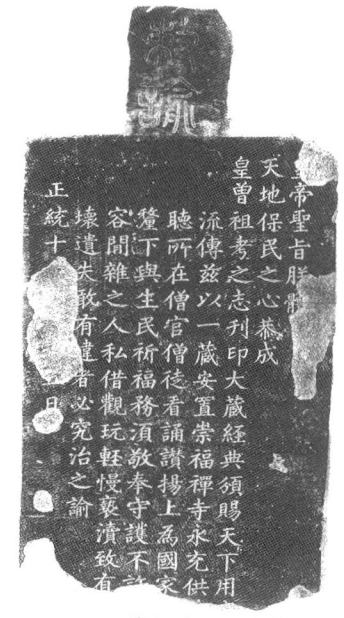

图 2　**《崇福寺颁赐大藏经碑》拓本** ①

除颁赐对象外，两通碑石的碑额、内容、格式、时间、用宝完全一致。其余 3 通碑石资料，除残缺的碑额、用宝信息之外，其他文字信息皆与以上二碑一致。可见这是正统十年（1445）二月十五日颁赐藏经圣旨刻立成碑的一个通用模板。

再将碑石与尚存的《明英宗赐张掖大佛寺大藏经圣旨》原件（图 3）对比，可见赐经碑文本信息与圣旨内容完全吻合，所以赐经碑亦可与《藏经护敕》圣旨划等号。

---

① 《北京图书馆藏中国历代石刻拓本汇编》第 51 册，第 145 页。

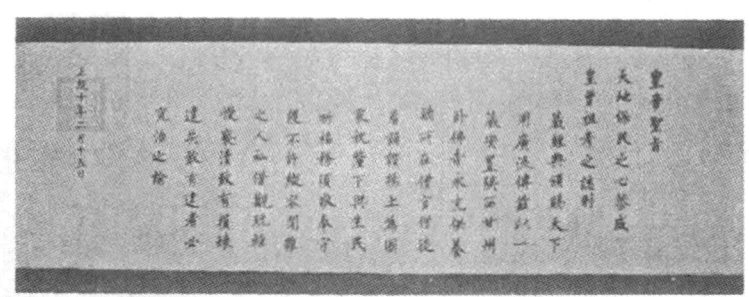

图3 《明英宗颁赐张掖大佛寺大藏经圣旨》①

另外，《金陵梵刹志》中亦有八处记载了正统十年（1445）二月十五日颁发的《藏经护敕》内容，共有三个版本：第一版为钟山灵谷寺《藏经护敕》："朕体天地保民之心，恭成皇曾祖考之志，刊印大藏经典，颁敕天下，用广流传……敢有违者，必究治之。故谕。"②第二版为凤山天界寺《藏经护敕》："皇帝圣旨：朕体天地保民之心，恭成皇曾祖考之志，刊印大藏经典，颁赐天下，用广流传……敢有违者，必究治之。故谕。"③第三版为聚宝山报恩寺《藏经护敕》："皇帝圣旨：朕体天地保民之心，恭成皇曾祖考之志，刊印大藏经典，颁赐天下，用广流传……敢有违者，必究治之。谕。"④

三个版本区别细微，将此三种版本与碑石版本进行对比，整理如下表（表2）所示。

表2 《藏经护敕》信息比对表

版本	起语	用词	结尾
灵谷寺版本	朕体天地	颁敕天下	故谕
凤山天界寺版本	皇帝圣旨朕体天地	颁赐天下	故谕

① 图片采自于光建：《神秘的河陇西夏文化》，甘肃教育出版社2014年版，第94页。

② 《金陵梵刹志》卷三，第100页。注：佛国寺《藏经护敕》与灵谷寺敕文相同，参见本书第245页。

③ 《金陵梵刹志》卷一六，第306页。注：卢龙山静海寺《藏经护敕》与天界寺敕文相同，参见本书第343页。

④ 《金陵梵刹志》卷三一，第468页。注：弘觉寺、宝光寺、德恩寺《藏经护敕》与报恩寺敕文相同，参见本书第508页、第558页、第571页。

续表

版本	起语	用词	结尾
聚宝山报恩寺版本	皇帝圣旨朕体天地	颁赐天下	谕
碑石版本	皇帝圣旨朕体天地	颁赐天下	谕

依据表 2，四种版本只有数字之差，聚宝山报恩寺版与碑石版本完全一致，再结合正统十年（1445）的 5 通碑石文本来看，正统十年（1445）颁赐藏经圣旨应有固定模板，"敕"变为"赐"，推测为《金陵梵刹志》记载有误，或圣旨在传抄、下发的过程中存在一些偏差。

正统十二年（1447）《白云观颁藏经碑》（图 4）与正统十年（1445）颁赐藏经碑亦相同，只是此次颁赐白云观的为道藏经。《明英宗实录》载："刊造道藏经毕，命颁天下道观。"①将正统十年（1445）颁赐藏经碑中的"佛"字改为"道"字，碑额为"赐经之碑"，与碑石下方题记相呼应，解释了碑石刻立的缘由，而其余内容皆与正统十年（1445）颁赐佛经内容相同。赐经碑石高度还原了《藏经护敕》圣旨，虽为不同载体，但通过完整镌刻文书内容、保留文书格式、玺宝等行为，以石质媒介彰显了皇室威严，同时亦通过碑石展示了寺院受赐经书的无上荣誉。

【碑额】

赐经

之碑

【上截碑文】

01 皇帝圣旨：朕体

02 天地保民之心，恭成

03 皇曾祖考之志，刊印道藏

04   经典，颁赐天下，用广流

05   传。兹以一藏安奉白云

---

① 《明英宗实录》卷一五〇"正统十二年二月丁未"条，我国台湾地区"中研院"历史语言研究所校印本 1967 年版，第 2944 页。

06 观，永充供养。听所在道

07 官、道徒看诵、赞扬，上为

08 国家祝厘，下与生民祈

09 福。务须祀奉守护，不许

10 纵容闲杂之人私借观

11 玩，轻慢亵渎，致有损坏

12 遗失。违者，必究治之。谕。

　　　敕　命

13 正统十二年八月初十

　　　之　宝

【下截碑文】

14□□皇帝刊印道藏经成，颁赐天下，用广流传。乃以一藏安奉白云观，永充供

15　养，时住持道录司右觉义臣倪正道，稽首载拜安奉讫，复命工磐石而勒

16 圣谕于上，属翰林院修撰臣彬题志年月于下方。臣彬仰惟

17 太宗文皇帝临御之日，尝命道流合道藏诸品经，纂辑校正，将镂梓以传，而功

18　未就绪，奄忽

19 上宾肆。

20 今皇上以至圣之德统承

21 天位，体

22 皇曾祖之心，以天下生民为念，追遵

23 先志，于是重加订正，增所未备，用寿诸梓。计五千三百五卷，通四百八十函。其

24　为经，包括三乘。类分条析，自太上立教之端，以至道家从事之要，罔不备

图4　《白云观颁藏经碑》拓本 ①

---

① 《北京图书馆藏中国历代石刻拓本汇编》第51册，第159页。

25　　载。于以颁之天下，藏之名山秘宇，听所在道官、道士看诵赞扬，上为

26　国家祝厘，下为生民祈福，甚盛举也。呜呼！

27　皇上之用心，何其若是之至耶！夫追崇

28　先志，善继善述，孝莫大焉！嘉与万方，敛福锡民，仁莫重焉！仁孝之道，自古

29　　帝王鲜能尽之，今我

30　皇上仁孝之实，著于躬行，心得之余，所以格

31　庙社、康兆民，其所由来有自矣。臣敢不拜乎？稽首敬书于后，以为万万年

32　宗社生民蒙福之贺。

33　　　正统十三年八月□□日

34　　　翰林院修撰、臣许彬撰并书丹

（二）景泰与天顺年间赐经碑

　　景泰年间暂只收集到一通碑石，为《圆通寺颁大藏经碑》，未见拓片，《北京佛教石刻》记载碑文："皇帝圣旨：朕体天地保民之心，恭成皇曾祖考之志，刊印大藏经典，颁赐天下，用广流传。兹以一藏安置顺天府大兴县魏村社圆□□□寺，永充供养。听所在僧官、僧徒看诵赞扬，上为国家祝厘，下与生民祈福。务须敬奉守护，不许纵容闲杂之人私借观玩，轻慢亵渎，致有损坏遗失。敢有违者，必究治之。谕。景泰二年七月初十日。"[1]按碑文分析，此时赐经圣旨的内容与正统年间一致，应是延用了正统年间的版本。《金陵梵刹志》中载有一篇景泰三年（1452）六月十五日承恩寺《藏经护敕》[2]，文字同前文所列凤山天界寺版。

　　天顺年间的《智化寺颁赐藏经碑》（图5）与《金陵梵刹志》所载凤山天

---

① 佟洵、孙勐：《北京佛教石刻》，宗教文化出版社2012年版，第236页。

② 《金陵梵刹志》卷二三，第424页。

界寺版本相同，以"故谕"结尾，正文与正统年间赐经碑石内容一致。

【碑额】

皇帝圣旨

【碑文】

01 皇帝圣旨：朕体

02 天地保民之心，恭成

03 皇曾祖考之志，刊印大藏经典，颁赐天下，用广流

04 　传。兹以一藏安置智化寺，永充供养。听尔住

05 　持右觉义然胜及其徒众看诵、赞扬，上为

06 国家祝厘，下与生民祈福。务须敬奉守护，不许

07 　纵容闲杂之人私借观玩，轻慢亵渎，致有损

08 坏遗失。敢有违者，必究治之。故谕。

敕　命

09 　天顺六年十二月十五日

之　宝

图 5 　《智化寺颁赐藏经碑》拓本 ①

以此可见，赐经模板以"谕"和"故谕"结尾，即正统年间碑石版本与凤山天界寺版是最常用的两种赐经模板。也存在这种可能，即在明代皇帝文书的行用中，并不严格区分"谕"和"故谕"两种套语，故两种情形也可视为一个版本。

上述主体文字信息虽与正统年间无异，但碑石信息却有所改变。正统年间碑额为"敕谕"，抬"皇帝""天地""皇曾祖"三处，天顺年间碑额为

———————

① 《北京图书馆藏中国历代石刻拓本汇编》第 52 册，第 36 页。

"皇帝圣旨"，除抬"皇帝""天地""皇曾祖"三处外，还抬一"国"字。因暂无同时段碑刻资料比对，所以不能断定此为智化寺一通碑的特殊情况，还是天顺年间赐藏经之碑皆同。若天顺年间的颁赐藏经碑皆同《智化寺颁赐藏经碑》，则表明虽此时《藏经护敕》圣旨"模板"沿用了正统年间的版本，但碑石亦与正统十年（1445）赐经碑一样，拥有一定的"规律"和"时代特征"。

（三）万历年间赐经碑

万历年间的赐经碑共有7通，3个版本。第一个版本为《慈善寺颁藏经敕谕碑》（图6），《慈惠寺颁赐大藏经》《圣谕碑》与其文本内容相同。此版本与《金陵梵刹志》中两处万历十四年（1586）的《藏经护敕》文亦相同，一处为凤凰台上、下瓦官寺；一处为聚宝山报恩寺。①

【碑额】

皇帝

敕谕

【碑文】

01 皇帝敕谕慈善寺住持及僧众人等：朕惟佛氏之教，具在经典，用

02　　以化导善类，觉悟群迷，于护国佑民不为无助。兹者

03 圣母慈圣宣文明肃皇太后，命工刊印，续入藏经四十一函，并旧

04　　刻藏经六百三十七函，通行颁布本寺。尔等务须庄严持诵，

05　　尊奉珍藏，不许诸色人等故行亵玩，致有遗失损坏，特赐护

06　　持，以垂永久。钦哉！故谕。

07　　大明万历十四年九月十五日

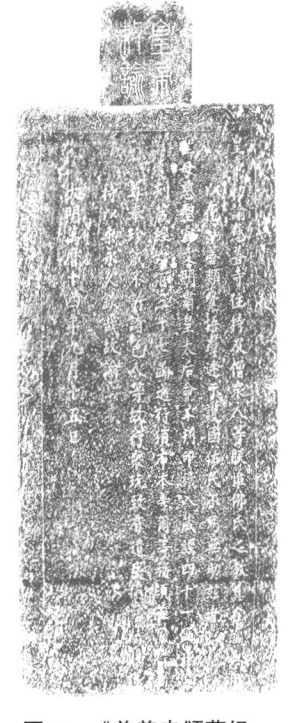

图6　《慈善寺颁藏经
敕谕碑》拓本 ②

---

① 《金陵梵刹志》，第377页、第468页。

② 《北京图书馆藏中国历代石刻拓本汇编》第57册，第144页。

明神宗年间（1573—1620）延行前朝的崇奉佛教政策，资助完成了京师经厂的修复，"大开经厂，颁赐天下名刹"。①万历十二年（1584），明神宗朱翊钧奉生母慈圣皇太后懿旨，敕令出资进行《北藏》的续刻，又续刊四十一函。因经板珍藏于内府，由朝廷刊印，颁赐天下各大寺院，因此民间罕见珍惜。②由于慈圣皇太后对佛教的推崇以及《北藏》的续刊，名刹颁赐大藏经在万历年间频繁起来，颁赐大藏经碑刻的数量在万历年间相应增多。

《慈善寺颁赐藏经敕谕碑》代表了万历早期的颁赐藏经版本。第二个版本为万历二十七年（1599）《敕谕碑》："皇帝敕谕山东五峰山三宫宝殿住持及道众人等：朕发诚心，印造《大藏经》四百八十函，颁施在此供奉，务要虔洁供安，朝夕礼诵，保安渺，躬康太，宫阃肃敬。忏已往愆尤，乞无疆福寿，民安国泰，天下太平，俾四海八方同归清静善教，朕成恭己无为之治道焉。今特差全真道士周玄真赍请前去彼处供安，各宜仰礼知照。钦哉！故谕。"③此版本暂只收到一例。

第三个版本为万历三十三年（1605）《延寿寺颁赐大藏经碑》（图7），《香光寺颁赐大藏经碑》《颁赐大藏经圣旨碑》与其内容相同，惟改换寺名及差遣人信息。

【碑额】

圣旨

【碑文】

01 敕谕义井敕建护国万佛延寿寺住持如□□僧众人

02 　　　等：

03 朕发诚心，印造佛大藏经，颁施在京及天下名山寺院，

04 　　供奉经首护敕已谕，其由尔住持及僧众人等，务

05 　　要虔洁供安，朝夕礼诵，保安眇躬，康泰宫壸。肃清

06 　　懺已往愆，尤祈无疆寿福，民安国泰，天下太平，俾

---

① （明）沈德符：《万历野获编》卷二七，中华书局1997年版，第679页。
② 赖永海：《中国佛教通史》卷一二，江苏人民出版社2011年版，第579页。
③ 逄金一、李光武：《五峰山漫话》，济南出版社2011年版，第67页。

07　　四海八方同归仁慈善教。朕成恭己无

为之治道

08　　焉，今特差汉经厂掌坛、御马监太监

卢永寿斋请

09　　前去彼处供安，各宜仰体知悉。钦哉！

故谕。

　　　　　　广　运

10 万历三十五年六月□日刊

　　　　　　之　宝

图7　《延寿寺颁赐
大藏经碑》①

万历年间颁赐藏经碑的版本较为多样，与万历年间修经颁赐事件密不可分。三个版本之间的套语存在一定的承接关系，且万历年间的《藏经护敕》全部以敕谕文书的形式下发，与以"皇帝圣旨"起语的《藏经护敕》圣旨相比，内容更为丰富。

结合明代赐经碑石资料与文本资料，可发现以下几点规律：一是，明正统年间颁赐藏经圣旨有固定的模板并延用至天顺年间；二是，正统年间的赐经碑可能维持了统一的碑石格式，碑石信息（内容、格式、用宝）一致；三是，万历年间暂有三个颁赐藏经的模板，且此时《藏经护敕》圣旨皆以敕谕形式下发，改变了此前的《藏经护敕》圣旨的文书类型及内容，玺宝也从"敕命之宝"变为"广运之宝"。通过对明代赐经碑资料的整理，一方面可利用碑石及拓本直接复原明代《藏经护敕》圣旨的内容，具有一手文献资料的价值；另一方面，通过碑石之间的相互比对，可以发现不同时期赐经碑石及圣旨本身的特色。

---

① 《北京图书馆藏中国历代石刻拓本汇编》第58册，197页。

明代寺院公文碑功能探析

刘伟杰[*]

【摘要】在"文书御天下"的传统中国，公文不仅是传达政令的载体，也是国家行政权力的象征。古代寺院惯有将公文勒石之举，意在强调国家对其名额的认证与权利保护。明代寺院公文碑以札付与帖文数量居多，其中札付为僧司系统所行，用于处理寺院行政事务；帖文为地方行政系统所用，多处理寺院民事内容。从札付碑到帖文碑，碑石数量的此消彼长见证了寺院从"正名"到维权的诉求转变。但随着明中后期官禁碑对寺院的直接护持，碑禁体系逐渐形成，寺院公文碑受到冲击，渐呈衰落之势。

【关键词】札付　帖文　僧司系统　地方行政

在现存明代寺院碑刻中，除皇帝颁行圣旨碑、敕谕碑外，还存有大量公文碑，多见于非敕赐寺院。这些公文碑是公文原件的完整刻录，其格式、避讳，甚至于印章都保留了原始公文上的模样，是复原寺院行政管理程序的珍贵资料。值得注意的是，明代寺院公文碑所见公文发出者不仅包括僧司机构，也包括地方府县，两者职能的划分与权限的博弈都充分反映在碑石上。另外，明代公文的规范性与稳定性为公文碑的利用提供了制度层面的保障：《大明会典》所收录的"行移署押体式"对公文程式、稽程、罚则诸项均有严密规范；[①]《大明律·吏律》专设"公式"一章，明确违者的法律责任。[②]在此基础上，本文以明代寺院公文碑为中心，通过对公文流转程序、公文勒石现象的分析，对有关明代寺院行政管理与国家控制进行微观观察与细节解读。

---

* 刘伟杰，中国政法大学法律史专业 2017 级硕士研究生，研究方向为明代公文碑。
① （正德）《大明会典》卷七五，汲古书院 1989 年版，第 156~178 页。
② 怀效锋点校：《大明律》卷二，法律出版社 1999 年版，第 368 页。

一、札付碑与寺院管理

洪武十五年（1382）四月，以明太祖任命僧官，公布职掌为标志，在京设僧录司，掌天下僧道；在外府、州、县设僧纲等司，分掌其事，至此僧司机构正式成立。①僧司机构检束天下僧侣，主要负责督导整理僧籍和有额寺院来源、参与举保住持事宜等行政事务。②明代国家在有限范围内赋予僧司自我管理的权力，但超出部分则以行政职能化的方式，将宗教组织的管理纳入国家体系。这样最大程度上使宗教组织与政治权力机构一体化，有效割裂宗教自身的网络，避免出现威胁世俗政权的宗教势力，而这也是明代统治者在吸取元末起义教训后，对宗教产生高度警惕性的表现。③正因如此，僧司机构对于寺院的约束才能以行政公文的形式得以保留。

（一）碑刻所见处理僧司事务的行政流程

明代僧司系统以礼部作为最高机构，礼部统领天下宗教事务，其下属祠祭司是僧司事务的具体执行部门，"凡天文、地理、医药、卜筮、师巫、音乐、僧道人，并籍领之"。④僧道试经给牒、僧籍名册、中下级僧官的选补、寺观名额赐给等行政事务均需礼部审批，方可生效。幸运的是，典籍中难觅的审批流程，在寺院碑石上留下了痕迹。正统八年（1443）《天寿圣恩禅寺札付碑》（见图1）现存于苏州圣恩天寿禅寺，此碑虽为僧录司颁发给僧人道清的公文，但其中涉及了僧司系统各机构之间的文移往来。现将碑文按格式整理，标行录文：

01　　　　僧录司为住持事。据直隶苏州府僧纲司申。据吴县光福等

---

①　洪武十五年（1382）四月辛巳，在京曰僧录司、道录司，掌天下僧道。在外府、州、县设僧纲、道纪等司，分掌其事。俱选精通经典，戒行端洁者为之。僧录司左右善世二人，正六品；左右阐教二人，从六品；左右讲经二人，正八品；左右觉义二人，从八品；道录司左右正一二人，正六品；左右演法二人，从六品；左右至灵二人，正八品；左右玄义二人，从八品；府曰僧纲司，掌本府僧教：都纲一人，从九品；副纲一人，未入流。道纪司掌本府道教：都纪一人，从九品；副纪一人，未入流。州曰僧正司，僧正一人；道正司，道正一人。县曰僧会司，僧会一人，道会司，道会一人，俱未入流。见《明太祖实录》卷一四四，我国台湾地区"中研院"历史语言研究所1962年影印本，第2688页。

②　（明）葛寅亮撰，何孝荣点校：《金陵梵刹志》卷二，南京出版社2011年版，第55页。本注释以下出版信息省略。

③　汪圣铎：《宋代政教关系研究》，人民出版社2010年版，第486页。

④　《明史》卷七二，中华书局1974年版，第1749页。

寺住持首僧道昕等呈。本处古

02　　　　有天寿禅寺，消废年远，存有下院圣恩禅庵。近有僧道立告奉礼部勘合札付行下，体勘明

03　　　　白，准令搬移牌扁，就顶原寺名额，接续香火。今照本寺系是名山，云水僧人往来数多，缺僧

04　　　　住持。今众议得白马禅寺前住持僧道清戒行老成，见识通达，堪为本寺住持，理合举荐转

05　　　　达，请给札付，来往相应。具申。得此。案照近奉

06　　　　礼部札付为分豁事。行据直隶苏州府，备吴县申。勘得本县十九都天寿禅寺已行消废，

07　　　　遗下前代寺额牌扁及祝

08 圣万岁龙牌，有本都圣恩禅庵系是本寺下院。见今殿堂、廊庑俱各整齐，若将天寿禅寺扁额及祝

09 圣龙牌于本庵安奉，就顶名额，接续天寿禅寺香火，祝延

10 圣寿，则僧俗人众莫不欣喜。官吏、里老、僧人保结具申到府，备申缴到部。案照先该通政司状送，僧

11　　　　道立系前项府县僧，告有本都天寿禅寺消废，要将遗下牌额搬移圣恩禅庵安奉，未委虚

12　　　　的，已经类行查勘去后。今该保结是实，除类行直隶苏州府着落僧纲司并吴县审勘相同，

13　　　　听从搬移安奉外，合行札付僧录司，转行知会施行。奉此。依奉已行去后，今该前因，除将本

14　　　　僧审供明白外，合行出给札付，本僧前去入寺住持，领众焚修，祝延

15 圣寿。须至札付者。

16　　　　　　右札付直隶苏州府天寿圣恩禅寺住持道清。准此。

17　　　　正统八年（印）九月十九日

18　　　　札付　押　押　押①

---

① 杜洁祥主编：《中国佛寺史志汇刊》第 1 辑第 42 册，明文书局 1980 年版，第 209 页。

札，牒也，原为书写木牍，后演变为公文体式。元一代，将宋代公文札子结语"札付某某"，由特定用语演变为公文文种"札付"，限于下行方向，《元典章》《秘书监志》中保留的公文里，札付多以中书省、御史台、行省、行台为发布单位。明初中书省裁撤，致使札付行移也发生较大变化，但仍以有直接统属关系的上级对下级行用。①而僧录司隶属于礼部，属直接统属关系，以札付文体发文。②成化年间，巡按福建监察御史徐镛奏称福建僧人多以田投献势豪之家谋为住持，皇帝的批复再次印证了僧司事务的批复应行札付："除两京外，宜移文天下司、府、州、县，遇有钱粮、僧寺住持缺，必须僧司举保本处籍僧，送有司勘结。转行给札，不许仍前滥保。其曾经问结者，虽有札付，亦必究问。"③

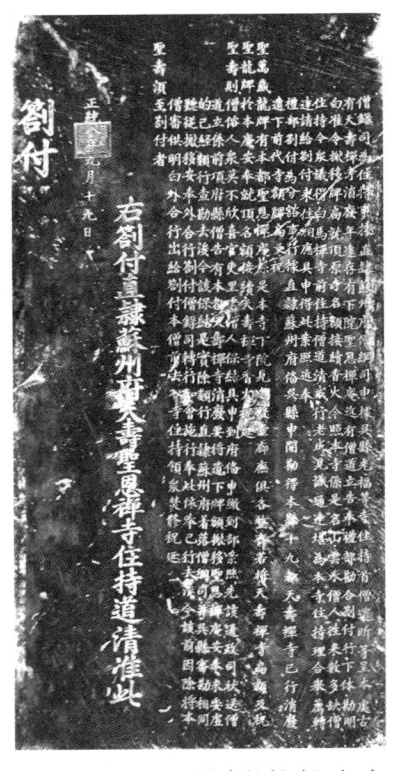

图1 《天寿圣恩禅寺札付碑》拓本

在此通公文碑中，碑文以"僧录司为住持事"为题，由僧录司任命僧人道清为直隶苏州府天寿圣恩禅寺住持为主要内容。通过对公文嵌套格式的解构，行政流程得以重现：光福等寺一众僧人向直隶苏州府僧纲司递呈文，称有僧人名道立者持礼部勘合札付前来，准将天寿禅寺牌匾搬移至其下院圣恩禅庵，接续香火；后由众僧人商议，推选僧人道清担任新任住持，请求颁给札付以明资格，僧纲司据此原文转申僧录司。根据僧录司接收来自礼部的札付内容：吴县官吏、里老、僧人等通过保结的形式，由直隶苏州府递交礼部，申请将天寿禅寺匾额移至圣恩禅庵安奉。经

① 何朝晖："等级、制衡与变异：明代文移制度探论"，载吴艳红主编：《明代制度研究》，浙江大学出版社2014年版，第26页。

② 根据明初"行移体式"的规定，六部札付太常寺、钦天监、太医院、翰林院等机构，而僧录司与太常寺一类机构品阶相同，可推测礼部与僧录司行应使用札付。参见（正德）《大明会典》卷七五，汲古书院1989年版，第156~178页。

③ 《明宪宗实录》卷二一〇，我国台湾地区"中研院"历史语言研究所1962年影印本，第4368页。

确认，此事为实，由僧道立传达。而后僧录司根据僧纲司的上行申文与礼部
的下行札付，对新任住持道清的资格予以确认，并颁发札付，完成任命流程。
虽然此事起于地方府县对寺院牌匾搬移的申请，但就任命住持的流程而言，
均以札付在僧司系统即礼部—僧录司—僧纲司—寺院，逐级传递予以落实。
借助碑石所保留的公文，我们对明代寺院管理的行政流程有更为直观与详细
地认识。

陕西省户县秦渡镇庞村罗汉寺内立有嘉靖元年（1522）碑石，内刊有正
德三年（1508）九月十七日，西安府户县僧会司授予湛文官职的札付内容，
僧司官员的授予程序据此得以明确，碑文为：

01 西安府户县僧会司为除授官员事。正德三年九月十七日，抄蒙

02 吏部今填文字四百七十八号札付文凭一道。本官前赴陕西西安府
户县僧会司

03 定限本年十一月初十日到任，本衙门速将本官原领文凭并到任月
日开缴，合该

04 上司转达赴部，以凭稽考，毋得本处径申变乱。若过关津把截，
去处验实放行。须至

05 札付者。

06 　　计官一员：僧会司僧会湛文

07 　　　　右札付僧会司湛文。准此。

08 正德三年九月十七日 ①

县僧会司，僧会一人，设官不给禄。②新任僧会司官员凭礼部札付到任
后，需将原领文凭并计入到任日期，逐层递缴到礼部，以凭考核。在递缴上
级的同时，僧会司须颁发札付给新任官员，以证明其官员身份。僧会司是明
代僧司管理系统的最基层机构，且明一代不是所有地方府县均设僧会司，"各
处府分止设僧纲司、道纪司就管附郭县僧道，附郭县不必再设僧会司、道会
司"。③即使官阶如僧会司一般低微，其行政审批程序也依旧严格规范，证明

---

① 吴敏霞主编：《户县碑刻》，三秦出版社 2005 年版，第 69 页。
② 《明史》卷七四，中华书局 1974 年版，第 1817 页。
③ 《金陵梵刹志》卷二，第 55 页。

了明代官方对于寺院行政管理的重视程度。

(二)"公文上石"的目的

如前所述,借助碑石能够再现明代僧司系统的行政流程,然而在整理明代碑刻资料过程中,笔者却发现并非所有的公文传递均是按照僧司等级的顺序逐级传达,存在着部分由礼部直接发文给寺院住持的札付,将僧录司、僧纲司等地方僧司略去的现象。现将此类公文碑进行详细说明(见表1)。

表 1　礼部札付碑刻信息汇总 ①

发文时间	碑刻名称	碑石外观	公文内容
正统八年(1443)二月二十四日	《敕赐禅林碑》	碑额"敕赐禅林";礼部勘合字号	礼部札付僧绰吉汪速赐碑额事:该僧上奏请旨,皇帝批准;并任命此僧为住持
正统十三年(1448)十一月十二日	《宝塔寺礼部札付碑》	碑额"圣旨";礼部勘合字号	礼部札付宝塔寺住持德玩:根据司礼监太监批传皇帝圣旨,将宰塔寺改名为宝塔寺
正统十四年(1449)二月初七	《礼部札付并荐福殿堂图碑》	碑额"圣旨";礼部勘合字号	礼部札付番僧勺思吉监参任荐福寺住持:该僧上奏请旨,皇帝批复下旨
天顺元年(1457)十一月二十日	《姚彪乞恩礼部补报事碑》	碑额"圣旨";礼部勘合字号	礼部札付僧人通悟任荐福寺住持:内使姚彪上题本乞赐寺额,皇帝批复;并任命僧通悟为住持

从内容上看,四通碑刻虽缘起于赐额、住持任命、寺院更名等不同事项,但其共同点在于颁发时间集中于明英宗、宪宗时期,或与两帝佞佛,喜好兴建寺院有关,公文的生成均由申请者径自向皇帝上奏为开端,礼部根据皇帝

---

① 需要说明的是本表仅将碑石仍存、有图片或拓片为准的四通碑刻作为示例予以介绍,对于方志、政书所载札付碑内容,未知碑石样貌者,未予记入。另外,对于"碑石定名"暂依其出版书目定名为准,按表格顺序分别参见银川美术馆编:《宁夏历代碑刻集》,宁夏人民出版社 2007 年版,第 66 页;北京图书馆金石组:《北京图书馆藏中国历代石刻拓本汇编》第 51 册,中州古籍出版社 1990 年版,第 161 页;王乐庆:"荐福寺明代《圣旨》碑考略",载《五台山研究》2011 年第 4 期,第 9~13 页;刘卫东等:《新日下访碑录·房山卷》,北京燕山出版社 2013 年版,第 256 页。

的批复意见，直接以札付形式下发寺院住持，越过僧司机构，这显然不同于任命住持的常规制度流程。另外值得注意的是，以上四通碑刻均有与公文等级不相匹配的碑额题名曰"圣旨""敕赐"，以及礼部勘合字号。即使有精致花纹装饰，但就内容而言，文本主体只是札付公文，与圣旨相差甚远。即便如此，从碑石的保存情况来看，这种具备"圣旨""敕赐"意味的特殊碑刻，较常规公文碑而言，似乎更加受到立碑者的重视。

历代寺院均有将公文刊刻于石的传统，以此应对国家的清查和社会的侵扰。而在勒石成本较高的古代，使立石效果最大化的关键就在于公文的选择。公文碑较公文纸本而言，最大的区别在于碑刻更具公示性。从立碑利益最大化出发，立碑者在诸多公文纸本中，自然要选择最具震慑力的、最高行政级别的公文进行刊刻。各大名刹中，以皇帝敕谕碑、圣旨碑居多，敕谕碑所载圣言可见对寺院之保护："皇帝特颁敕护持：今后官员军民诸色人等不许侮慢欺凌，一应山田、园果、林木，不许诸人骚扰作践。敢有不遵朕命，故意扰害沮坏其教者，悉如法罪之不宥。"①此类名山大刹有皇帝敕禁护寺，反而难觅僧司札付的踪迹。但对于级别较低的普通寺院而言，只能通过自主申请、国家承认的方式，得到一纸公文的认可。如何在仅有的公文中选择刻石的对象，其标准是依据行政程序的完整，还是公文等级的高低？从现有资料来看，当时的立碑者显然偏向于后者：前述四通礼部所颁发的札付，凭其发文主体的级别，获得了勒石者的青睐。当公文等级高低成为勒石标准，一些受到非常态弹性调控的行政程序可能会被视为常态，而一些真正常规的程序往往会反应在级别更低的寺院之中。这提醒着我们，虽然在公文碑中存在着诸多能够反映行政程序的公文流程，但受立碑者立碑意图的影响，并非所有的行政程序都是常态，碑石的刻立本身已是选择之后的结果。

二、帖文碑与钱粮讼案

理论上，地方寺院既有独立的僧司系统加以管理，本不属于地方行政系统的管辖范围，但从司法角度来说，僧司的管辖权仅以僧规戒律为范围，一旦涉及危害地方秩序，或是与军民有涉的案件，只能交由地方行政系统

---

① 明代敕谕碑多有此语，此处出自成化十六年（1480）《崇化寺敕谕碑》，载佟洵主编：《北京佛教石刻》，宗教文化出版社 2012 年版，第 244 页。

处理。①明代地方行政系统中以府、州、县三级与寺院来往较为密切，通常以帖文形式下发指令。帖为传统书札形式的一种，格式灵活，内容多样。作为明代官方下行公文种类文移等级较低，多用于责令下属办理某项具体公务。②地方治理以钱粮与讼案为重点，府州县与寺院的下帖文移也多与此有关。

现陕西省紫阳县庙坪莲花寺旧址立有《紫阳县民张刚虚田实契典卖他人田宅案帖碑》，其内容为嘉靖四十年（1561）七月三十日，汉中府金州发给僧人牛玄聪的帖文。帖文记录了紫阳县县民李登科状告张刚虚钱实契，典买他人财产一案的经过。帖文收执人牛玄聪并非作为诉讼当事人，只因判案结果涉及其地土财产，特将判决以帖文形式发给涉案人牛玄聪：

> 张刚虚钱实契，典卖他人田宅，问拟张刚杖七十，徒一年半；审李登科不应免科断，令李登科备原价八九成色银一十七两三钱，竹子二百五十根，棉布二千三百尺，油、皂靴各一双，给与张刚收领。前买地土、竹园退给李登科领种当差。牛玄聪常住地土一段，寺周围其地，东至干沟官路端过，北至家竹园高坎直过官路大石，西界石岩端上池地，南至园岭，四至分明。随带秋粮五升，坐落莲花寺，各照管业。③

在官府未要求将此案判决结果刻石的情况下，此公文石刻的出现当与帖文收执人牛玄聪有关。牛玄聪自愿出资刻碑，无非是强调帖文中明确的权利："断令僧人牛玄聪常住地土与李登科，各照原界领种为业，再不许张刚一概混行告扰，执帖赴官，告理施行。"④判决不仅无形中将其地土四至明确了界限，同时申明凡有扰乱者，可"执帖赴官"用以维权。地方行政系统在履行其司法职能的同时，也通过帖文的形式对寺院合法权益予以维护。根据《邓尉山圣恩寺志》记载，明末邓尉圣恩禅寺在圣恩寺旧址重建，为杜僧俗侵占之患，

---

① 根据洪武十四年（1381）所定僧规条例："在京、在外僧道衙门，专一检束僧道，务要恪守戒律，阐扬教法。如有违犯清规、不守戒律及自相争讼者，听从究治，有司不许干预。若犯奸盗、非为、但与军民相涉：在京，申礼部酌审，情重者送问。在外，即听有司断理。"参见《金陵梵刹志》卷二，第55页。

② 郑小春："明清官府下行文书述略：以徽州诉讼文书为例"，载《巢湖学院学报》2008年第1期，第135页。

③ 李启良等搜集整理校注：《安康碑版钩沉》，陕西人民出版社1998年版，第419页。

④ 李启良等搜集整理校注：《安康碑版钩沉》，陕西人民出版社1998年版，第419页。

寺僧乞求吴县给帖，勒石永垂。这件由吴县发给济上等寺僧的《再恢复圣恩寺址帖》中有言：

> 帖仰本山监寺僧济上等查照，帖文内备载寺基，并新拓地址，置立沿山田亩，开辟池沼等项，备叙前縣勒碑。本寺遵照守护焚修，绵延香火。如有不肖僧徒，不守成规，或擅弃卖者，并有势豪侵占者，许即指名呈县，僧即并逐，占即追还。执帖遵守施行。须至帖者。①

显然，明末地方行政系统的实际管辖范围远比制度规范更为宽泛，寺院也默认以地方行政系统权力的扩张，换取对其承认与保护。当僧司机构的有限权力无法满足寺院的现实需求时，寺院对地方府县的多重依赖性便体现在帖文碑在寺院的广泛刻立。这种依赖在税粮问题上表现得更为明显。明代寺院的税粮交纳与普通民田不同，洪武十五年（1382）三月规定，"钦赐田地，税粮全免；常住田地，虽有税值仍免杂派，僧人不许充当差役"。②一旦遇到经济特别困难，寺院还可以向当地官府申请免交税粮。佛教方志中多有收录明代官府发给寺院的免粮帖文，此处举嘉靖三十三年（1554）《应天府查免上元县杂派帖文》为例：

> 应天府为乞怜赐给以免后累事。据天界寺管庄僧显林状告前事，案照先据该寺僧显林状告，为乞怜本寺原荷圣祖敕建香火，俯赐豁免加派以杜后扰事。节行上元县驳查。续据上元县申称，案照先奉本府帖文，据天界寺僧显林状告前事……查与先申详豁灵谷寺僧本钦告免加派粮银，以凭遵奉施行。等因。随该本府看得：天界寺田既系钦赐，凡一应差银白当优免。仰县准与除豁，以仰体圣祖优恤至意，毋得额外加征，以启将来科派之渐。此缴。当据上元县申，将本寺优免缘由缴报在卷。今告前因，拟合就行，给帖执照。为此。今将上元县优免该前项银两数目、缘由合行帖，仰本寺管事僧执照施行。须至帖者。
>
> 右帖下天界寺管事僧。准此。

---

① 杜洁祥主编：《中国佛寺史志汇刊》第 1 辑第 42 册，明文书局 1980 年版，第 230~237 页。

② （明）释大壑：《南屏净慈寺志》卷九，杭州出版社 2006 年版，第 276 页。

嘉靖三十三年九月十三日 令典史吴璞、曾文举行 ①

　　寺院免粮一般由寺院主动向地方提出申请，根据其免粮依据，由地方行政机构进行批复。一旦申请被批准，所颁发帖文产生即时法律效力，寺院粮差即可得到豁免。寺院在获得利益的同时，也会采取各种措施对免粮帖文进行妥善保存，以勒石立碑或者记录在册等方式将帖文凭证化。万历元年（1573），少林寺以战功为由，向河南府登封县申请粮差豁免。在获得豁免帖文后，少林寺将公文原貌誊录于石，印押清晰完整，此碑现存于少林寺碑廊东侧（见图2）。录文如下：

　　01 河南府登封县为乞怜山僧分豁额外粮差以免外窜事。本县少林寺僧周参告准。本寺僧累代迄今，旧有准勇，节应征调。

　　02 屡有死功，尤当加乞优恤，免致粮差累苦。僧众不为妄补，且该寺原地与粮退佃已久。今蒙升任知县熊爷新加税粮一拾

　　03 二石六斗四升，人五十丁。本寺管事僧广芝，因□不前告准，申蒙除豁蠲免，乞赐帖文收照等情到县。据此。案查先奉

　　04 本府帖文，蒙

　　05 河南等处承宣布政使司分守河南道右参政杨□批。据本府□为除害事。仰县即将新加额外税粮，照数除豁，以示苏息等因。

　　06 备奉卷查。又蒙

　　07 本府批。据广芝告为冤枉事。查得本僧告准前项新加税粮已经除豁，俱由申报去后，今据前因，拟合就行给帖。为此。合行帖仰监寺僧周参

　　08 等照帖事理，本寺粮差除隆庆六年分照派纳，其万历元年以后遵照

　　09 司府帖文查照，一并除豁。该里里书人等无得再行擅自分派，告准。俱毋为错未便。须至帖者。

　　10　　　　　　　右帖下少林寺监寺僧周参。准此。　　告粮户名 洪奉、普均、洪好。

---

① 《金陵梵刹志》卷五〇，第760页。

11 万历元年十月（印）二十一□日

12　　帖押①

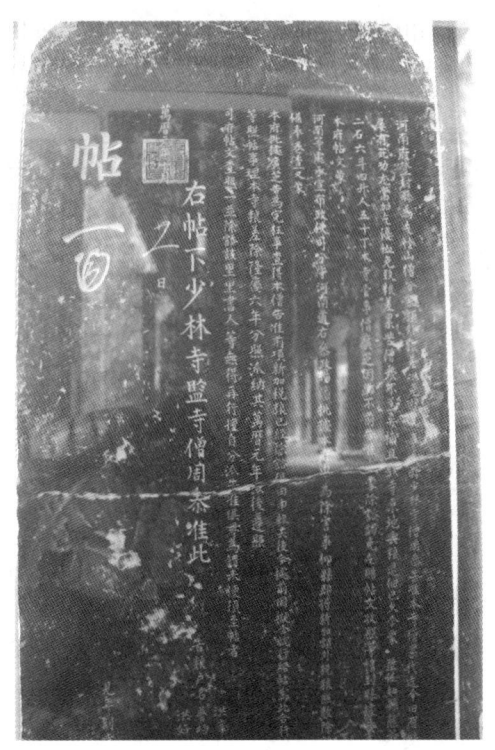

图2　《河南府登封县为乞怜山僧分豁额外粮差事帖》碑石

少林寺管事僧以"屡有死功，尤当加乞优恤"为由，申请将新加额外税粮除豁。后时隔八年，在"丈地均粮"的社会背景下，少林寺再次向登封县"乞怜分豁"，并勒帖于石。②少林寺频繁将帖文刊石的背后，正是源自其对于地方府县权威的崇奉，从而认定帖文具备保护寺产的绝对效力。如果说札付上石以等级高低为选择依据，那么帖文碑强调的便是利益的契合程度。帖文

———————————

①　米祯祥主编，王雪宝编著：《嵩山、少林寺石刻艺术大全》，光明日报出版社2004年版，第296页。

②　万历九年（1581）《河南府登封县为乞怜分豁丈地均粮以免逃窜事帖》。在全国土地清丈运动中，少林寺新开田被清查，要求按土地多寡征税，少林寺又以参战平定倭寇等功劳为由，请求豁免粮差，得到批准。见刘海军：《晚明寺田研究》，中国政法大学2016年硕士学位论文，第43~48页。

的行用等级较札付低，在寺院看来，府帖与县帖的效力差距不似中央与地方那般遥远，帖文上石的选择基准反而聚焦在内容上。寺院帖文碑很少有碑额一说，其样式简单，形制朴实，以内容宣示其财产的不可侵犯。

三、明代寺院公文勒石趋势与权力博弈

如前所述，在明代寺院公文碑中，公文文体所代表的行政权力不同，所处理的寺院事务亦不相同：札付以僧司系统行用为主，主要处理寺院行政事务；帖文以地方府县行用为主，主要处理钱粮诉讼为主。由表（表2）可知，以成化正德时期为临界，札付碑与帖文碑数量变化比较明显。

表2　明代帖文碑与札付碑对比表

时段	札付碑	帖文碑
正统（1436—1449）	4	0
天顺（1457—1464）	3	0
成化（1465—1487）	1	0
正德（1506—1521）	0	2
嘉靖（1522—1566）	0	4
万历（1573—1620）	1	5

诚然，碑刻的数目变化无法反映行政公文的全貌，但至少可以透过碑刻，了解立碑者以及寺院所传递的信息。僧司所行札付多为行政任命与审批一类事务，在明初大肆清理淫祠的背景下，寺院需要此类公文"正名"。然而至明代中期，经过近百年传承的寺院，其合法地位已不需反复确认，反而是伴随国家经济政策的变化与社会矛盾的加剧，寺产不断被侵占、被吞并成为寺院面临的紧要问题。于是大量词讼、钱粮纠纷的处理结果以帖文碑的形式为寺院寺产提供及时的保障。不仅如此，在以往札付碑所见举保住持的流程中，帖文开始应用其中。现河北省石家庄市郊毗卢寺内，存有一通嘉靖四年（1525）正月直隶真定府发给住持道住的府帖碑（见图3）。根据碑文格式，整理如下：①

---

① 笔者根据拓片录入。

01 直隶真定府为举保住持事。据真定县上

02 京村古刹毗卢寺住持道住前执僧录司

03 札付到府，准本司右阐教①如锦关前事。据

04 真定府真定县上京村毗卢寺管事僧宗

05 能等称：本寺原系古刹，祝

06 圣香火处所，见缺住持。今保得本寺籍僧道

07 住，平昔戒行老成，谙通经典，相应给札。住

08 持具呈到职，审考无碍。合行移关本司烦

09 为出给札付。本僧来寺住持，领众焚修祝延

10 圣寿，以图补报，实为便益等因。关呈到司，准

11 此。参照前事，随拘僧人道住审考中式，除

12 类申礼部外，拟合通行。除外，合行札仰

13 本僧前去该寺住持，领众焚修，祝延

14 圣寿，恪守清规，与民祈福，施行。据此，拟合就

15 行。为此。除外，帖仰本僧查照札帖内事理，

16 如遇。住持道住到寺，领众焚修，祝延

17 圣寿，恪守清规，与民祈福。住持道住有地共

18 一顷，令五亩随入常住公用。若有弟子私

19 卖者，许执事僧、乡长送府重治。须至帖者。

20   右帖下真定县上京村古刹毗卢寺住

21   持道住收执。准此。

22   嘉靖四年正月十三日

23 府帖

---

① 僧录司设阐教左右二员，从六品。

图3　《毗卢寺住持府帖碑》蜡拓本

其中，第 2 行至第 15 行为转录嘉靖三年（1524）十二月《札付碑》内容，此碑亦立于毗卢寺，其内容与前述僧司系统的公文传达路径一致。从石碑所载帖文传递上看，此举保住持事共涉有三件文书：一是僧录司右阐教向僧录司发给关文①，确定住持候选者考核成绩"无碍"；二是僧录司颁发给毗卢寺新任住持的札付；三是直隶真定府发给新任住持的府帖，主要内容与札付相同，同时附加了"住持道住有地共一顷，令五亩随入常住公用。若有弟子私卖者，许执事僧、乡长送府重治"的信息。

从程序上看，第一件文书属于僧录司内部文移往来，暂且不议。第二、三件文书均为任命住持事，按前文所言，僧录司颁发给新任住持的札付应为行政任命的最终环节。明代敕令对此亦有明确要求："各处寺、观住持，从本处僧道衙门举保有戒行老成、谙通经典者，申送本管衙门，转申僧录司、道

---

① 因阐教与善世皆属六品，故行关文。关文，官府间多用于质询的平行文书，明代同品级主从官员之间亦用关文，如知县与县丞。

录司考试，①中式，具申礼部奏闻。"②而在此件帖文中，新任住持道住"持札付到直隶真定府"这一新增环节，显然是在僧录司所发札付的基础之上，以直隶真定府作为最后的确认机关。尽管明以前的中央机构为寺院事下发敕牒时，也有粘连帖文的现象，但笔者认为此府帖性质不同于前代牒帖粘连，以北宋太平兴国三年（978）《保宁等寺牒并使县帖》碑中节选使帖与县帖为例，进行说明：

> 使帖兴平县
>
> 右准敕命如前，捡会昨准转巧衔牒，奉教命指挥，仰子细分拆逐寺院现在殿宇、房廊、功德佛，余及僧尼人数，仰逐处官员等相度，内有合胜任得敕额寺院，定夺别坐闻奏者…今奉敕命，宜令本府除未胜任得额外，其余寺院各依降到敕命指挥管界。诸寺院速便各勒逐寺制造额牌，依降到名额书勒大字，了将赴衔呈过，各赴本寺悬挂，兼具知委结罪文状供申者。
>
> 县帖保宁之寺
>
> 清梵寺准使帖奉敕宜赐保宁之寺为额者。今帖县仰一依降到敕命指挥，勒本寺制造额牌，依降到名额书勒大字了。各将赴衔呈过，归本寺悬挂，兼具知委结罪文状供申者…须帖本寺，一依敕命指挥降到名额制造额牌，如法书勒大字了，便于本寺悬挂，仍具知委悬挂月日结罪文状，申上以凭申使，不得有违者。③

中书门下给京兆府下牒文后，先以使帖下发兴平县，再由兴平县发帖文至保宁寺。形式上看似与此府帖相同，但前者所载，无论使帖还是县帖，皆有明确的后续行为需要完成，即名义上中书门下只发给京兆府牒文，但实际上兴平县与保宁寺也是包含在收授公文的客体之中，④仍是中央与地方行政体

---

① 其考试内容见于《万历野获编》卷二七《僧家考课》记载："出考卷见示，则皆四股八比，与儒家无异。亦有新词绮句，其题则出《金刚》《楞严》诸经。"参见（明）沈德符：《万历野获编》卷二七，中华书局1959年版，第678页。

② 《金陵梵刹志》卷二，第55页。

③ （清）陆耀通：《金石续编》卷一四，载《石刻史料新编》第1辑第5册，第3312~3313页。

④ 安洋：《宋代敕牒碑的整理与研究》，中国政法大学2015年硕士学位论文，第30页。

制内部沟通运作的体现，其路径仍是单线下达。而明代府帖则不同，是在原有单线传递札付的基础上，寺院住持增加府县帖文的双线重复。住持请求地方官府给帖这一行为是主动要求还是被动接受虽不可知，但明代地方府县逐渐介入僧司权限，确是不争的事实。日本学者龙池清《明太祖的宗教政策》中也有类似评价："对于住持的任用，在寺院新定住持时，必须申告衙门，似是得其认可才可行之"。①明中后期作品《涌幢小品》论住持选举时，也提到省直府官拥有了选拔住持的权力：

> 僧家住持各据席说法，未尝有崇卑位分之异。宋末，史卫王奏立五山十刹，如世所谓官署，然有服劳，其间最久者，乃出主小院侯声华彰着，乃拾级而升，改主大寺，得至于五名山，则如仕宦，而至将相为人情之，至荣元亦因之，国朝两京考之礼部，省直考之府官。其气势不如宋元之烜爀，僧亦不复之为重矣。②

从万历三十五年（1607）钦差整饬兵备兼分巡岭西道广东等处提刑按察司金事发给白云寺住持的《札付碑》可见，地方行政系统官员已经直接通过"札付本僧"的形式任命寺院住持，未见任何僧司机构的参与。③以往由僧司机构负责的行政审批，现转移至地方行政管辖范围，而寺院勒石之举便是认可这种转变的最好证明。

公文不仅作为连结国家与寺院之间的纽带，凭其权力外观也能够助寺院有效对抗来自民间的侵扰，故历代寺院惯有公文勒石之举，意在强调国家对该寺的认证保护。虽然不同朝代的寺院公文碑存在时代性差异，但不可否认的是，寺院择石立碑的标准始终以维护其自身利益为中心。从札付碑到帖文碑，公文体式在碑石的演变见证了明代寺院从"正名"到维权的利益趋向，也见证了寺院愈来依附于地方行政系统的转变。然而至明中期，伴随着国家经济政策的变化以及寺院与地方纠纷的增多，地方官府在寺院各类事务管理中逐渐掌握话语权，官禁碑也作为顺应官府对寺院进行直接管理而出现的新

---

① 张曼涛主编：《中国佛教史论集》（六），大乘文化出版社 1977 年版，第 7 页。
② （明）朱国祯撰，王根林校点：《涌幢小品》卷二八，上海古籍出版社 2012 年版，第 568 页。
③ 谭棣华主编：《广东碑刻集》，广东高等教育出版社 2001 年版，第 681 页。

形式，开始发挥着禁令护持作用。①不同于公文碑多由寺院主动刻立，官禁碑结尾多为"须至碑者"，表明是地方官府主动刻立，以禁令告示护持寺院。明清之交，当寺院赋予公文碑的功能开始被告示禁碑所取代，寺院公文碑走向衰落已是必然的结果，取而代之的是禁碑体系在寺院的逐渐形成。

① 李雪梅："明清碑禁体系及其特征"，载李雪梅主编：《法律文化研究》第 10 辑，社会科学文献出版社 2017 年版，第 279~304 页。

明《太原水利禁令公文碑》分析

曹　楠[*]

【摘要】在古代地方司法与行政合一的体制下，司法活动多通过上下级之间的行政公文而展开。无论是上级指派下级查验案情，还是下级向上级汇报调查结果，都依托于公文的承载。而诉讼最终的审判结果，更是地方官府以公文的形式发出，由公文赋予裁决以公权效力，保证胜诉人的合法权益。明代水利纠纷因涉及民生，往往引发越诉现象，牵连甚广，这使得相关碑刻史料成为展现地方司法政务性特征的典型代表。立于山西太原晋祠的《太原水利禁令公文碑》较为完整地保留了明代诉讼判决的公文格式，生动地体现了古代公文司法的特点。

【关键词】诉讼　公文　碑刻　水利

一、《太原水利禁令公文碑》释读

《太原水利禁令公文碑》（见图 1）现存于山西省太原市晋祠圣母殿一侧回廊，记载了明太原县金胜村村民争水灌田之事及太原府裁定之情况。碑石约刻立于万历十七年（1589），额题"水利禁令公文"六字。现根据碑刻原石及《黄河金石录》[①]《晋祠碑碣》[②]的载录，将碑文按格式整理如下：

【碑文】

01　　　　太原府为豪民朦夺

---

　　* 曹楠，中国政法大学法律史专业 2015 级硕士研究生，硕士论文为《水案碑的制度属性——以古代山西水利秩序的构建为切入点》。

　　① 左慧元编：《黄河金石录》，黄河水利出版社 1999 年版。

　　② 太原晋祠博物馆选注：《晋祠碑碣》，山西人民出版社 2001 年版。

02 钦赐水利事。万历十五年五月十二日，蒙　巡按山西监察御史陈

批：据本府经历司呈犯人柳桐凤等招由前事。蒙批，如议照旧行，

柳桐凤姑免罪，此缴，蒙此。本年五月二十八日，又蒙

03 钦差山西等处提刑按察司分巡冀宁道兼理兵备佥事刘　案验，蒙

04 钦差提督雁门等关兼巡抚山西地方都察院右副都御史沈　批：该

本道呈为拨霸事。蒙批，依拟柳桐凤赎完发落，实收缴，余如照行。案

行本府，即将犯人柳桐凤、周密、杨希隆俱问明，告纸银肆分贰厘，谷

折银各贰钱五分，柳桐凤又该工价银一两〔钱〕□□□

05　　追究取实收，呈道转缴。其民间分日使水相传年久，难以更

变，应合照旧。蒙此，除行太原县知照外，拟合就行遵守。为此，移牒

前去，烦照牒文备蒙呈案及抄招由事理，烦将柳桐凤所告水利事情，民

间分日使水相传年久，难以更变，应合照

06　　旧，永为遵守施行，希勿违错未便。须至牒者。

07　　右　　牒

08　　晋府长史司

09　　一问得：

10　　一名柳桐凤，年六十四岁，系山西太原府太原县义堰都民，

在本县城北地名金胜村居住。状招：本县西南离城十里地名晋祠镇，原

有泉源壹处，志书碑文载称，从古酌量地势，分为南、北、中并陆堡四

渠，其水力灌溉军民田地。南渠浇至

11　　名枣园头止，中渠浇至东庄营止，陆堡渠浇至大寺村止，

北渠浇至城北、金胜、董茹村止。该浇田程，王府与民间分日使水，每

渠设立渠长一人，率领水甲各照地界分管水利。每年二月内，令有地用

水人民均出夫役，疏浚渠道。于三月初一日起放

12　　水浇地。中、南、陆堡三渠用水不远，又系长流，素少争

竞。北有北渠，每年三月初壹日先灌　晋府、宁化府地，叁日毕，初肆

日方浇本县民地三日，至初陆日毕，周而复始，如前轮流浇灌。其民间

叁日夜水，仍浇　晋府田地，相延日久。在官张相故祖张弘秀，原无

13　　投献情由。其桐凤因连年亢旱不雨，前水不能便及金胜、

董茹等村，安得告争夜水。不合，捏词牵连在官王朝彦在内，状赴　分

巡冀宁道佥事郭老爷，告批，太原县亲查速报。本县将桐凤等并县志、碑文拘吊到官研审，桐凤又不合，妄称原

14　　　分叁日夜水，于弘治年间被渠长张弘秀因遭人命投献与晋府使用等情，在官致准。看得金胜村原有旧迹使水渠堰壹道，及志书碑文所载军叁、民叁旧例。军叁者，谓　晋府等府军校使水，每月初壹至初叁日止，昼夜均使；民

15　　　叁者，谓民间使水，初肆日至初陆日止，亦叁昼夜均使。彼时昼夜有水，其利广普，县南至县北金胜、董茹村，俱得灌溉其地。至弘治年间，渠长张弘秀将民叁日夜水献与　晋府，民间止得昼水，其夜水全无，水利微细，不能便及金胜、董茹村。今桐

16　　　凤等告欲沾利，将分县南民间昼水以与金胜，恐水有限，不能浇无穷之地，将献与　晋府夜水掣与金胜，恐　晋府相延已久，难与纷更。从长计议，将见行初一日至初六日使水一轮周而复始之制，改为七日一轮。于初壹日至初叁日止，昼夜之水是

17　晋府等府军校所使，初肆日至初陆日是县南民间所使，其此三日夜水仍归　晋府军校所使。第七日方令县北罗城、棘针窝、城北、金胜村以至董茹村止使水，此日夜水亦仍归于　晋府军校所使，庶　王国终得便益，县南、县北之村可以遍及，情法

18　　　兼尽，水利均沾。申详间，有　晋府在官渠长周密将分豁情由，于内添词，及将在官周天恩写连名具启　晋府批行。长史司具呈现　本道，蒙批，仰县查照旧例议行，民有不均，只宜在百姓中调停，不可以　王府应轮之水以便百姓。如有官校不遵旧

19　　　规霸占者，申夺速报。行间，　宁化府教授所具申　本道，蒙批，仰县查议速报。本县仍照前议具申本道，蒙批，　　据议似便。但　王府屯庄自与小民不同，不可违旧例也，须官民两便，速报。本县复议，仍照旧规六日一轮，周而复始。金胜村柳桐凤等

20　　　不得分沾晋祠水利，备由具申　本道。蒙批，依拟行缴本县，省令　王府与民间仍照旧分定日期使水，原详申缴讫卷照。本年闰九月初叁日，桐凤仍要复告，又不合，捏称晋祠圣母柳氏原头金胜村娘家回马水，军民轮流浇灌田禾，与

21　王府并不相干，不料世袭渠长张相、王朝彦并在官张孝、崔坤等，投托豪校周密、周天恩等，不遵古迹志书，用强霸水，为本任伊沿村每岁取银不下百十余两，春秋折干酒席银八两有余，各肥享富。近因天旱，与一样水地钱粮，累民逃窜。

22　　县奉明文，查得志书，疏通古河，彼乃仗势财大，阻塞明谕，仍霸不舍，指杨万并在官崔梯等证等项虚词，状赴　巡按洪老爷告。批巡宁道呈报，牌行本府，帖行本县。查议间，周密与周天恩亦将分豁等情牵连在官，樊举中、张

23　　汝花具启。　晋王令旨：晋祠水利已经二百余年，见有碑记可查。今被樊举中等明欺冲年，告夺国府水利，问官要誉百姓，见今行夺，长史司即便移文　两院并各道府，速救管庄人役。该长史司备由通呈，蒙　本院批巡宁道查报，

24　　巡抚许都老爷批，巡宁道查报抄呈，牌行本府，帖行本县并勘问。万历十四年五月十八日，桐凤又不合，仍膳前词，状赴按察司，告批，仰县查报。本年十月十六日，桐凤又不合，复膳前词，状赴巡按　陈老爷，告批，仰掌印官亲诣彼处查议妥确。侯

25　　本院过该县之日　解审。周密又与周天恩将情捏添，被太原县豪民柳桐凤、樊举中等在金胜村敛银九十余两，控夺本府水利，申蒙分巡道，行县，照旧查证。伊等复行拴同积弊，杨万、崔梯、张汝花等不遵明断，朦赴

26　　察院，告批，该县委官踏勘。至水源，沿渠军民共使壹拾捌水口，本府止使贰水口，各有分定日期，排簿可证，况县库碑载，伊金胜村水甲戌大明水利见今崔梯顶使，渠长张孝证伊等弥昧，返设奸计朦禀勘官，不以

27敕册、志书、碑卷为验，欲将本府水利混分，以益百姓。切思军民使用壹拾捌口，所系难动，本府止得贰水口，内军民仍流水陆分，退下者方浇屯地，似此何多？何少？明欺　国主冲令，上下套夺。况本屯水地已旱五分，全赖二八月冲轮漫地，起办课程，若再少□□动

28　　用，粳米从何起办，等虚实情词，具启。　晋王令旨：予委冲幼，这豪民乘机屡夺本府二百余年水利，情理不通。该司还移文

按院，乞行照旧可矣。该长史司具呈　本院，蒙批：浇田使用，分有日时，碑志即存，何可变乱？仰太原府秉公查报，抄

29　　　呈　帖行本县，将桐凤等一干人卷并志书、碑记拘吊到官，亲诣本渠，再三查审。前项水利，每年三月初一日起至八月初一日止，军校与民间浇地六日一轮。每月晋府等府官地军校，于初一日起昼夜使水，至初三日止。民间于初四、初五、初六使水三昼，其

30　　　夜水仍归　晋府军校使用。以后日期轮流如前。是六日一轮之水，军校得其三日六夜，民间得其三日，此系见行事规、志碑，虽有从古军三民三昼夜均使之规，及张宏秀献民夜水之说，但世远事久，相延已定，虽以复更前议七日一轮，盖为一时救旱

31　　　权宜之计，周密等坚称不愿，似难强之。合无仍照旧六日一轮，周而复始，似为相妥，不致纷扰。柳桐凤与周密等止因争水，添捏虚词，情皆可恨。在桐凤等地原纳上地之粮，而亦有供　王国之税；在周密等地系属国府之屯田，而原非小民

32　　　田土可比。矧值旱极思水，人情常态，姑从宽议，量示惩究。将桐凤等问拟不应杖罪，速人招□府，复审前情无异。看得柳桐凤妄图水利，敢违碑志，据法本当重究，但愚民趣利，惟情尚属可原，该县欲从宽拟相应，惟从周密等意，恐

33　　　后旧规或至变乱，诉内词亦涉虚，事出有因，似应免究。其　王府与民间分定日期轮流使水，相传年久，难以更变，应合照旧，将桐凤取问罪犯。

34　　　一议得柳桐凤合依不应得为而为之事理重者律，杖八十，有　《大诰》及遇蒙　恩例通减二等，杖六十。系民审稍有力，照例折纳工价赎罪。完日与告实周密、黄□明、周天恩等，各查发宁家。

35　　　一照出柳桐凤、周密、杨希隆俱告纸各一分，每分照例二分，折银四分二厘八分，折谷四斗八升。柳桐凤又该赎罪工价银一两二钱。□□完纸银买纸公用，谷发官仓备赈，工价贮库作正支销，□□收缴。其民间与

36　王府分日使水相传年久，难以更变，应合照旧。备牒到司，已经备本转启，奉

37 令旨：予在冲令，奸人乘机屡行窃夺我二百年水利，今幸诸明公洞见矣，总理该司□行□□官，查照断案，立石本屯，以垂永久，庶枉日后之朦扰矣。敬此敬遵，抄出到司，拟合牒行管屯仪卫司遵照断案立石本屯，以垂永久云。

38 万历十七年肆月初壹日立石 小站居人周通书丹

图1 《太原水利禁令公文碑》①

阿风教授在《明清徽州诉讼文书研究》一书中，对明清时期徽州地区的

---

① 照片由李雪梅教授提供。

诉讼文书据不同标准进行了分类。根据存在形式，将诉讼文书分为诉讼案卷与官府发出的文书、"执照"与"抄招帖文"和民间文书等类；根据诉讼过程，可将诉讼文书划分为状式、信牌（票）、审讼与问拟文书和甘结、领状、息状等类。①

明代水案碑大多是根据抄白的"抄招帖文"刻立而成。"抄招帖文"实际上由"抄招"和"帖文"两部分组成。"抄招"即抄写的诉讼案卷，"帖文"指官府下发的下行文书。抄白的"抄招帖文"即是在抄写的诉讼案卷和官府下发的帖文基础上，再行誊抄，未保留官府帖文原先的押印。而明代水案碑中文字，多是对案卷中问拟文书的誊抄。阿风指出，"问拟"过程形成的文书包括供状、看语、议得（引律定罪）、照出（诉讼费用）等，也就是通常所说的判决文书。②明代水案碑就存在形式看，属于抄白的"抄招帖文"；从诉讼过程看，由问拟文书，即判决文书和官府帖文两部分组成。因碑石的大小有限，刻文时多将官府下发的帖文和问拟文书中的供状、看语、议得、照出等部分连在一起刻立，虽然不像徽州文书一样层次分明，但也保留了基本的官府帖文和问拟文书的样式。

以此视角检视《太原水利禁令公文碑》，大致由两部分构成。第一部分是官府下发的帖文，即碑文第1~7行，记载了此次复杂水利纠纷的最终裁决结果。第二部分是问拟文书（即判决文书），第9~33行为供状与看语。碑文所载水利诉讼前后历经五次，因此，问拟文书中共提及了两次诉讼的看语，分别在第14行和第32行，对应第一次和第五次诉讼，第34行为议得，第35行为照出。从碑文来看，供状、看语、议得和照出四部分虽然连在一起，但仍能进行较为明显的区分，而且各部分的层次也较为清晰，是一个较为完整的问拟文书。根据碑文第37行所言"抄出到司"，可大致推测，碑文应该是根据抄白的问拟文书刻立而成，案件最终的判决结果是通过太原府下发的牒文生效。根据上下文推测，应该是作为胜诉方的晋府，在拿到太原府下发的牒文后，再次下发令旨，要求将太原府的牒文刻碑立石。

①　阿风：《明清徽州诉讼文书研究》，上海古籍出版社2016年版。有关明清徽州诉讼文书的分类，参见该书第二章、第三章内容。

②　阿风：《明清徽州诉讼文书研究》，上海古籍出版社2016年版，第98页。

二、碑文所见争水讼案分析

晋水发源于距太原市西南 25 千米的悬瓮山下。根据嘉祐八年（1063）《重广水利记》记载，晋祠水源在宋代得到进一步的开发：

> 于是浚其源为十分，穴庙垣以出，其七分循石弦而南行，一分半面奉圣院折而微东，以入于郭村，又一分凑石桥下，以入于晋祠村，又支者为半分，东南以入于陆堡河，其正东以入于贤辅等乡者，特七分之四，其三分循石弦而北，通圣母池转驿厅右以入于太原故城。①

万历十三年（1585），太原县金胜村村民柳桐凤向太原县状告，要求争夺晋祠水利。根据嘉靖二十二年（1543）的《申明水利禁例公移碑记》和万历十七年（1589）的《太原水利禁令公文碑》所载，晋祠水源分南、北、中和陆堡四渠，灌溉流域内所及的军民田地。每渠各设渠长一人，负责渠内的水利事务。根据碑文的内容，王府与民间的分水日期如表 1 所示，而柳桐凤所要争告的，是初四至初六日原本属于民间，却被北渠渠长张宏秀于弘治年间献于晋府的夜水。

表 1　万历十三年（1585）北渠用水分配

	初一	初二	初三	初四	初五	初六
昼水	王府	王府	王府	民间		
夜水				王府		

因第一次诉讼未果，柳桐凤上诉至分巡冀宁道处，分巡冀宁道要求太原县迅速查报，太原县在查验水渠、古碑的基础上，认为"军三民三"的旧章确实存在，考虑到民间只得三日昼水灌溉，用水不足，且"分县南民间昼水以与金胜，恐水有限，不能浇无穷之地，将献与晋府夜水挈与金胜，恐晋府相延已久，难与纷更"（碑文第 16 行），便提出了折中解决方案，即将六日一轮的灌溉日程改为七日一轮，第七日昼水灌溉县北金胜等村，夜水仍归王府，并据此上报分巡冀宁道。诉讼期间，晋王府渠长周密会同军校周天恩，将案

---

① 张亚辉：《水德配天：一个晋中水利社会的历史与道德》，民族出版社 2008 年版，第 176 页。

情禀告晋王，随后晋王第一次下发令旨，分巡冀宁道接到晋王令旨后，迅速批示太原县，要求查照旧例施行，"民有不均，只宜在百姓中调停，不可以王府应轮之水以便百姓"（第18行）。同时，宁化王府教授也向分巡冀宁道提交了申状，重申王府的利益不可动摇。分巡冀宁道接到申状后，又迅速批示太原县查报。太原县仍按照前次提出的折中方案向分巡冀宁道申报，希望将轮水日期改为七日一次。分巡冀宁道认为，此折中的方案看似可行，但王府的旧制不可更改，因此驳回了太原县的方案，要求太原县复议。无奈，太原县只得依据现有的六日一轮的灌溉方案上报，判定柳桐凤不得分沾晋祠水利，最终获得分巡冀宁道的认可。败诉的柳桐凤不服，于万历十三年（1585）闰九月初三日，上告至山西巡按御史洪老爷处，洪老爷指示分巡冀宁道查办，分巡冀宁道推派太原府，太原府要求太原县勘察。期间，周密与周天恩又将案情陈告于晋王，晋王再次下发令旨，明确现有的分水制度不可变："晋祠水利已经二百余年，见有碑记可查。今被樊举中等明欺冲年，告夺国府水利，问官要誉百姓。"（第23行）第四次诉讼随之不了了之。万历十四年（1586）十月十六日，柳桐凤提起第五次诉讼，状告至山西巡按御史陈老爷处，周密等人再请晋王令旨，称"豪民乘机屡夺本府二百余年水利，情理不通"，随后由长史司移交巡按察院，要求遵循现有的分水制度，山西巡按御史批复："浇田使用，分有日时，碑志即存，何可变乱"（第28行），并指令太原府查办。太原府要求太原县再次调查，最后太原县依据现行的分水旧例作出判决，维持了现有的用水秩序。

从万历十三年（1585）到万历十五年（1587），围绕水利旧章的适用问题，柳桐凤与晋王府展开了反复争讼，柳桐凤先后状告至太原县、分巡冀宁道、山西巡按御史、山西提刑按察使司等处。太原县虽提出过折中解决方案，但终因藩王多次干涉施压，最终只得判处柳桐凤败诉，维持现有的分水规制。胜诉后的晋王府将案件经过刻石立碑于屯田处，以垂永久。碑文所记载的五次诉讼经过整理如表2所示。

表 2　柳桐凤一案的五次诉讼经过

	诉讼经过
第一次	柳桐凤 $\xrightarrow{状申}$ 太原县
第二次	柳桐凤 $\xrightarrow{状申}$ 分巡冀宁道佥事郭老爷 $\xrightarrow{批}$ 太原县
第三次	柳桐凤 $\xrightarrow{状申}$ 山西巡按御史洪老爷 $\xrightarrow{批}$ 分巡冀宁道 $\xrightarrow{牌票}$ 太原府 $\xrightarrow{下帖}$ 太原县
第四次	柳桐凤 $\xrightarrow{状申}$ 山西按察使司 $\xrightarrow{批}$ 太原县
第五次	柳桐凤 $\xrightarrow{状申}$ 山西巡按御史陈老爷 $\xrightarrow{批}$ 分巡冀宁道 $\xrightarrow{批}$ 太原县

里赞在《司法或政务：清代州县诉讼中的审断问题》一文中提出："从现代西方三权分立的视角看，清代州县对诉讼的审断是司法行为。然而在中国，当时州县是统管一方的牧民之官，审断诉讼不过是他治理地方职责的一个部分，故其审断行为应看作政务而非司法。"①这一观点，或许有助于我们更好地认识中国古代的司法传统。

明朝在地方设立的提刑按察使司是地方的最高司法机构。在按察使下，设立按察副使、佥事等官员，分察各府、州、县，监察地方官吏，同时拥有一定的司法职权，称为分巡道。在地方府和直隶州，知府掌握地方司法权，同时设置推官，协助知府处理具体司法事务。各府之下为基层政权组织——州、县，知州及知县均有权处理地方诉讼案件。

明朝还在都察院设十三道监察御史，分区监察，称为"巡按御史"。巡按御史在其监察区内也有一定的司法职权。明代后期，开始在地方设立临时性质的巡抚和总督，负责监察地方，"兵事专任武臣，后常以文臣监督。文臣，重者曰总督，次曰巡抚"。②后来，巡抚与总督的设置趋于常态化，凌驾于地方三司之上，成为地方最高行政长官，也越来越多地参与地方重大司法案件。正是明代后期总督与巡抚设置的常态化，使得明代地方机构日趋复杂。而为了争夺地方实权，总督与巡抚也逐渐成为民众热衷的上诉对象。

① 里赞："司法或政务：清代州县诉讼中的审断问题"，载《法学研究》2009 年第 5 期。
② 《明会典》卷一二八《兵部·镇戍》，商务印书馆 1936 年版，第 2639 页。

通过碑文内容和表 2 所显示的诉讼经过，我们大致可以看出，因水源灌溉事关村民的日常生产和生活，且柳桐凤争夺的又是晋王府所享有的水权，因此，柳桐凤在诉讼过程中多次越诉，使得本案所涉及的官员众多，公文流转也较为复杂。碑文中所涉及的呈状、申状等上行文，批文、牒文等下行文，出现次数繁多。从诉讼的提起，到上诉后案件的处理，再到对案件的调查，乃至于案件的最终判决，均是通过公文实现的。诉讼审判过程中的公文流转，也从一个方面印证了明代司法活动的政务性特征。此外，在柳桐凤一案中，以晋王为首的地方藩王对司法的影响，也是不可忽视的。晋王三次下发令旨，强调王府的既有利益不得侵犯，而地方官府在接到晋王的令旨后，均迅速作出反应。而案件最后的判决，也不得不向王权势力屈服，地方官府似很难独立地审理案件。

* * *

在古代地方行政与司法合一的体制下，涉及民生重大利益的水利纠纷，多发生越诉现象。在多个地方机构介入案件审理的情况下，司法活动的政务性也就愈发明显，案件的调查、审理、判决均是通过公文的流转来承接。对于民众的上诉案件，地方官员多通过批文、帖文等下行文，要求下一级官府查实案情；而在下级官府实地调查、勘问后，便通过申文、呈文等上行文形式将调查结果上报。纠纷最后的处理结果，多通过牒文、帖文等下行文的形式予以确认。

中国古代司法与行政合一的表现，不单单体现在地方司法官员的设立上。由于没有一套独立的司法运行体制，司法活动成为地方官员政务活动的一部分，司法活动的实现也是通过既有的行政体系来运转，运用公文对案件进行处理，便是这一特征最直接的体现。

《北岳庙图碑》初探

王 栋[*]

【摘要】 国家在五岳秩祀庙宇中设置专职管理人员，可追溯至隋代设立的"庙令"。金元时期，随着道教的兴盛，朝廷将经营"岳庙"的责任委以道士，并责官督察。而至明代，朝廷对五岳等"岳庙经营"并未形成规制，以致今人在考察明代"岳庙"权属问题时，变得殊为困难。曲阳县《北岳庙图碑》记载了明中叶曲阳知县立碑保护岳庙，并设立"庙户""掌事者"经营岳庙一事。本文试通过对该碑的分析，并结合相关史料，对明中叶北岳庙的经营范式作一探究。

【关键词】 北岳庙 图碑 曲阳县 岳庙经营

一、相关研究

曲阳县北岳庙是古北岳之大庙，是清以前官方望祭北岳恒山之庙坛所在，也是民间祭拜北岳神祇的道场。据金明两代北岳庙图碑、康熙年间《曲阳县新志》所绘县城图和岳庙图，大庙南接县城西南神门，北抵北城墙，西倚县城之西门，东临民居，占据县城方域近半，规模浩大壮观。[①]

在岳庙正殿——德宁殿月台左前方，立有一通嘉靖二十六年（1547）所刻《北岳庙图碑》。碑为汉白玉质地，圆首方座，高1.65米，宽0.68米，厚0.23米。[②]碑阳为时任曲阳知县周寅所撰"北岳庙图记"，记述了嘉靖二十五年至二十六年北岳罢祀曲阳之议及知县立碑护庙等事；碑阴刻"北岳庙图"，以图摹刻岳庙之形制，以文记岳庙田产、界至及动产概况。明万历间何

---

* 王栋，中国政法大学2017级历史文献学专业硕士研究生，研究方向为法律文献学。

① （清）刘师峻：《曲阳县新志》卷一，康熙刻本，第7~8页。
② 国家文物局编：《中国文物地图册·河北分册（下）》，文物出版社2013年版，第545页。

出光所辑《北岳庙文集》，以及今人张剑扬所撰《北岳恒山志》、薛增福《曲阳北岳庙》等书，均辑录有碑阳的文字，但碑阴"北岳恒图"，诸书均未收录。①

近年来，一些研究者也注意到了该碑的价值，并作了一定的研究。杨博利用此碑考察了北岳庙的建筑规模及形制，并根据实地调查结果对碑阴"北岳恒图"做了一定的校勘工作。②张立方根据该碑对曲阳北岳庙古建筑遗存进行了考证。③吕兴娟利用碑阴及洪武十四年（1381）《北岳恒山之图》，考证了北岳庙飞石殿的建成年代，分析了飞石殿的落成原因及其对明中叶改祀事件的影响。④张琏从方志学角度，利用碑文考察明中叶的飞石之诬及北岳改祀之争。⑤还有一些学者利用此碑进行历史地理学方面的研究，如孙东虎、梁勇、李岩等分别利用碑记考察了明中期恒岳位置的变化及人们对北岳位置观念的演变。⑥综上可见，上述学者多从各自专业视角利用此碑进行研究，但碑中有关明中叶北岳庙经营方式的内容，尚未得到应有的重视。同时，文献中关于明代岳、镇等国家祭祀庙宇经营、管理制度的记载也较为零散，此碑内容正可弥补这方面的不足。

二、碑刻录文与集释

（一）碑阳录文及主旨

现据原碑照片（图1）及《北岳庙集》《北岳恒山志》，将碑阳文字按格

---

① （明）何出光：《北岳庙文集》卷九，载北京图书馆古籍出版编辑组：《北京图书馆古籍珍本丛刊》118《集部·总集类》，书目文献出版社1995年版，第812页；张剑扬：《北岳恒山志》，山西人民出版社2008年版，第299页；薛增福、王丽敏：《曲阳北岳庙》，河北美术出版社2006年版，第142页。

② 杨博："从嘉靖'北岳庙图'碑初探明代曲阳北岳庙建筑制度"，载全国博士生学术论坛（建筑学）学术委员会、清华大学建筑学院：《科学发展观下的中国人居环境建设（2009年全国博士生学术论坛建筑学论文集）》，中国建筑工业出版社2009年版，第355～359页。

③ 张立方："五岳祭祀与曲阳北岳庙"，载《文物春秋》1993年第4期，第61～62页。

④ 吕兴娟："北岳庙建立飞石殿的年代及原因考"，载《文物春秋》2005年第5期，第35～40页。

⑤ 张琏："质于图志—明清图志中的历史想象"，载张英聘主编：《第三届中国地方志学术年会两岸四地地方志文献学术研讨会论文集》，方志出版社2014年版，第208～230页。

⑥ 孙冬虎：《地名史源学概论》，中国社会出版社2008年版，第110页；梁勇："恒岳考"，载邱洪章主编：《地名学研究（第二集）》，辽宁人民出版社1986年版，第244页；李岩："古北岳方位观念辨析——以《北岳庙集》为中心"，载《保定学院学报》2019年第1期，第121～127页。

式整理如下：

01　　　北岳庙图记

02　　　恒山居五岳之一，而雄峙于浑云。其庙于曲阳也，历年既久，自唐以来，图志记刻，举无所考焉。世说

03　　　大舜巡狩，有飞石殒于曲阳，因建祠柴望焉，此传之者云尔也。嘉靖壬寅春，寅奉

04命尹兹土，始至谒恒祠，遂遍观之。时缮修未远，殿廊门庑，规制宏大，而绘彩壮丽。独昭福门圮倾，朝岳门

05　　　坊为风雨所摧折。厥明年，咸修茸之。既而增树浚井，设守庙之户数家，悉蠲其征役，以专所事，俾无

06　　　畋而薪者于是焉。丙午岁，户科河南陈公论飞石之诬，

07　　　奏罢曲阳庙祀，仍举于浑源州之恒山，以曲阳非恒山之所在，正祀典而扩土宇，亦正论也。

08上下其议，邑人恐遂毁兹庙而无所祷焉。时寅以考绩复任，父老举以告，因慰之曰：今之议，罢庙之祀而

09　　　非毁庙之制也。其罢庙之祀也，乃

10　　　朝廷秩祀之典，而非有司之常祭也。盖神之在天地间，如水之行地，无弗在焉。飞石可诬，而神不可诬

11　　　也。曲阳无北岳之山，而乃北岳方位之地也。自岳之祠於此也，历代圣王之君，暨我

12祖宗列圣，相承百七十余年，其尊崇而奉祀之地也，皆在于是。至于吏于是邑，与邑之民亦惟神是祈，而受

13神之翼蔽久矣。余忝兹邑，迄今六年，水旱灾沴，靡祷不应。故雨旸时若，比岁丰稔，赋税克而民以宁，

14　　　皆神赐也。夫岳之为祠久，而神之福曲阳之吏民也深。假使秩祀虽废，而常祭犹存，岳灵自在也。奚

15　　　谓无所祷耶？但庙之址在于邑城之西内，南、西、北三面俱距城之垣，而东邻居民，日改月易，墙垣倾

16　　　颓，或有假罢祀之说以侵之者。因绘图于石阴，并记其庙之器物、基址丈数、闲田之亩，可田可蔬，

17　　每岁计其所获，复择其人以掌之，少有损坏，资以修理。一
以省财用，一以崇庙貌，庶乎人致严奉之

18　　心，而神昭锡福之庆。吾邑之民，可以受神惠于无穷矣。敬
神恤民，吾之职也。吾职之未尽，惟神之

19　　鉴耳。因不辞鄙陋，为书诸石以纪岁月云。

曲阳县县丞畅中

20　　嘉靖二十六年仲夏之吉，金山周寅谨记。

　　主簿张络同立

碑阳所刻文字，第1行"北岳庙图记"为碑题；第2～19行为正文；第
19行下部和第20行为落款。撰文者及立碑者是时任知县周寅，同立碑者还有
县丞畅中、主簿张络，立碑时间为嘉靖二十六年（1547）七月初一。

碑文内容大致有四：其一，撰文者对恒岳及恒岳庙的考释；其二，记嘉
靖年间岳庙营缮及设立庙户守庙等事；其三，记嘉靖二十五年（1546）"罢祀
曲阳之议"及其影响；其四，述立碑缘由。

（二）碑阴内容及主旨

碑阴（图2）刻岳庙图，碑额篆书"北岳恒图"，图左下方落款为"嘉靖
丁未岁秋七月吉旦知曲阳县事 金乡 周寅 重刊"。主体内容为北岳庙基址以及
岳庙建筑、田产、器物等布局情况，并以文字载明基址步数、建筑名称、田
土亩数、器物数量等信息。

图 1　碑阳"北岳庙图记"

图 2　碑阴"北岳恒图"

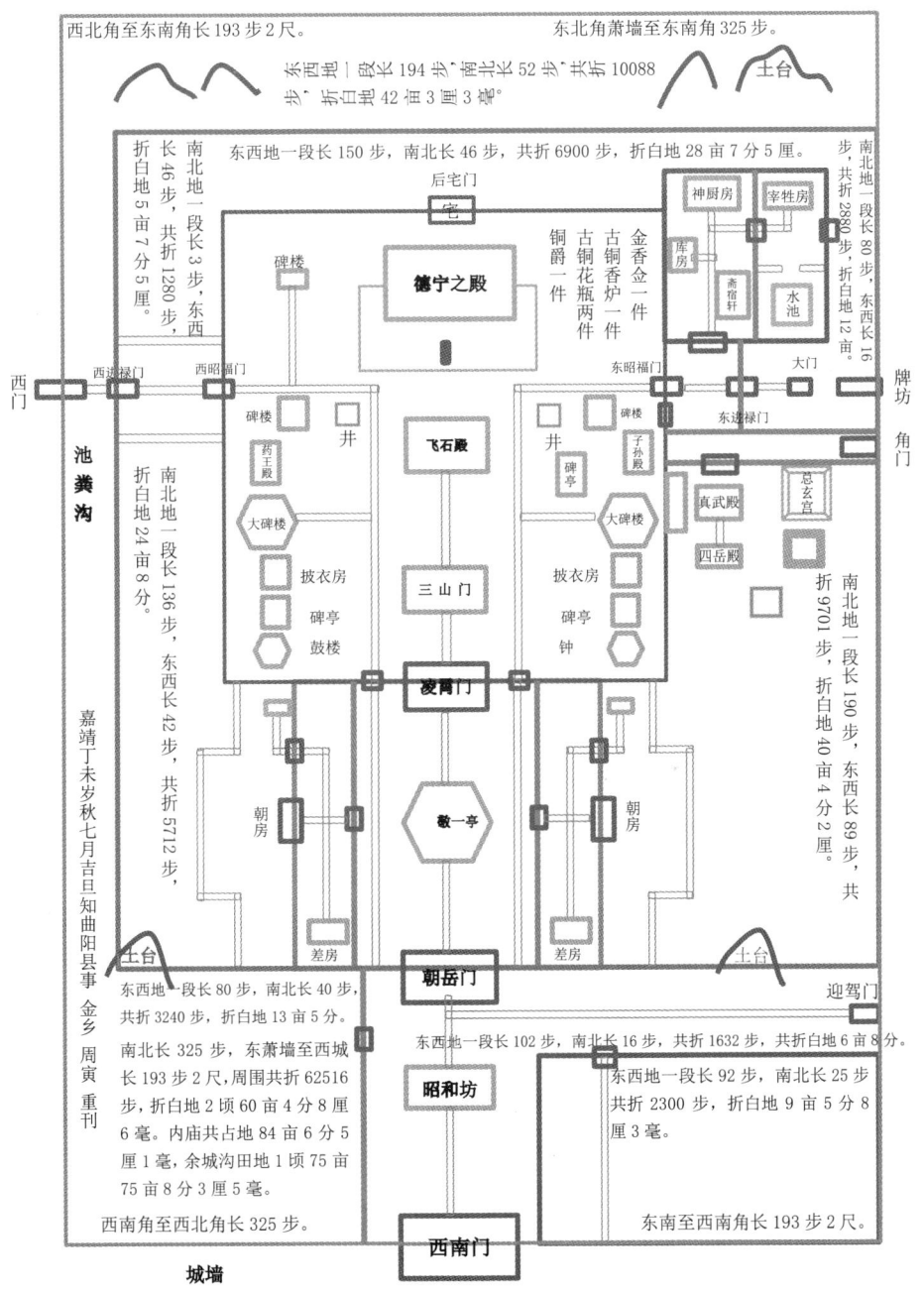

图3　北岳庙图示意

碑石上的"北岳恒图"以岳庙平面为主视图，绘制岳庙建筑形制，图中各处又附以文字说明。平面图呈现内庙、中庙、外庙"三城相套"的格局。①以下试以"三城"为次序，对"北岳庙图"作初步释读。

第一，内庙，由凌霄门—西昭福门—后宅门—东昭福门及内层围墙所构成。内庙核心为德宁殿，面阔九间；外有月台及栏楯，月台正南及东、西各有台阶。德宁殿内有金香金一件、古铜香炉一件、古铜花瓶两件、铜爵一件。沿德宁殿中轴线向南有飞石殿，面阔五间；继续沿甬道向南为三山门，面阔五间；再向南有凌霄门，此门东、西两侧各有一耳门。德宁殿后有后宅门通后院宅地，西有碑楼一处。内庙西开西昭福门，面阔三间；东开东昭福门，面阔三间；东昭福门旁有便门通中庙。东、西昭福门之间有步道相连，步道之南，中轴线东西两侧各有水井、碑楼一处；向南，中轴线西侧有药王殿，东侧设子孙殿；向南，飞石殿东侧设碑亭一座；向南，中轴线东西两侧，又建有大碑楼、披衣房、碑亭各一座；向南，西侧建有鼓楼，东侧建有钟楼。

第二，中庙，由朝岳门—西进禄门—东门牌坊及中围墙、东萧墙所构成。中庙建筑多集中于东、南侧，西、北侧多为庙田。中轴线凌霄门外有御香亭，南开朝岳门，面阔五间，与中层围墙相连。南围墙东西两侧，各有土台。朝岳门—凌霄门中轴线两侧，各有围墙两段连接内、中层围墙。内墙中段各开朝门通向两侧朝房，朝房北又各置便门通向小房。朝房后各有空园一处、曲折小径一段。东西两侧内外围墙间，南围墙北面，各建差房。中庙西开西进禄门，有步道与西昭福门相连；步道南北两侧各置庙田，南侧"南北地一段，长136步，东西长42步，共折5712步，折白地24亩8分"，北侧"南北地一段，长3步，东西长46步，共折1280步，折白地5亩7分5厘"。②东侧，东昭福门外开东进禄门，向外有东大门，门外立一牌坊，东侧诸门之间有步道相连。步道北侧为神厨所，内设斋宿所、神厨房、库房，神厨房东墙后有宰牲所。宰牲所前有一水池，东墙上另开一便门，便门外有"南北地一段，长80步，东西长16步，共折2880步，折白地12亩"。③步道南侧另建两堵东西

---

① 杨博："从嘉靖'北岳庙图'碑初探明代曲阳北岳庙建筑制度"，载全国博士生学术论坛（建筑学）学术委员会、清华大学建筑学院编：《科学发展观下的中国人居环境建设（2009年全国博士生学术论坛建筑学论文集）》，中国建筑工业出版社2009年版，第358页。

② 本段碑石有误，见文后校勘。

③ 此处明显计算错误。

墙，连接内围墙与东萧墙；又于东萧墙上开一"角门"，直通两墙之间；南墙上开一便门。便门南向建有真武殿、四岳殿，殿东建有总玄宫，南有水井一口，有"南北地一段，长 190 步，东西长 89 步，共折 9701 步，折白地 40 亩 4 分 2 厘"。①中庙北侧，有"东西地一段，长 150 步，南北长 46 步，共折 6900 步，折白地 28 亩 7 分 5 厘"。

第三，外庙，由县城西南门—西门及南城墙、西城墙、北城墙、东萧墙构成。外庙南侧中轴线上，西南门后立有"昭和坊"牌坊一座；西侧，又建一堵墙，连接南城墙与中层南围墙，墙上开一小门，直通西园，西园有"东西地一段，长 80 步，南北长 40 步，共折 3240 步，折白地 13 亩 5 分"②。中轴线东侧有一条步道，自东萧墙迎驾门引出，直连中轴线甬道。步道南侧有"东西地一段，长 102 步，南北长 16 步，共折 1632 步，共折白地 6 亩 8 分"；再向南，有小院一处，小院北墙设有便门，另有小径通向南城墙。小径东侧有"东西地一段，长 92 步，南北长 25 步，共折 2300 步，折白地 9 亩 5 分 8 厘 3 毫"；西侧有空院一处。西侧城墙上开有县城西门，西城门内，南北两侧均为池粪沟。外庙北侧东西各有土台两座，另有"东西地一段，长 194 步，南北长 52 步，共折 10088 步，折白地 42 亩 3 厘 3 毫"。除此之外，《北岳庙图》于西南、西北、东北、东南四角，刻有各向距离，依次为"西南角至西北角长 325 步""西北角至东南角长 193 步 2 尺"③"东北角萧墙至东南角 325 步""东南至西南角长 193 步 2 尺"。另外，东南侧小院空园位置刻有岳庙基址概况，"南北长 325 步，东萧墙至西城长 193 步 2 尺，周围共折 62516 步，折白地 2 顷 60 亩 4 分 8 厘 6 毫；内庙共占地 84 亩 6 分 5 厘 1 毫；余城沟田地，1 顷 75 亩 75 亩 8 分 3 厘 5 毫"。

仔细检视，可以发现碑阴图示中存在 5 处"方向"或"数值"等方面的错误，笔者根据图示文意及数值计算校勘如下（见表1）：

---

① 此处有误，见校勘。
② 此处有误，见校勘。
③ 此处有误，见校勘。

表1　碑阴勘误表

序号	错误位置	错误描述	正解
1	外庙西北角处"西北角至东南角长193步2尺"	方向有误	应作"西北角至东北角长193步2尺"
2	外庙西南侧"东西地一段，长80步，南北长40步，共折3240步，折白地13亩5分"	"长80步"或"南北长40步"有误	应作"长81步"或"南北长41步"
3	中庙总玄宫处"南北地一段，长190步，东西长89步，共折9701步，折白地40亩4分2厘"	"长190步"有误	应作"长109步"
4	中庙"神厨所"东侧"南北地一段，长80步，东西长16步，共折2880步，折白地12亩"	"东西长16步"有误	应作"东西长36步"①
5	中庙西北侧"南北地一段，长3步，东西长46步，共折1280步，折白地5亩7分5厘"	"长3步"有误	应作"长30步"

（三）北岳庙庙产及保全措施

据"北岳恒图"刊刻内容可知，庙产类型包含有动产和不动产两类。动产为较珍贵的祭祀用品，有"金香金一件、古铜香炉一件、古铜花瓶两件、铜爵一件"。不动产包含岳庙基址及庙内不可移动的建筑、水井、田土等，项目明细如下：

其一，岳庙基址。岳庙总基址范围为"南北325步，东西193步2尺，四至清晰，折步62516步，折白地2顷60亩4分8厘6毫"；内庙基址未列明具体步数，折地"84亩6分5厘1毫"；中、外庙占地为"1顷75亩8分3厘5毫"。

其二，地面建筑。包含大殿7座，山门3座，碑楼（亭）8座，水井（池）4座，钟、鼓楼各1座，各类用途小房12座。

其三，庙内田产。据下表统计，田产有9处，包括外庙东西地4处，中

---

① 杨博文中，此处校勘有误，误作"46步"。见前注。

庙东西地 1 处、南北地 4 处，田产折步 43733 步，折白地 182 亩 2 分 2 厘。

表 2　北岳庙田产统计表

序号	位置	田产规模
1	外庙北侧	东西地一段长 194 步，南北长 52 步，共折 10088 步，折白地 42 亩 3 厘 3 毫
2	外庙西南	东西地一段长 81 步，南北长 40 步，共折 3240 步，折白地 13 亩 5 分
3	外庙东南	东西地一段长 102 步，南北长 16 步，共折 1632 步，共折白地 6 亩 8 分
4	外庙东南	东西地一段长 92 步，南北长 25 步，共折 2300 步，折白地 9 亩 5 分 8 厘 8 毫
5	中庙北侧	南北地一段长 150 步，东西长 46 步，共折 6900 步，折白地 28 亩 7 分 5 厘
6	中庙西北	南北地一段长 30 步，东西长 46 步，共折 1280 步，折白地 5 亩 7 分 5 厘
7	中庙东北	南北地一段长 80 步，东西长 36 步，共折 2880 步，折白地 12 亩
8	中庙西南	南北地一段长 136 步，东西长 42 步，共折 5712 步，折白地 24 亩 8 分
9	中庙东南	南北地一段长 109 步，东西长 89 步，共折 9701 步，折白地 40 亩 4 分 2 厘
总计		9 处田产，折步 43733 步，折白地 182 亩 2 分 2 厘

通过对"北岳恒图"刊刻庙产的梳理，可以发现其呈现以下特征：一是庙产类型以不动产为主，包括岳庙基址、建筑物、田产、水井等。二是可移动财产均为祭祀用品，价值较高，或与朝廷赏赐相关。三是刊刻内容信息具有选择性，如对"岳庙"总基址的界至、面积记录详细，内庙、外庙的相关信息则较为疏略；田产走向、规模较为详细，土台、池粪沟、建筑等较为会意；另有些庙产如古树、壁画等并没有在图中表示。根据碑文，该图是为保护庙产而刻，故选择性刊刻，表明立碑者在庙产保护强度上有一定倾向性，岳庙基址、田产及珍贵的祭器被列为优先保障的对象。

三、碑文所见北岳庙经营方式考察

岳镇等国家祭祀由来已久，其源流可以追溯到上古时代的山川自然崇拜。秦汉时期，五岳祭祀率先上升为国家祭祀，其后镇、渎等祭祀也陆续被纳入到国家祭祀体系中。岳镇祭祀礼仪的正常举行，自然离不开对秩祀庙宇的经营。已有学者对岳镇等秩祀庙宇管理制度作过一定的探讨。沈旸、周小梽等《官方态度与管理模式：镇庙建筑群规模差异的缘由探析》一文分析了官方态度与镇庙管理模式对镇庙建筑群的影响，并指出金元之后宗教介入岳镇等国家秩祀庙宇的管理，对镇庙建筑产生了一定影响。①刘慧《泰山岱庙考》一书在考察岱庙历代庙司沿革的基础上，认为岱庙的管理历来受政府操控，元明之后由道教掌管，但要由中央政府的任命。②上述两项研究，前者以碑刻及政书等为基本史料，从古建筑学角度，考察了镇庙管理权属对镇庙建筑群规模的影响，但对来自地方政府、士绅等层面的影响关注不够。后者提出了"元明之后，岱庙由道教掌管，且要受到中央政府任命"的观点，但没有提供出有效的史料支撑。而在曲阳北岳庙的经营问题上，地方政府存在着一定的干预能力。下文中，笔者将依据碑文，探析明代北岳庙的经营形式。

（一）明以前岳镇等秩祀庙宇的经营制度

国家在秩祀庙宇中设置专职管理人员的现象，在隋唐时期已经出现。据《隋书·百官志》载："五岳各置令，又有吴山令，以供其洒扫。"③《旧唐书·职官志》载："五岳四渎庙，令各一人，正九品上。斋郎三十人，祝史三人。"④《唐六典》载："庙令掌祭祀及判祠事，祝史掌陈设、读祝、行署文案，斋郎掌执俎豆及洒扫之事。"⑤由此可见，最迟在隋代，朝廷就已经在岳、渎秩祀庙宇中，设置"庙令"进行管理。唐朝时，增加了"祝史、斋郎"两位佐官，负责专项事务，辅助管理庙务。

至宋代，地方官也被纳入秩祀庙宇的管理事务中。《宋大诏令集》载，开宝五年（972）三月诏："五岳四渎，典礼斯在……自今逐处长吏每月亲自检视。仍各以本县令兼庙令，尉兼庙丞，祀事一以委之。常须洒扫，务从蠲洁，无纵士庶辄有损败。"⑥材料表明，自宋代开始，岳、渎等秩祀庙宇的专职官

---

① 沈旸等："官方态度与管理模式——镇庙建筑群规模差异的缘由探析"，载清华大学建筑学院主编：《建筑史》第34辑，清华大学出版社2014年版，第68~75页。

② 刘慧：《泰山岱庙考》，齐鲁书社2003年版，第67~69页。

③ 《隋书》卷二八，中华书局1997年版，第784页。

④ 《旧唐书》卷四四，中华书局1975年版，第1924页。

⑤ 《唐六典》卷三〇，中华书局2014年版，第756页。

⑥ 司义祖整理：《宋大诏令集》卷一三七，中华书局1962年版，第483页。

吏，已经有意识地被撤并到地方行政机构中，由县令兼庙令、县尉兼庙丞。另据《宋史·职官志》载："旧制，五岳、四渎、东海、南海诸庙各置令、丞。庙之政令多统于本县令。京朝知县者称管勾庙事，或以令、禄老耄不治者为庙令，判、司、簿、尉为庙簿，掌葺治修饰之事。"①可见，宋代秩祀庙宇的管辖权，由庙宇所在县的县令行使，并有州县内的其他一名官员协助县令分掌庙宇营缮等事。朝廷偶尔也会任命一些老而无为的州县官，担任秩祀庙宇的专职掌事者。

金元时期，随着道教的兴盛，朝廷又将五岳等秩祀庙宇的经营权下放给道教，文献可见金大定十三年（1173）道士接管嵩山中岳管理权的事例。据《大金集礼》载，大定十三年，嵩山中岳向礼部乞求，仍旧将中岳庙经营交由本地崇福宫道士看管，"礼部拟定，委本府于所属，拣选有德行名高道士二人看管，仍令登封县簿尉兼行提控"。同期，礼部又将此管理模式推广到其他同类神祠。"契勘岳镇海渎，系官为致祭祠庙，合依准中岳庙体例，委所隶州府，选有德行名高道士二人看管，仍令本地人官员常切提控外，其余不系官为致祭祠庙，止合准本处旧来例施行"。②文献表明，至迟在金大定年间，道教已经开始介入秩祀庙宇的日常运营，大定十三年，朝廷将道教对五岳等官方祭祀庙宇的经营权合法化，并推广到各官方祭祀庙宇。同时，为保障国家祭祀正常开展，朝廷并没有放弃对秩祀庙宇的控制，转而责令地方官员"常切提控"。因而，金代秩祀庙宇就形成了一种地方公权与道教黄冠共管的局面。蒙元时期，道士再一次被朝廷委任经营五岳等官方祭祀庙宇。"北岳庙图"中若干建筑名称，如真武殿、子孙殿、四岳殿等，均具有鲜明的道教色彩，由此亦可以看出道教对五岳等秩祀庙宇的影响。

（二）明中叶北岳庙的经营

关于明中叶北岳庙的经营，碑文中涉及两处。其一是碑文第5~6行，"既而增树浚井，设守庙之户数家，悉蠲其征役，以专所事，俾无斁而薪者于是焉"；其二是碑文第17行"每岁计其所获，复择其人以掌之，少有损坏，资以修理"。碑中提到两种经营力量，一是掌事者，另一是供役于岳庙的"庙户"。

① 《宋史》卷一六七，中华书局1985年版，第3979页。
② 《大金集礼》卷三四，商务印书馆1936年版，第291页。

1. "庙户"与北岳庙的经营

由碑文可知，嘉靖二十四年（1545）前后，知县周寅新设庙户数家，守庙之人免除赋役，专门供职于北岳庙。此时新设的"庙户"，当是作为北岳庙的"经营者"而存在。

关于"庙户"的记载，正史中最早可见于《魏书·礼志》，"故为密皇后立庙于城内，岁时祭祀，置庙户十家，斋宫三十人"。①唐代也存在相应的"庙户"。《新唐书·太宗本纪》载，"丙午，给亳州老子庙、兖州孔子庙，户各二十以奉享"。②《唐会要·诸僭号陵》载，"又太庙宿卫……褒德别加庙户，兼配军人，既益烦劳，又亏常典"。③隋唐文献所载的"庙户"，守卫的对象多是圣贤的祠庙，但彼时"庙户"的来源、职责等多方面信息尚不明确。

宋元以来，国家户籍名目繁多，尤以元代为甚。元代青册中，于"民、军、站、匠"四种主要户计外，又依民族、宗教、职业等划分"诸色户计"，承担不同的赋税任务。④关于元代"庙户"的记载，《元史》有两例。《元史·王磐传》载："林庙户百家，岁赋钞不过六百贯，仅比一六品官终年俸耳。"⑤《元史·祭祀志六》载："三皇开天立极，功被万世。京师每岁春秋祀事，命太医官主祭，揆礼未称……明年，祭器、乐器俱备，以医籍百四十有八户充庙户礼乐生。"⑥前者所记为世祖中统年间，尚书省宰相王磐关于曲阜孔庙的进言。大致经过为：尚书省因括户裁撤了孔庙历代所设供洒扫用的百户庙户，王磐认为给设庙户，看似厚待孔子，实际上收益甚微，不如由府库拨款供给，以彰国体，此举受到世祖认可。可见，元初及其前朝，孔庙都保有一定数量的庙户，他们除了承担守林、洒扫劳役外，还要向孔府缴纳租税。而据后则材料，元代"庙户"也可由其他户种，诸如"医户"等临时投充。

及至明代，国家户籍名目繁多，"庙户"得到大量应用。《明史·食货

---

① 《魏书》卷一〇八，中华书局1974年版，第2751页。

② 《新唐书》卷二，中华书局1975年版，第37页。

③ （宋）王溥撰：《唐会要》卷二一，上海古籍出版社2006年版，第476页。

④ 参见李治安：《元史十八讲》，中华书局2014年版，第134~135页；郑天挺：《元史讲义》，中华书局2009年版，第78~79页；高树林：《元代赋役制度研究》，河北大学出版社1997年版，第132~135页。

⑤ 《元史》卷九七，中华书局1973年版，第3753页。本注释以下出版信息省略。

⑥ 《元史》卷七七，第1915页。

志》载："他如陵户、园户、海户、庙户、𤱥夫、库役，琐末不可胜计。"①可见，明代一如元代，存在许多"专门化"的户色。关于明代"庙户"来源，《大明会典》载，"各坛坛户、庙户，顺天府属县佥充"，"庙户、坛户，京卫革役老军佥充"。②"庙户、菜户、门子，就於膳夫内拨用"，"其庙夫十名、库子一名，亦以四府民佥充"。③可见，明代"庙户"佥充来源广泛，民户、军户等诸色户均可充任。

另外，明代对庙户"赋役""配额"也有明确规定。《明史·彭韶传》载，弘治四年（1491）奏议："畿内民冒充陵庙户及勇士旗校，辄免徭役，致见户不支，流亡日众"，④表明在弘治初，陵、庙等户可以免服徭役，因而引发了一系列弊政。至弘治十五年（1502），明孝宗下令"庙户"等诸色户，"每户俱量留二三丁供役，其余丁多者，悉查出当差。如有投充影射者，发边远充军"。⑤可见，"庙户"免徭范围受到了一定压制，"庙户"家庭中的余丁也要当差。明代对"庙户"配额也有一定限制。如《大明会典》载："历代帝王庙，庙户二十名；城隍庙，庙户四名；帝王功臣等十庙，庙户一十五名；蒋庙，庙户二名；天妃宫，庙户十名。"⑥然而这项规定，在实际中未必得到良好的执行，通常会出现"庙户"超额配置的现象。如弘治十一年（1498）奏定顺天府各庙、寺、宫观庙户，"除文庙、城隍庙照旧，其余原额六户而增至十户以上者，各存留十户。增多者，尽行裁革"。⑦

结合上述信息，碑文所言"设守庙之户数家""俾无畋而薪者于是焉"，大抵可信。明代"庙户"投充来源广泛，民户、军户及其他诸色户，均可投充。"设守庙之户数家"的庙户配额，也大致符合弘治朝以来的相关规定。而碑文所言"悉蠲其征役"的说法，与弘治十五年（1502）的相关规定有一定出入。另外，对"庙户"的管理，地方政府是否具有一定的自主权也未可知。但据碑文来看，北岳庙的"庙户"是由曲阳知县设立，表明地方政府具有设

---

① 《明史》卷七八，中华书局1974年版，第1906页。本注释以下出版信息省略。
② 《大明会典》卷二一五，万历内府刻本，第12页、第18页。本注释以下出版信息省略。
③ 《大明会典》卷二二〇，第12页。
④ 《明史》卷一八三，第4857页。
⑤ 《大明会典》卷二〇，第18页。
⑥ 《大明会典》卷二一五，第24页。
⑦ 《大明会典》卷二一六，第9页。

置"庙户"的权力。

2. 掌事者

碑文第 17 行"每岁计其所获,复择其人以掌之,少有损坏,资以修理",其文交代了嘉靖二十六年(1547)前后,知县设置专人掌管"北岳庙"事务一事。碑文并没确切指出其人具体为谁、何种性质,是来自于民间、官府,还是从庙户中产生,均未作交代。但可以肯定,他担负着管理北岳庙(香火)资产、修缮岳庙、置办祭祀物品等职责,且这项职责得到了知县的授权、认可,可视为北岳庙的专职管理者。

关于北岳庙掌事者的信息,北岳庙明代碑刻材料中并无确文,明代官方的史书、政书,也并没有明确的线索。考诸其他岳、镇、渎等官方祭祀庙宇之掌事者,亦不尽相同。《泰山志》中记录了一则天顺四年(1460)《重修碑记》的材料,"因询及守庙者,具言数十年所积礼神之物甚富"。①文中提到了岱庙常住——"守庙者",根据"守庙者"对答,可知其掌握着岱庙的香火财富及经营权利。但关于"守庙者"的身份,材料中并没有提供充分的信息。另据北镇庙洪熙元年(1425)《敕辽东都司碑》中的"侍香道人陆积成、张稷"题名,②正德二年(1507)《重修北镇庙碑记》中的"庙祝于瑛"③,东镇庙隆庆年间《颂东镇诗碑》中的"本庙主持崔崇佑",④表明在东镇庙和北镇庙,均延续了前朝道士经营秩祀庙宇的旧例。然而在济渎庙,则呈现为政教共同经营的模式。明宣德四年(1429)《济渎庙龙池灵石碑》上有"庙令马用明立石""本庙道会司道会秦洞贞""济源知县陈荣祖""县丞项全"等题名。⑤可知在济渎庙内既有主持庙务的庙令,又有掌管教务的领袖。另据碑中出现的"县令、县丞"等题名,可知明代地方政府的长官已经不再兼任秩祀庙宇的长官,而是另立庙令。另外,在一些秩祀庙宇中还出现了经营力量置换的现象。如中镇庙,乾隆四十一年(1776)《祭告中镇庙碑记》载:"遍阅石刻,前明弘治六年(1493),有抚军置地卅亩在庙左右,四至分明,以道

---

① (明)王子卿撰,周郢校证:《泰山志校正》,黄山书社 2006 年版,第 222 页。

② 王晶辰:《辽宁碑志》,辽宁人民出版社 2002 年版,第 60 页。

③ 王晶辰:《辽宁碑志》,辽宁人民出版社 2002 年版,第 229 页。

④ 中国人民政治协商会议临朐县委员会编:《东镇沂山》,内部资料,第 94 页。

⑤ 参见冯军:《济渎庙碑刻研究》,郑州大学硕士学位论文 2011 年,第 17 页。

士三人管业。嗣因田地未能足食，因而散去，乃以兴唐寺和尚兼理。"①此则文献表明，"守庙者"可以根据自身情况，放弃对官方祭祀庙宇的经营权；官方对镇庙的经营者，也并没有采取强制性手段，而是根据所需自由调节。

综合上述事例，可以得出初步的结论，即不同秩祀庙宇可采取不同的经营模式，或因循前朝道士经营模式，或秉持政教合营模式，或设立守庙人经营。据此现象又可进一步推论，明代在岳、镇、渎等国家祭祀庙宇的经营上，并没有形成统一的管理制度。国家管理制度的"失控"，会为地方政府提供了一定的"掌控"机会，这一端倪在曲阳知县对岳庙庙产的处置事件中已有所显露。《曲阳新志·建置考》载："崇祯十五（1642）年，杨□奉□令居民杨家凤等八家认地为业，共分地 39 亩 9 分 5 厘，将筑民居，以寔城郭。别买郑计会等地 49 亩于城外为香火地，其后拘于堪舆家言，又复中止。"②曲阳知县为了达到充实城郭的目的，将北岳庙产转卖，复置新产，但后够又因风水等缘故作罢。此则材料亦可表明，地方官员有能力干预秩祀庙宇的经营。

根据《北岳庙图碑》记载，在明嘉靖二十六年（1547）左右，曲阳北岳庙已经形成了由专人掌管庙产、庙户经营守庙的经营方式。但不可否认，无论是"庙户"抑或是"掌事者"，均处于地方公权力的监临之下。以知县为首的地方官员，亦有权处置庙产及改变其经营方式。当然，这种支配权力，也有可能是与地方的行政权力相裹挟的。因而，当嘉靖二十五年"丙午罢祀"言论传播到曲阳，在邑民父老告官要求保护岳庙的情况下，知县周寅为了安抚百姓，以保护庙产为名，刻图造记，将这一事件自主解决，而没有采取请求上级行政机构给发公文、刻立公文碑的惯常手段。

---

① （清）黄检：《祭告中镇庙碑记》，载释力空：《霍山志》，山西人民出版社 1986 年版，第 98~99 页。

② （清）刘师峻等：《曲阳县新志》卷三，清康熙年刻本，第 15 页。

晚明寺田私约碑功能管窥

刘海军*

【摘要】 寺田是古代寺院最重要的公产。寺田来源多样，有钦赐、奏乞、檀越施舍、纳献、典买等方式。明代寺田私约碑数量多，表现形式多样。本文通过对晚明时期与寺田相关的契证碑和私约碑的分析，管窥这一时期寺院田产的来源渠道，探讨刻立于寺院里的契证碑、私约碑等的功能和作用。

【关键词】 晚明　寺田　私约碑

一、私约碑所见寺田来源

私约碑是指铭刻有契约、遗嘱、捐施财产声明、乡规民约等具有约束性内容的碑刻。晚明时期，与寺田相关的私约碑内容集中体现在两个方面：一是檀越施舍田地时与寺院共同刻立的具有契约性质的碑刻。订约双方一方为施主，一方为寺院，契约明确规定各方的权利义务关系。二是捐施财产的声明。施主对于佛教寺院的捐施，不仅有田产，还有房屋、山林以及银两等，在将财产施入寺院以后，立碑作为捐施凭证，以示财产归属。

契证碑是私约碑的一大类。典型的契证碑具有以下特点：其一，有立契双方的署名；其二，有立契的事由和经过；其三，有详细的田土四至，背约责任及惩罚措施；其四，有见证人或者保人的具名和花押。契证碑所体现的明代寺田的来源，主要包括施舍、置买和回赎三种途径。以下通过对典型的契证碑的分析来探究晚明寺田的来源。

---

* 刘海军，中国政法大学 2013 级历史文献学专业硕士研究生，硕士论文为《晚明寺田研究——基于碑刻法律史料的考察》。

（一）檀越施舍：天启二年《孙如权等舍地碑》

【碑文】

01 本寺比丘明行，会下徒孙如权，同祖母张氏、明学母杨氏、真诏徒性□，凭中如东说议，作

02 纹银七十两，买到李训、李扬彬、性悟父子名下水民田一段四坵，计拾亩五分，随纳普伍

03 甲下秋粮，四斗七升六合正。坐落河西江尾甸内，东至沟，南至吕俊，西至河，北至丘，继□

04 四至明白。买绝舍入本寺紫金台净土庵，永为常住焚修，不得那移别殿。上奉

05 天三宝，下遗徒子法孙，聊供往来衲子，仰副

06 师之愿，忏除念写贸易罪愆，师祖父母早生极乐，普及法界众生，同往西方乐土。施人愿

07 生华藏海极乐净土中。自勒石后，僧俗若有借势拨出典当、盗卖侵谋、豪占损害者，男盗

08 女娼，口吐脓血，不过三日，全家天诛绝灭，见身害癞，生遭王法，终堕阿鼻无间大地狱，永

09 世不得人身，千万亿劫，无有出期。　伽蓝鉴察谨誓。门徒性纯、性缮、性悟。

10 天启贰年岁在壬戌拾月　初捌　日，同合山大众人等竖石。居士舅耶杨国贤同发心立。

天启二年（1622）《孙如权等舍地碑》（图1）刻立于云南晋宁净土庵。碑身拓片高94厘米，宽34厘米。碑文计10行，记施主孙如权等用纹银七十两购得李训等名下四至清楚的水田一段，买绝舍入紫金台净土庵，供奉焚修，并且说明"不得那移别殿"（第4行）。在捐舍的同时，也表达了借佛法超度已故长辈，使其早登极乐世界，从而获得无量福报的心愿。敬奉三宝而获得福报，是舍田者的重要动力源泉。

此碑详细写明了施主姓名、被捐出土地的方位四至、具体亩数和田地的

用途，并有见证者及誓言，具备了契证碑的诸种要素。碑文作为施主与寺院订立的永久性的契约文书，对于证明寺田来源具有重要意义。施主舍田以后，寺院所刻立的契证碑，既可防止施主后世子孙或亲属索要田地、纠缠不清，也可预防寺田管理不善、日久迷失。

碑文中令人印象深刻的是"天谴"文字，诅咒侵夺所施田产者"男盗女娼，口吐脓血，不过三日，全家天诛绝灭，见身害癞，生遭王法，终堕阿鼻无间大地狱，永世不得人，身千万亿劫，无有出期"，对背誓言者施加的惩罚，令人不寒而栗，说明了舍地人对于自己所施田地具有强烈的专属保护意识。

为施舍田产所立凭约，一般是双方自愿。檀越自愿施舍作为供奉，寺院自愿接受并为施主忏罪祈福，双方达成互惠约定。碑文中明确的舍地四至、舍地用途及背约所遭"天谴"，均是为约定长期有效而设定。

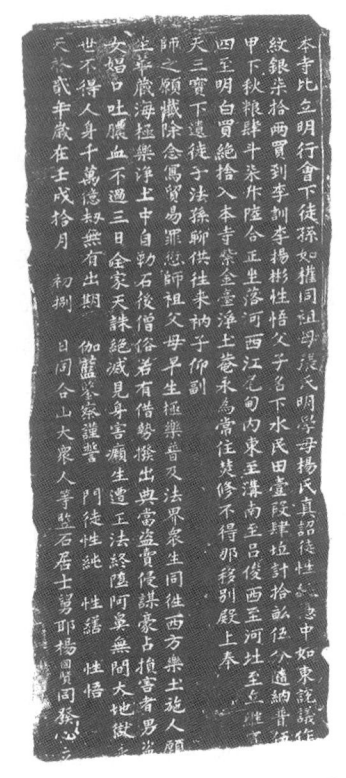

图1 《孙如权等舍地碑》拓本 ①

（二）寺观置买：天启五年《三清宫灯田记碑》

【碑文】

三清宫，古刹也。殿宇多年，香灯复废。有僧海明者，纠合四善辛永才、陈德宁、刘三元、黄进明等，倡施钱谷，重建殿堂。于是积买金山里汤大如田粮五斗七升，又良匠冲二处大小九□，又万历四十八年募汤永如妻康氏四施田三斗二升，又辛永宽买到灯田二处，均交焚献僧，永为万年灯田，因勒石云。

庠学辛应龙撰，进士冯从龙，官吏闵习成、李天杞，功德主谭虎春、辛永才、汤大如等名。

---

① 北京图书馆金石组编：《北京图书馆藏中国历代石刻拓本汇编》第59册，中州古籍出版社1990年版，第134页。本注释以下出版信息省略。

大明天启五年岁次乙丑秋八月十六日。①

三清宫位于四川广安，本为古刹。其宫始为道观，而佛教僧人迭居，遂成为亦佛亦道的特殊场所。天启五年（1625），僧人海明看到古刹三清宫年久失修，不忍其敝，于是纠合信众，募捐化缘，倡施钱谷，以供"万年灯田"之用。这是民间筹集资金或田产捐施寺庙的个案。

明代多有常住田与民田和官田的纠纷往来，这种现象持续到晚明时期。这块碑刻的典型性在于，寺院是通过劝募的手段购入田地，说明寺院本身也从事着寺田的买卖等经济活动。明嘉靖年间，对于民间私相买卖寺院田产的行为，地方政府多明令禁止，却对寺僧购买民间土地没有相应规定。

在明代与寺院田产相关的法律碑刻中，同样刻有关于禁止买卖寺田的条文。李雪梅教授称之为"民间纪事碑主动引用国家法律条文的现象"。如位于四川大邑县绿云庵的万历十八年（1590）《绿云阁塔院记》就引述了洪武年间发布的禁止民间买卖寺田的规定："天下僧道的田地，法不须卖。僧穷寺穷，常住田土，法不须买。如有此等之人，籍没家产。钦此。钦遵。"这是明代禁止买卖寺田的较早的规定，始自洪武时期。常住田在法律上也不许买卖，即"僧不得售，人不得市，庶有常食"。②有明一代，开国皇帝朱元璋的圣旨诏令通常被恭奉遵行，但是随着时间的流逝，禁令的法律效力和实施力度已大打折扣。

（三）寺院回赎：万历四十一年《圆广寺赎地碑》

【碑文】

01 圆广寺旧有地一千畦，被棍徒骗卖，以致本寺荒
02 凉。　宣府巡抚连、　辽东巡抚李、　鸿胪寺左
03 少卿焦，　不忍其敝，各损俸金共计捌拾两，赎
04 回前地，仍付本寺住持祖印管业，焚修香火。恐
05 后年久复蹈前辙，立石永远遵守。如有盗卖、盗
06 典等情，许诸人揭告惩治。特此镌记。

---

① 龙显昭主编：《巴蜀道教碑文集成》，四川大学出版社 1997 年版，第 271 页。
② 傅贵九："明清寺田浅析"，载《中国农史》1992 年第 1 期。

07 万历肆拾壹年季秋　　吉日勒石。

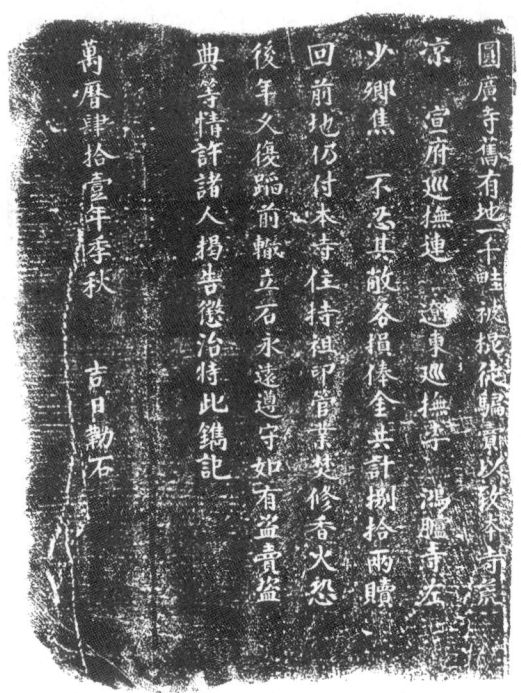

图2　《圆广寺赎地碑》拓本 ①

这通现藏于北京石刻艺术博物馆的《圆广寺赎地碑》（图2），刻于万历四十一年（1613）。碑螭首方座，形体高大，通高465厘米，宽104厘米，厚33厘米。碑阳额题"敕赐重修圆广寺碑记"，碑文已剥蚀；碑阴文字清晰，记圆广寺旧地被骗卖后被赎回之事。圆广寺旧有土地被棍徒骗卖后，寺院少了经济来源，以至凋敝荒凉。宣府、辽东二巡抚和鸿胪寺左少卿三人各捐俸金共计银80两，将田地赎回，还于本寺。为了杜绝骗卖寺田的事件再度发生，特立石示禁。这是官僚阶层参与寺院经济活动的代表性案例。

寺田私约碑是研究晚明寺田来源的重要物证。传统文献所载寺田来源，大致有钦赐、奏乞和纳献、置买以及檀越施舍等途径，当然也不乏侵夺、兼并等方式，只是那些获取寺产的"消极"方式，多不会被刻立在石碑上。碑

---

① 《北京图书馆藏中国历代石刻拓本汇编》第59册，第62页。

刻上所体现的，大都是寺产来源的"正当"方式。

就以上本文选取的几通寺田碑进行分析，可以归纳出如下结论：第一，民众施舍的义行，是寺院获得田产的主要途径之一。碑刻上承载了施舍过程中双方共同遵守的契约精神，这是民间自发法律意识的体现。第二，寺产来源的另一重要途径是置买。有明一代，法律禁止民人擅自购买寺院田地，但寺院出资置田的行为并未被禁止，寺院一方只进不出，使其田产的存量得到保障。但民间非法买卖寺田的行为并未因为法令的禁止而自行消失，相关案例在碑刻上也有所体现。第三，寺田回赎的前因是寺田被不法之徒盗卖，或是日久迷失，赎回的资金有来源多样，赎回的土地仍被当作赡寺田土，永远供养。

二、私约碑之功能

（一）立石为据：嘉靖四十三年《杜村里南冀壁双林寺修造舍地碑》

【碑文】

　　谓夫人生于天地之间，心固不可以不修，而修尤以舍财为先也。慨自修堡以来，外□御达贼，内坏殿廊，孰能忧之，深念之切矣。唯我里梁公子鸾，其子梁廷文、梁廷武者焉，先修两廊已备，更复修中殿，用钱粮浩大，修理无穷。举家喜舍枣白地共壹拾陆亩，价银壹拾陆两。对四村纠首、本寺僧等，将契书烧毁无存，愿立常住地土，除纳粮外，屡年修造，并不干僧己。日后若有强霸僧俗人等，平空霸种常住地土者，方许一应人等呈告具县，依律禁治，永为长久之规，以励风化之善焉。

　　施地土功德主：祖父梁仁，父梁山，己身梁子鸾，男梁廷文、梁廷武，孙梁□。

　　纠首：李友学、曹伯忠、曹伯贵、曹伯钱、乔子鸾、曹阔、王得富、郝德、梁友。

　　住持僧本性，门徒圆稳、圆闰，法孙可堪、可怀。

　　时嘉靖四十三年岁次甲子仲春初旬三日石匠韩库、男韩良宰①

---

①　张正明、科大卫主编：《明清山西碑刻资料选》，山西人民出版社2005年版，第2页。

碑存于山西平遥双林寺。梁鸾和二子梁廷文、梁廷武舍财修造寺院，所用钱粮浩大，舍地十六亩，价银十六两，原有凭书契据俱烧毁，便立碑为据。从碑文可以看出，民间私约，包括其订立缘由、田土数量和所施钱数等关键内容。在契约订立之时，双方会请纠首①作保，通过第三方的介入来明确约定的效力。在碑文上镌刻所有参与此事的人员姓名，计有功德主5人、纠首9人以及寺僧5人总计19人。碑文明确约定"日后若有强霸僧俗人等，平空霸种常住地土者，方许一应人等呈告具县"，将霸占霸种之徒"依律禁治"。

中国古代向有"官有政法，人从私契"②"官有政法，民从私约"③的传统。这些说法能从侧面反映出在民间社会中，契约的存在对于普通百姓之间确定财产等权利归属和解决纠纷的重要作用。寺田私约碑刻中，有舍地文书，亦有买卖文书。百姓自愿将田土捐舍、出卖于寺院，也是寺田私约碑刻立的重要来源之一。如同契约文书一样，私约碑在刻立过程中，当事各方也希望具有更高权威或者更多的保人来见证契约的有效性。如该舍地碑中，"纠首"的人数达到9人，几乎等同于契约订立双方的人数。另外，私约碑中所规定的惩罚措施比较模糊，所见最多的即是"呈官纠治"，或者如碑文中所说的"呈告具县"，这既是解决双方纠纷的途径，也是惩治不法之徒侵害田产的途径。

（二）捐施凭证：万历二十二年《卧龙岗买地文书刻石》

【碑文】

01 御马监太监张公，用银七

02 　十二两，买到京西宛平

03 　县新城村南此山地六

---

① "纠首"，民间筹办修建寺庙、雕造经像等"功德事"的负责人，又名都纠首、副纠首、纠司，他们有时与负责同类事业的会长、副会长、提点、提控、助象、社长、都维那、维那的姓名齐举并列，有时兼而为之。参见侯精一：《现代晋语的研究》，商务印书馆1999年版，第202页。"纠首"在此碑中应是扮演"保人"的角色。

② 语出《上部落百姓安环清卖地契》，载沙知辑校：《敦煌契约文书辑校》，江苏古籍出版社1998年版，第2页。

③ 语出《吐蕃末年敦煌安环清卖地契》，参见张传玺主编：《中国历代契约会编考释》，北京大学出版社1995年版，第207页。

04　十七亩，舍与

05 敕赐潭柘寺耕业，香火供给。

06　十方禅侣永远护持。

07　当代住持现左于

08 万历甲午年孟冬立石□

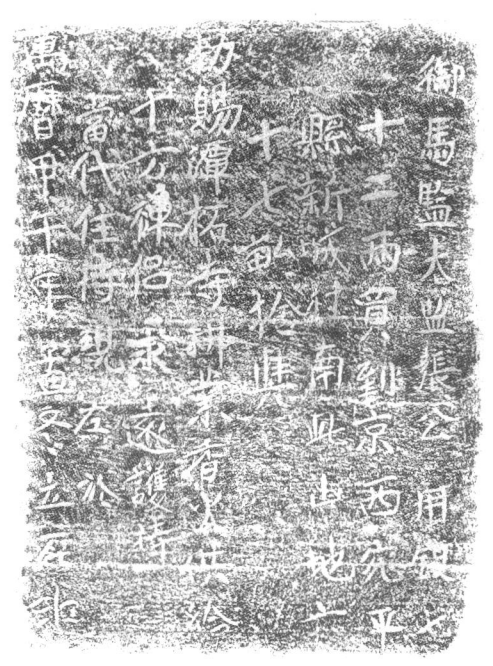

图3　《卧龙岗买地文书刻石》拓本①

此为摩崖刻石，现存北京门头沟区永定镇上岸乡卧龙岗村西南，刻于万历二十二年（1594）孟冬，拓本尺寸高72厘米，宽53厘米（图3）。摩崖碑文记载了太监张云用银二十两买地赠予潭柘寺，并明确所买田地的位置、数量、买价、用途等关键信息，并刻石为证。

《卧龙岗买地文书刻石》与前文列举的私约碑的不同之处在于，一是这块碑刻没有镌刻中人姓名，只有舍田和受田双方的具姓或名；二是没有写明所

---

①　《北京图书馆藏中国历代石刻拓本汇编》第58册，第52页。

施田产受到侵害的应对措施及罚则。鉴于其内容形制的简约，也可视为寺田施舍碑中的典型一类。

私约碑由民间自发约定而刻立，其法律属性为百姓所认可。在"国有国法、家有家规"的古代，私约碑在处理因寺田活动而引起的纠纷方面，也有其一定的效能。从某种程度上来讲，私约碑的刻立，也是对官方所未涉及领域的法律关系的调整和补充。对于寺田的存在和延续方面也是如此。一方面，从私约碑刻立的目的来看，是为当事方进行寺田授受、财产转移确立凭据。佛教寺院是一个特殊的场所，刻石立碑可以起到激励善主的作用。檀越自愿舍田，寺院为其祈福，是双方默认的私约。而碑刻作为寺田纳入的凭据，是默认私约的公开化。当事方共同遵守，也体现着一定的契约精神。另一方面，从防范寺田纠纷的社会功用来看，私约碑的刻立，为寺田授受双方在遇到纠纷时提供可靠的证据。是故，私约碑对于寺田的存续，不仅是一份看得见的凭证，也是调整社会关系、维护社会秩序的润滑剂。

清《以里书银抵新进生公堂礼记碑》整理与分析

范小渝*

【摘要】《以里书银抵新进生公堂礼记碑》记载了清末山西省闻喜县废除科举陋规"公堂礼"一事。碑文由记、公文及跋三部分组成。通过对碑文的整理和分析，可以管窥清代公文中禀文和批文的格式与流程，对于清代陋规存在的普遍性与废除之难的思考有一定帮助，也有助于了解清代田产的过割程序及相关保障措施等。

【关键词】 里书银　公堂礼　陋规　公文　过割

一、碑刻概貌与碑文整理

清光绪八年（1882）三月上旬所刻《以里书银抵新进生公堂礼记碑》，原立于山西省闻喜县政府之外，现存于闻喜县博物馆（闻喜文庙）之内。碑为青石质，碑首、碑身和碑座均是底面为正方形的长方体。碑首有四角翘檐覆盖，高79厘米，底面边长70厘米；碑身高178厘米，底面边长62厘米；碑座饰莲花图案，高40厘米，底面边长82厘米。总观其形，古朴肃穆，俗称为"四面碑"（见图1、图2）。碑首正面隶书"以里书银抵新进生公堂礼记"（见图3），其余三面皆有人物像。碑身四面刻字共64行，行字不等，由正文和附文组成，共3500余字①（见图4），主要讲述闻喜县士绅禀请官府以"里书银"抵补"公堂礼"，从而废除陋规的缘由和经过，兹将碑文按格式转横排整理如下：

---

* 范小渝，中国政法大学2016级法律史专业博士研究生，研究方向中国法文化史。

① 马金花：《山西碑碣·续编》，三晋出版社2011年版，第90~91页。

图1 碑刻正面

图2 碑刻侧面

图3 碑刻正面碑首拓片

图 4　碑身四面拓片 ①

【碑额】

以里书银抵新进生公堂礼记 ②

【碑文】

01　古之为政者，为民与利而已。有一事焉，骤闻之利也，实核之而非利，是可行乎？有一事焉，骤闻之非利也，及身历之而利见，是可不行乎？且非利之利乃

02　大利，行之民或不能即知，行之士则宜一望而知也，士固能深谙事理者也。然且仓促未能周知者，良以此事之初，本有小利焉，一用以易此大利，大利

03　或未即至，纵至而非人人身被之也，而其初之小利已顿失矣，是以不免有后言。然而君子毅然行之而不疑者，见其大而不惜其小故也。

---

①　右一为碑石正面拓片，往左依次为二、三、四面拓片，采自马金花编著：《山西碑碣：续编》，三晋出版社 2011 年版，第 86 页、第 88 页。

②　"里书银"：里书，吏胥名，明清时期州县地方负责登记土地面积、四至等情况的书吏。里书银指里书包写过割所收的钱；"新进生"：参加岁科面试的学生。"公堂礼"：文中所引"厨传僎从供张之费"，即参加考试的系列费用。全句的意思即用里书包写过割所收的钱，抵补参加岁科考试学生的费用。

闻喜①大县，士

04　　之举弟子员者，三岁两试入学，约六七十人。科试借棚②平
阳，岁试则学使者直按临于绛。厨传、傔从、供张③之费，实由县署摊
捐，值科尚少，值岁且倍之。往

05　　时诸令每索此费于新进生，曰公堂礼。甚至名捕比追，烈于
催科之扰。中间亦有贤父母如侯官彭公翊杞、方公茂昌，俱尝豁免，不
索一钱于士子。而相

06　　沿既久，历任之追索仍不少贷。去岁科试，归安朱公光授署
是邑，初亦拟豁免此项。吾辈再四思之，异数幸邀，不如陋规杜绝之为
善也；廉俸抵补，不如

07　　羡余④挹注⑤之为安也。吾局为里民之总，里民每岁置买田
产、过割⑥钱粮，亩出若干文，顾书手⑦誊册，书手欲为此者，向皆醵金
⑧里局，署券承揽。今局章业已

08　　更新，局费幸不支绌⑨，吾辈安所用此金哉。夫此金虽出书
手，实亦里民之赀⑩也；新进生虽号士子，实即里民之秀也。以里民之
赀，济里民之秀者，圣人所

---

① "闻喜"，古称桐乡，秦时更名为左邑县，汉武帝刘彻在此欣闻平南越大捷而赐名"闻喜"，
隶属于山西省运城市。闻喜东与绛县、垣曲相接，北与侯马、新绛相连，西与稷山、万荣、盐湖区接
壤，南与夏县相邻。

② "棚"，又称"贡院"，是科举时代士子们的应试考场。

③ "厨传"，古代供应过客食宿、车马的处所。出自《汉书·王莽传》："吏民出入，持布钱以副
符传，不持者，厨传勿舍，津关苛留。"颜师古注："厨，行道饮食处；传，置驿之舍也。"《汉书》卷
九九中，中华书局1962年版，第4122页。傔（qiàn）从：侍从，仆役。供张：亦作"供帐"，指陈设
供宴会用的帷帐、用具、饮食等物。

④ "羡余"，古代地方官吏向人民勒索的各种附加税，此处当指剩余之意。

⑤ "挹注"，谓将彼器的液体倾注于此器，比喻取一方以补另一方。出自《诗·大雅·泂酌》：
"泂酌彼行潦，挹彼注兹，可以餴饎。"载（清）阮元校刻：《十三经注疏》，中华书局1980年版，第
544页。

⑥ "过割"，古代田宅买卖、典当或赠与所办的过户或转移产权手续。

⑦ "书手"，古代从事抄写工作的书吏。

⑧ "醵金"，集资，凑钱。

⑨ "支绌"，支配不够。

⑩ "赀"同"资"。

09　　云因利而利，计无便于此矣。因即禀请转详①上台，以里书每岁酿金献署中，抵岁科两试摊捐，俾士之入学者终无追呼之虞②，且永革公堂礼名色③。骤闻

10　　之，一若小利顿失，仍无所谓大利者，第询之后来入学人，一身历而利自见矣，吾辈亦何必身被之哉！又况吾局寔皆在籍士夫④，昔入学日尝受追呼之

11　　扰，一旦去此，抚髀爽然⑤，且又安知吾子弟不即入学，行且自被之矣。吾所谓非利之利，乃夫利者，愿与吾里民共享之，此所以毅然行之而不顾浮言也。

12　诰授中宪大夫⑥、刑部河南清吏司员外郎、兼广东清吏司行走⑦、加三级⑧、新奉

13　旨充当山西通志总局纂修官、兼太原府崇修书院山长⑨、庚午科经魁杨深秀制文并书石（印章）

14　敕授征仕郎⑩、吏部候选直隶州州判、癸酉科拔贡生潘梦凤察书⑪并题额（印章）　　　　（印章）

15　敕授修职佐郎、吏部候选儒学训导、增贡生李润之督工镌字（印章）

---

①　"禀请"，向上请求；"转详"：将案情呈报上级官府。

②　"俾"，使。"虞"，忧虑。

③　名色，名目，名称。

④　"在籍"，谓在官籍上注名或居于本籍。"士夫"：读书人。

⑤　"抚髀"，最初用来描写岁月易逝，功业未成；也表示振奋或感叹。此处为后一种意思。

⑥　"诰授"，朝廷用诰命所授封号。清代授予封号有两种，五品（包括五品）以上用诰授，五品以下用敕授。"中宪大夫"：文官名，金始置，正五品中，元升正四品，明、清为正四品。

⑦　"行走"，入值办事。清制，凡不属于专设官职，调充某项职役的都用此称。

⑧　"加级"，官制名。清制，凡官员立有功绩或经考核成绩优良者，可交部议叙，给予记录或加级的奖励（武职也称"功加"）。每加一级相当于记录四次。加级共分三等，即加一级、加二级、加三级。加一级之上又有加一级记录一次、加一级记录二次、加一级记录三次；加二级之上，也有加二级记录一次、加二级记录二次、加二级记录三次。自记录一次至加三级，共有十二等。

⑨　"崇修书院"，同治四年（1865）由山西巡抚英桂批准太原府知府李崇蟠的申请后设置，院址在崇善寺附近，经费由省藩库拨款，系当时太原比较出名的书院。"山长"：是历代对书院讲学者的称谓。废除科举之后，书院改称学校，山长的称呼废止。

⑩　"征仕郎"，官阶名，清代从七品的文官，可授征仕郎之官阶。

⑪　"察书"，校正勘定他人书写的文字。

16　　中书科中书赵翔凤、六品衔候选训导岁贡王保昌、候选训导岁贡翟鸿飞、六品衔优行生翟尔羴、六品衔生员杨连升、附贡刘仰斗、耆宾翟安祥扶石。

（以上为第一面）

17　　具禀人：刑部员外郎杨深秀、候选州判潘梦凤、候选训导李润之、中书科中书赵翔凤、六品衔优行生员翟尔羴、六品衔候选训导王保昌、乡饮耆宾翟

18　　安祥、候选训导翟鸿飞、六品衔生员杨连升、附贡生刘仰斗，为事拟酌中呈请转详立案，以维　德政，用期垂久事。窃闻喜公堂礼一项，原由　学宪按

19　　临科岁两试，州府分派公给之需，不知始于何年何任，因项无所出，向新进诸生分等摊派，在有力者尚可措办，无力者倍形拮据，嗣后或行票传或经

20　　管押，至使求荣反辱，指不胜屈。前　县宪侯官彭公、杞县方公屡行豁免，而历任仍依旧规，所以游泮①水者每有幸不幸之叹。我　仁宪奉檄抚临闻喜，

21　　念自荒祲之后，士风孱弱，筹款栽培，殚厥心力，并暂行豁免。捐廉补赔，足见培养士气体恤周至。特是　贤良父母两袖清风，将此等杂项尽行赔垫，则

22　　琴鹤莫供，后难为继。　德政所施何以垂诸久远，深等再四思维，惟有里书每年包写过割之银，向归里局办差，自均差之后，蒙　钦宪批拨书院，栽

23　　培士子，但未指明出项。近者膏火奖赏，各有筹款，而此项犹属虚悬。因思　钦宪拨归书院，原为士子造端，我　仁宪捐免公堂，亦为士林起见，拟将

24　　里书银两抵填公堂礼，以仰副　钦宪及　仁宪雅惠儒林之

_____

①　"游泮"，明清科举制度，经州县考试录取为生员者就读于学宫，称游泮。泮即泮宫，原为西周诸侯所设的大学之名。宋后州县皆置，仍沿用此称。

至意。包写里书，仍由局办，写定银数，由局呈明，则里书不至所用非人，于过割之时，苟

25　　索花户①。且年岁丰歉不常，里甲大小不等，斯包写之数，多少无恒。如光绪三、四两年，大祲之下，包写过割者无人，反由局贴钱雇觅。今以至多者论之，每

26　　年不过一百四五十两。统计之，三年之中得银不过四百余两。谨按科试摊派微轻，拟得一年之银，岁试摊派较重，拟得二年之银。科岁两试各有抵垫，

27　　则上可减廉俸之赔，下可免摊派之扰。将见陈太邱治先左邑与古为邻，朱司农爱在桐乡于今有匹，无小无大，世颂尔公尔候矣。为此虔修无禀，恳乞

28　　仁明老父台大人案下，　恩准施行。

29　　署正堂朱批：所议甚属周妥，准予如请转详立案。俟奉　宪批饬遵，仰即知照。

30　　调署绛州闻喜县知县朱光授谨禀：　大人阁下，敬禀者，窃查卑县每逢岁科两考，应解　学宪棚费及往返过境供给等项，以及州县考试经费，向系

31　　值考之员支办，需项甚巨，除酌提归缺分作三年，无分正署按日匀摊外，余均派令考取文武新生，分上中次三等，量力津贴，名为公堂礼，由来已久。兹

32　　当大祲之后，物力维艰，新进之士类多寒峻②，筹措非易，追呼奚堪。卑职于今夏莅任，正值科试伊迩③，查知前情，当即谕饬④，本科取进各新生概免出公堂

（以上为第二面）

33　　礼，以示体恤。下届岁试应否照办，俟值考之员再行饬遵。

---

① "花户"，古代对户口的称呼。
② "寒峻"，寒微，指家境贫寒。
③ "伊迩"，将近。
④ "谕饬"，谓官府行文告诫。"饬"通"敕"。

业经禀奉 宪台批准施行，并令将岁试棚费，共寻旧章，筹议详办等因，莫名钦佩。正在遵照

34 议详间，据合邑绅士、刑部员外郎杨深秀等禀称：窃查历科新生应出公堂礼，原以津贴 学宪按临，分派供给之需，不知始于何年，在有力者尚可措

35 办，无力者倍形竭蹶。或奉票催完，或传案追缴，求荣反辱，人何以堪？前有侯官彭宪、杞县方宪在任办考，曾经传谕豁免，惜未留为定章，后来仍依旧摊

36 派，所以入泮者，每有幸不幸之叹。欣逢案下调治斯邑，垂念灾祲遗黎，砚田久荒，文风未振，筹款栽培，殚厥心力，并悉前项流弊无穷，捐廉抵补，拟议豁

37 除，所以惠爱士民，实在无微不至。特是贤良父母两袖清风，逢考之年，赔垫过巨，深恐力不从心，后难为继，德政所施未能垂诸久远，不无可惜。深秀等

38 再四思维，必须设法挹注，上可无掣肘之虞，下可免摊派之扰，庶于公事有裨，士心稍安。因查每年里书揽办过割，向由局写，通年收银多则不过一百

39 四五十两之谱，本归里局办差提用，惟自均徭以来，差局经费现已敷用，前蒙 钦宪阎部堂饬归书院，栽培士子，尚未核定作何支用。兹查书院经

40 费，业蒙案下另行筹款，发商生息，添补膏火，似可无需再动前项。深秀等不揣冒昧，拟请改为抵补新生应出公堂礼，永使寒士锐志上进，无所顾虑，靡

41 不感戴鸿慈，永矢弗谖。所有里书，仍由局慎选妥人，每遇过割，不许藉端苛索花户，三年之中各里书所揽写得银约有四百余两，寄存局中，随时报查。每

42 逢各仁宪轮办岁试之时，支用三停之二，科试支用三停之一，专为津贴供给之需。所有公堂礼名目，应请永远革除。伏乞 恩准，转详立案，实为德便，

43 等情据此。卑职查公堂礼一项，本属弊政，纵属无款抵补，

亦应永远革除。兹既据该绅等，因岁科两考，分派供给等费，需项过巨，轮办之员署代靡定，深

44　恐目前虽获邀免，日久难以为继，恳请将前拨书院之里书揽写过割，每年约可收银一百四五十两，见在书院，另行筹款添补士子膏火，无需动用，拟

45　以抵补岁科两考取进士子应出公堂礼。所议似尚周协，理合据情，禀请　大人俯赐查核，批示立案，以便饬令永远遵行。肃此具禀，伏乞

46　垂鉴。卑职朱光授谨禀。

47　直隶绛州①正堂李批：据禀，拟将前拨书院之里书揽写过割每年所收银两，作岁科两考应解院州棚费，分成支用，永免新生公堂礼名目。事属可行，准

48　予立案。其不敷之项，希即仍照向章归官，无论正署、代理，按日摊认可也。

（以上为第三面）

49　河东道②江批：据禀已悉。查该县前拨书院之里书揽写过割银两，现经该绅杨深秀等妥议，改作津贴值考办公之款，禀县转请立案，洵为体恤士林起

50　见，事属可行。嗣后岁科两试新进文武生员公堂礼名目，即一并永远革除。仰绛州转饬遵照缴。

51　闻喜县节用局现经　钦宪阁部堂面谕，派定总绅刑部员外郎杨深秀、续举总绅候选州判潘梦凤、候选训导李润之，及局绅刑部主事王尊五、中

52　书科中书赵翔凤、候选训导翟鸿飞、候选训导王保昌、六品优生翟尔羹、六品生员杨连升、六品生员任举业、附贡生刘仰斗、廪生薛耀南、监生王朝栋、

---

①　清雍正二年（1724）升绛州为直隶州，领稷山、河津、闻喜、垣曲、绛五县。

②　河东道，清朝设置的道。辖2府3州，蒲州府，平阳府，解州直隶州，隰州直隶州，霍州直隶州。

53　　候选巡检赵衡玑、乡饮耆宾瞿安祥、副生李临瀛等会同议得：均减差徭，节用局中向有每年里书包写过割钱粮之银，不在均减差徭章程之内，业已

54　　禀请抵补公堂礼名目，每年相抵一百四五十两，成数在案。然或者值年岁丰登，地亩昂贵，则里书人等争揽过割，即可多写数十两，除将按数按考遵

55　　案呈缴外，所余银两仍宜存局，以备刊立章程碑及修葺局中公所。诸凡杂项，不在均减差徭章程内者，临时商酌费用，所用数目写明账项，值每年新

56　　旧手交接之会，逐项查明，以防从中舞弊。至于包写过割之里书人等，仍依向章于每年十一月中旬后齐集局中，包写来年过割。某坊某里钱粮由局

57　　酌量派定银两数目，限日缴局。倘有逾限不缴、狡猾推延者，由局禀明　县宪，按数比追。夫里书人等，其必归之局中写觅者，诚恐书手人等内有滑徒，

58　　藉端苛索，遗累小民故也。今既归于画一，里书人等自宜慎行选派。倘有苛索花户、经人告发者，除禀明　县宪立即革退外，下年包写之时不得复行

59　　包写。至于田产院落，人或谓包写之时，宜酌一定价，不知各乡村庄贫富不等，早晚时价不同，而且地亩分肥瘠，并分水旱；居宅分新旧，并分要闲，膏壤

60　　美宅不妨微增纸笔之资，荒园芜田只可略备饮食之费。此所以过割之价难以预为拟定也。况乎每年过割之时，各村里甲略有常规可寻，里书自不

61　　能格外苛索。假里书昂其价值，而置户可将所置之产，留待下年另人过割。乃里书不能常充此里之选，即于过割之时，断不肯将见在之利，留之以贻

62　　后来，此所以过割之价又无需预为定拟也。今既将以里书银抵补公堂礼禀批俱照誊碑阴，并将所议勒之于石。

63　敕授承德郎、刑部河南清吏司主事、奉奏特调伊犁将军行营办理

文案处加二级王尊五谨誊禀批并书跋。

64 大清光绪八年岁次壬午季春之月上浣吉日　　　　　古高凉石工
马景礼敬谨钩摹刊石。　　　　　　　　　　　　　　（印章）（印章）

（以上为第四面）

二、碑文结构与公文程序

（一）碑文结构分析

该碑碑首虽题为"以里书银抵新进生公堂礼记"，但碑文除了"记"之外，还附有公文和跋文，故整体碑文由三部分组成。第一部分为杨深秀所写之"记"，叙述了以里书银抵补公堂礼的缘由和意义；第二部分为所附的禀批公文，包括两份禀文（分别为杨深秀等人向闻喜正堂所呈禀文和闻喜县令朱光授向直隶绛州所呈禀文）和三份批文（闻喜县正堂朱光授批文、直隶绛州正堂李焕杨批文和河东道台江人镜批文）；第三部分为王尊五所作之"跋"。碑文结构如表1所示。

表 1　碑文结构表

碑额	标题	潘梦凤题"以里书银抵新进生公堂礼记"	
碑阳（正面）	正文	第一部分：第 1~16 行，杨深秀所作之"记"	
碑阴和碑侧（共三面）		第二部分：第 17~50 行，禀批公文（两份禀文，三份批文）	
		第三部分：第 51~64 行，王尊五所作之"跋"	

虽然碑文由三部分组成，但三者并非各自分离，而是有着紧密的逻辑关系，完整记录了晚清时期山西省闻喜县废除科举陋规"公堂礼"的缘由和经过，一定程度上反映了闻喜士绅以及官府对于教育的重视态度。

（二）碑文所载公文及程序

清代公文形式多样，按作用、性质和特点，大致可分为官府往来文书、奏疏和诏令文书三类。官府往来文书指各级官署在日常政务活动中形成和使用的文书,①其种类和数量较多,一般分为上行文、下行文和平行文。上行文种主要有奏、呈、详、禀、申等,下行文主要有札、批、谕、告示、牌、票等,平行文主要有咨文、移文等。

前述碑文中载有"禀批俱誊碑阴""谨誊禀批并书跋"等字样,结合其行文格式与内容,可知其所附公文为禀文和批文,并比较完整地反映了清代基层禀文和批文的流转程序,具体如图5所示。

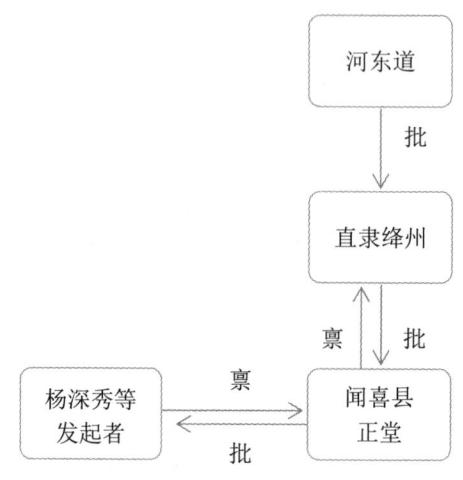

图5 碑刻所载公文流转程序图

在清代众多的公文形式中,禀比较特殊,为清代特有的上行文种。其最初为书信体,行文结构灵活,不受公文运转程序的限制,约至乾隆初年转化为公开且常用的上行文种。②一般下级官吏或个人向上级长官个人陈述某些事项,提出建议或主张,凡不宜用详文者则用禀文。该碑文所附的两份禀文正反映了士绅向官府提出建议和下级官员向上级官员提出建议的两种禀文形式。

禀文虽然不像其他公文对格式有严格要求,但也有一定的行文标准。首先需要表明身份,例如碑文第17行的"具禀人:刑部员外郎杨深秀"和第30行"调署绛州闻喜县知县朱光授谨禀",均为禀文发出者身份的标识。其次,需要表明禀文事由,如碑文第18行"为事拟酌中呈请转详立案,以维德政,

---

① 雷荣广、姚乐野:《清代文书纲要》,四川大学出版社1990年版,第4页。
② 雷荣广、姚乐野:《清代文书纲要》,四川大学出版社1990年版,第146~147页。

用期垂久事"。再次，结尾以含禀的谦辞收尾，如碑文第 27 行的"为此虔修无禀，悬乞仁明老父台大人案下，恩准施行"和第 45~46 行"禀请大人府赐查核，批示立案，以便饬令永远遵行。肃此具禀，伏乞垂鉴。卑职朱光授谨禀"。

碑文中的批文是对禀文的批复，但批文并不只适用于禀文，而是一种使用广泛的下行文种。碑文中的三份批文，格式大体相似，均为批文发出者加一批字，表明了公文的类型，然后是对所请示的内容作出简洁明确的回复，如第 29 行"所议甚属周妥，准予如请转详立案"，第 47~48 行"事属可行，准予立案"和第 50 行"事属可行……公堂礼名目即一并永久革除"。

碑文中的禀文和批文虽形成了完整的流程，但缺乏具体的行文时间，不能对行政效率做出进一步的分析，实为一憾。

(三)"公堂礼"与清代陋规存废

在清代，陋规现象普遍存在，是施政中的一大顽疾。①碑文明载，"吾辈再四思之，异数幸邀，不如陋规杜绝之为善也"(第 6 行)，"卑职查公堂礼一项，本属弊政，纵属无款抵补，亦应永远革除"(第 43 行)，其陋规、弊政等语指明了公堂礼的陋规属性。

闻喜县的"公堂礼"是一项长期存在的陋规，碑文载"窃闻喜公堂礼一项，原由学宪按临科岁两试，州府公给之需，不知始于何年何任，因项无所出，向新进诸生分等摊派"(第 18~19 行)。公堂礼是因"学宪按临科岁两试，州府公给之需"，却"项无所出"，不得不为之。这既是其产生的原因，也是其难以被革除的理由。而繁琐的公文行政程序也是公堂礼难以革除的因素之一。诚然，公堂礼废除中的公文繁琐存有一特殊原因，即拟抵补的里书银此前由"钦宪"批准拨归书院，现拟另做他用，需要请示。

作为一项久存的弊政，闻喜县的公堂礼经过乡绅的禀请和几级官府的批准，最终才得以革除。陋规得以革除靠的是多方合力，如杨深秀等节用局士绅的禀请，存在"拨归书院，犹属虚悬的里书银"(见图 6)，当政者的批准

---

① 有关清代陋规的研究成果比较丰富，可参阅李映发："清代州县陋规"，载《历史档案》1995年第 2 期；刘菊素、卢经："清代陋规与吏治"，载《黑龙江社会科学》2000 年第 3 期；柏桦："明清州县衙门陋规的存留与裁革"，载《史学集刊》2010 年第 3 期。

（"事属可行"）。

图6　"里书银"用途流变图

而追溯根源，清代的财政等制度为陋规的存在提供了合理性，导致对于陋规的彻底革除"非不愿也，实不能也"的尴尬局面。

（四）碑文所载田产过割程序

抵补陋规的里书银源于里民的田产过割，过割是清代田产置买的重要程序。《大清律例》"典买田宅"条规定："凡典买田宅，不税契者，笞五十，（仍追）契内田宅价钱一半入官；不过割者，一亩至五亩笞四十，每五亩加一等，罪止杖一百，其（不过割之）田入官。"①可见，不过割者不仅会受到笞刑或杖刑，而且田产还会被没入官，处罚相当严厉。但是，律例却并未规定具体的过割程序，碑文中较为具体的规定，值得关注。

碑文载，"吾局为里民之总，里民每岁置买田产过割钱粮，亩出若干文，顾书手誊册，书手欲为此者，向皆醵金里局，署券承揽"（第7行）。这描述了过割的主体和流程。主体包含里民、书手和节用局三方，节用局扮演居中的角色。过割程序可分为三个环节：一是置买田产的里民出钱雇书手誊册；二是书手需出钱给节用局，方能"署券承揽"；三是书手集中于节用局，进行包写过割。"至于包写过割之里书人等，仍依向章于每年十一月中旬后齐集局中，包写来年过割"（第56行），明确要求里书人"齐集局中"，时间为十一月中旬后，规定非常详细。为何要将书手集中于里局？跋文解释称，"夫里书人等，其必归之局中写觅者，诚恐书手人等内有滑徒，藉端苛索，遗累小民故也"（第57~58行），即避免部分书手借此给百姓增加负担。该规定考虑得相当周全，也体现了节用局为"里民之总"的性质。

一项制度能否落实关键在于保障机制是否健全，过割制度亦然。由碑文

---

① 田涛、郑秦点校：《中华传世法典：大清律例》卷九《户律·田宅》，法律出版社1999年版，第198页。

可知，节用局对此制定了比较完善的保障措施。首先，定期查核账目明细，防止舞弊。"所余银两仍宜存局，以备刊立章程碑及修葺局中公所，诸凡杂项，不在均减差徭章程内者，临时商酌费用，所用数目写明账项，值每年新旧手交接之会，逐项查明，以防从中舞弊。"（第 55~56 行）其次，借助官府力量保障实施。"某坊某里钱粮由局酌量，派定银两数目，限日缴局，倘有逾限不缴，狡猾推延者，由局禀明县宪，按数比追。"（第 56~57 行）再次，对苛索花户的书手给予严厉的处罚。"倘有苛索花户，经人告发者，除禀明县宪，立即革退外，下年包写之时不得复行包写。"（第 58~59 行）

除前述几点浅析之外，该碑还有值得关注之处，如碑文所涉背景（荒祲）、节用局及其章程等，特别是后者有助于了解晚清的地方自治。

后　记

从一门课，到一个学术团队

对石刻法律文献研究而言，2014 年是值得大书特书的年份。其中最重要的一件事，是独立课程——"古代石刻文献"的诞生，这对法律碑刻研究学术团队的建设，至关重要。

我从 1999 年起研究法律碑刻，至 2014 年时已有 15 年，其间积累了丰富的教学素材。但与研究兴趣相关的教学，长期局限于每年秋季学期的 8 节课，即"中国古代法律典籍研究"接力课中的"碑刻法律史料"，授课对象是法律史专业一年级硕士研究生。因讲授时间短，传授的知识很难系统深入，故法律史专业的学生中，很少会有人写有关碑刻的论文。这一状况终于在 2014年发生改变。

2012 年，由中国政法大学法律古籍整理研究所（以下简称古籍所）主持申报的中国史一级学科获得批准，古籍所开始承担历史文献学、古代史和专门史三个方向的硕士研究生招生培养工作，其中历史文献学专业由我来负责。在中国政法大学，历史文献学是一个全新的学科，申报学科时设想的诸多课程，终因师资力量缺乏和积累有限，难以如期开设。2013 年修改培养方案时对课程做了较大调整，"古代石刻文献"被列为历史文献学的专业限选课。当时设定的教学目标是：了解中国古代石刻文献的发展历史、特点、分类及研究现状，掌握利用石刻文献的原则、方法及相关的知识体系，提高判读和运用史料的能力。同时也强调对石刻文献的多重研究视角，即兼顾法律史、法制文明、非正式法的视角，以及文献学、金石学的视角。

2014 年春季，"古代石刻文献"课程正式开讲，内容包括绪论、研究方法、传统石刻学成就及借鉴、近百年石刻文献整理与研究、石刻文献分类与法律碑刻分类、碑文分析与研读方法、公文碑研读与调查、讼案碑研读与调查等。36 课时的设置，足以对石刻史料的方方面面展开深入研究。我还清晰地记得，在教学的同时，也完成了对《法制"镂之金石"传统与明清碑禁体系》一书的撰写工作。书中提出的一些概念和观点，都曾在课堂上与学生进行探讨。如"镂之金石"传统的核心概念——"公政"，是公权与政事兼容重构，禁碑与碑禁的异同，等等。所谓教学相长，在课程进行中得到充分印证。

公文碑、讼案碑是这一学期研究的重点，访碑实践也列入课程设计，师生集体访碑行动从这一学期开启。6月初，师生一同前往河北正定和石家庄，重点考察正定的隆兴寺、开元寺、风动碑等九处全国重点文物保护单位及河北博物院。学生对正定隆兴寺内的5通宋碑、10通元碑及数十通明清碑作了详细记录和测量，其中宋代的《敕赐阁记》残碑、《敕文札子碑》，元代的《施产碑》《圣旨特赐大隆兴寺长明灯钱记》《真定十方万岁禅寺庄产碑》等，均是重要的石刻法律文献。第一次集体考察收获颇丰，但因事前准备不周，留下诸多遗憾，好在为后来的考察活动积累了经验。

2014年9月，"石刻法律文献研读班"正式启动。研读班集史料研读、文献研究和访碑实践于一体，为有志于石刻法律文献研究的师生提供了一个开放性的学术交流平台，并借此促进石刻法律文献研究的深入。在开班仪式上，通过我对国家社科基金中92项石刻研究立项的学科布局、时代排列、主题和区域侧重等的统计分析，大家对石刻法律文献研究有待拓展的空间有了清晰认识；研究方法也更加明确，即史料解读与研究、学科跨界、学术考察三者并重，目标是未来成为全国石刻法律文献研究中心。

研读班的口号是快乐、精谨、提升。快乐在考察活动中表现突出。2014年第二次集体访碑活动事前做了充分准备。访碑行程以清代金石学家黄易的《嵩洛访碑日记》和《嵩洛访碑图》为线索，对河南登封市的城隍庙（登封市博物馆）、嵩阳书院、少林寺、少室阙、会善寺、启母阙、中岳庙、太室阙，洛阳龙门博物馆、龙门石窟、关林、白马寺、潞泽会馆、山陕会馆、洛阳市博物馆、古墓博物馆、新安县铁门镇千唐志斋、张钫故居等20余处文物古迹和碑石胜景进行了学术考察，所获资料丰富，足够持续使用相当一段时间。

精谨、提升则落实于日常研读中。每人都分配了相应的任务，或研读传统金石志，或对一通碑、一个专题展开深入研究，或翻译介绍国外学者的最近研究进展。有日语优势的同学介绍"新时期日本碑刻史料研究"，让大家既对日本学者的先行研究方法和水准深感钦佩，也激发了研究的紧迫感。

随着课程建设和研读班的推进，石刻史料的重要价值被同学们充分认知。从这一年开始，不仅历届历史文献学专业的学生，而且法律史专业的学生，选择碑刻作为学位论文主题的越来越多，学术团队渐成规模。

2014 年，多项科研计划的落实也推动法律碑刻研究前行。1 月，"中国政法大学优秀中青年教师培养支持计划"正式实施，"古代石刻法律文献分类集释与研究"列为首批 A 计划支持项目；9 月，专著《法制"镂之金石"传统与明清碑禁体系》入选 2014 年度"国家哲学社会科学成果文库"；12 月，《中国古代石刻法律文献叙录》获批为当年国家社科基金后期资助项目。这些课题、项目成为开展年度教学研究的有力支撑，尤其是师生访古考察的经费得以解决，融教学、科研、考察等为一体的"碑石课堂"初具雏形。之后，才有了 2015 年的习拓实践，2016 年将法律碑刻教学延伸至本科课堂，2017 年成功举办法律碑刻拓片展，而我们设定的目标任务，诸如把握学术前沿、掌握史料研读方法、从史料中观察典章制度和社会现实等，也一直在坚守和完善。

回想 1999 年中国政法大学法律古籍整理研究所成立 15 周年之时，古籍所主办的《中国古代法律文献研究》创刊，刊载有我的《碑刻法律史料初析》一文。转眼 20 年过去，曾经孤单的石刻法律文献研究，已逐渐形成一支队伍，研究水平明显提升，影响力也在彰显。近 5 年间，师生们在搭建研究生培养平台、使教学方式多样化等方面付出很多，但收获堪称富足，这本论集就是对这一过程的浓缩，也是对 5 年来教学成果的一个检验。

期待下一个 5 年，我们会奉献更扎实、厚重的成果。我们也会努力向之前设定的目标——成为全国石刻法律文献研究中心，不断靠近。

李雪梅

2019 年 7 月于北京